FEMINISMOS Y SISTEMA PENAL

Para citar este libro: http://dx.doi.org/10.15425/2017.104

FEMINISMOS Y SISTEMA PENAL

RETOS CONTEMPORÁNEOS PARA UNA LEGÍTIMACIÓN DEL SISTEMA PENAL

Marcela Abadía Cubillos

Universidad de los Andes
Facultad de Derecho

Abadía Cubillos, Marcela
Feminismos y sistema penal. Retos contemporáneos para una legitimación del sistema penal / Marcela Abadía Cubillos. – Bogotá: Universidad de los Andes, Facultad de Derecho, Ediciones Uniandes, 2018.
270 páginas; 17 x 24 cm.

ISBN 978-958-774-565-8

1. Teoría feminista 2. Derecho penal 3. Delitos contra la mujer 4. Violencia contra la mujer I. Universidad de los Andes (Colombia). Facultad de Derecho II. Tít.

CDD 345.02555 SBUA

Primera edición: enero del 2018

Ediciones Uniandes
Calle 19 n.° 3-10, oficina 1401
Bogotá, D. C., Colombia
Teléfono: 3394949, ext. 2133
http://ediciones.uniandes.edu.co
infeduni@uniandes.edu.co

ISBN: 978-958-774-565-8
ISBN *e-book*: 978-958-774-566-5
DOI: http://dx.doi.org/10.15425/2017.104

Cuidado de la edición: Tatiana Grosch
Diagramación interior y de cubierta: Andrea Rincón

Impresión:
Digiprint Editores S. A. S.
Calle 63 n.° 70D-34
Teléfono: 7217641 / 7217756
Bogotá, D. C., Colombia

Impreso en Colombia – *Printed in* Colombia

Universidad de los Andes | Vigilada Mineducación. Reconocimiento como Universidad: Decreto 1297 del 30 de mayo de 1964. Reconocimiento de personería jurídica: Resolución 28 del 23 de febrero de 1949 Minjusticia. Acreditación institucional de alta calidad, 10 años: Resolución 582 del 9 de enero del 2015, Mineducación.

A mi adorado hijo y luz en mi vida, Luis David.

A mis padres, Guillermo y Virginia, apoyo fiel y constante.

Y a mi amor eterno, Jaime.

CONTENIDO

INTRODUCCIÓN

Puede señalarse que las aproximaciones feministas al sistema penal han girado en torno a dos visiones opuestas. Por un lado, requiriendo su uso a partir de su función simbólica y por esa vía realizando esfuerzos para incluir en la legislación nuevos y ampliados tipos penales, y sus teorías planteadas en torno a la construcción de los roles sexuales, de la opresión sexual y del mantenimiento de la organización patriarcal. Por el otro lado, se encuentran las aproximaciones que dudan de la capacidad del derecho penal para modificar la realidad de la violencia sexual y por esto se han concentrado en criticarlo y apartarse de su uso, o en intentar interpretaciones no discriminatorias que por lo menos permitan hacer evidentes los sesgos en el proceso penal por la manera en que se interpretan las normas, se valoran las pruebas o se niega a las mujeres el acceso real a la justicia. Estas dos visiones o aproximaciones de los feminismos al sistema penal han carecido, sin embargo, de preguntas trascendentales que les permitan reconstruir, en términos de legitimidad, la intervención punitiva para los daños que reclaman. Si se reclama la protección de la norma penal para los daños derivados de la violencia sexual se impone adentrarse, desde el mismo feminismo, a desentrañar la pregunta por los fines y funciones del derecho penal. Cómo, cuándo, por qué y en qué medida castigar esos daños específicos y diferenciales puestos en evidencia por los feminismos son aspectos básicos a partir de los cuales se otorgará legitimidad al sistema penal, se impondrán límites plausibles y se dotará de contenido razonado a los bienes jurídicos que se pretende proteger. Poner sobre la mesa esta discusión es el objetivo principal del presente texto, que permitirá avanzar a los feminismos en su intervención en el sistema penal y contribuirá a llenar el vacío que ha dejado por concentrarse en los reclamos de ineficacia y de su carácter machista. El objetivo específico lo constituye la pregunta por la legitimidad y en concreto la pregunta por cuál puede ser el contenido de los bienes jurídicos vulnerados desde una visión feminista, a partir de lo cual se puede dotar de contenido razonado la intervención punitiva —como intervención subsidiaria que debe ser—. Esos interrogantes sobre la legitimidad han mantenido a la ciencia penal y a sus doctrinantes fuertemente involucrados en importantes discusiones teóricas acerca de los fines y funciones del derecho penal, discusiones que resultan trascendentales pues, dependiendo de cuál de ellas se aborde, en esa misma medida variará el andamiaje del sistema penal en cuanto a sus visiones sobre el delito y la pena. La ausencia de estas discusiones en los feminismos ha generado que estos sostengan concepciones automáticas e irreflexivas respecto a la relación de las circunstancias de violencia y la necesidad de castigo. Como se expondrá en detalle en la segunda parte de este libro, los distintos feminismos no han presentado una discusión de fondo que legitime, en términos de la sistemática penal, la imposición de una determinada pena ante un hecho de violencia, sino que la demanda de sanción punitiva descansa en el mismo acto de violencia sexual, legitimándose de esa manera de por sí y ante sí y en términos de absoluta retribución.

A partir de estas relaciones que los distintos feminismos conciben entre violencia sexual y la necesidad de castigo, el presente texto presenta una propuesta de categorización sobre la manera en que la teoría feminista se relaciona con el sistema penal. Estas categorizaciones, construidas dentro de los límites propios que supone todo ejercicio de esta clase, resultan novedosas por cuanto permiten desentrañar con mayor facilidad las limitaciones que la teoría feminista ha tenido respecto al derecho penal.

La primera categorización que se presenta se denomina *feminismo del castigo*, cuya característica central es que hay una relación directa y necesaria entre la violencia contra la mujer y el castigo. La segunda caracterización se denomina *feminismo de la regulación*, que se identifica por mantener una relación indeterminada, equívoca y no necesaria entre violencia y castigo. La tercera categorización se denomina *feminismo crítico* porque cuestiona/niega que exista cualquier relación necesaria entre violencia y castigo.

Como se señalará con mayor detenimiento a lo largo del texto, los *feminismos del castigo* son deterministas en el sentido de que cualquier acto de violencia sexual representa de manera automática la necesidad de castigo. Parten de que la subordinación y la violencia *son* la teoría feminista por excelencia. No admiten que exista una visión de la relación violencia-castigo por fuera del feminismo y descartan de plano la posibilidad de entender el mundo social, la violencia y el castigo por fuera de ese universo.

Los *feminismos de la regulación*, por su parte, comprenden aquellas ideas que sostienen que los efectos secundarios del derecho penal no son tan significativos y que la ejecución concreta del castigo, esto es, contra quiénes se inflige, cuándo y cómo, no es lo importante. Si bien puede señalarse que para esta segunda categoría existe ya un cuestionamiento sobre el uso del derecho penal, en cuanto se reconoce la simplicidad de sostener que su uso necesariamente favorecerá a las mujeres, la producción concreta del castigo, los efectos que la práctica penal tenga en relación con las condenas por delitos sexuales, se dejan a la contingencia de la cotidianeidad en la operación del sistema judicial, pues su énfasis está dado en nuevas formas de gobernabilidad y descentración de poder. El vínculo entre la punición de delitos contra las mujeres y el castigo resultará circunstancial y contingente en la medida en que las ideas que se presentan hacen parte, en términos foucaltianos, de la regulación disciplinar en las sociedades contemporáneas. La ley penal como regulación y el borroso y confuso límite entre la ley como castigo atraviesan así los cuestionamientos del *feminismo de la regulación* en sus relaciones con el sistema penal.

El *feminismo crítico* se caracteriza por la idea de que la relación de la violencia con el castigo es negada, o por lo menos cuestionada, en términos críticos en torno a la idea general del derecho, y su fe en él, como herramienta universal, abstracta, neutral y objetiva (Kennedy, 1997).

Cuando el feminismo de la regulación niega el vínculo de la necesariedad de imponer siempre castigos formales ante la presencia de un hecho violento, lo hace partiendo de la ineficacia del derecho penal y optando por mecanismos regulatorios que, en todo caso, terminan diluyendo la imposición de medidas igualmente punitivas en contra de determinados grupos sociales, generalmente los más marginados. El *feminismo crítico* cuestiona esa relación no bajo términos de ideas de ineficacia, o de brechas de género, sino bajo la más amplia idea del derecho como uno de los adicionales dispositivos que han contribuido a estabilizar las diferencias.

De la misma manera, cuando el *feminismo crítico* niega o cuestiona la relación de la violencia con el castigo deja un espacio apropiado para centrar las preguntas por la legitimidad del castigo y la teoría del bien jurídico, así como para traspasar las dicotomías de los feminismos del castigo y la regulación frente al sistema penal concentradas en formalismo/antiformalismo, eficacia instrumental/eficacia simbólica. Este espacio crítico de discusión frente al sistema penal se alineará con los supuestos básicos de la criminología crítica y sus cuestionamientos sustanciales en torno al uso del sistema penal. Esta tercera categoría es la posición que acoge este estudio.

El *feminismo crítico* parte, entonces, de las siguientes premisas: (1) no todo lo que haga el derecho inexorablemente siempre favorece al hombre o a las mujeres como categorías universales (Halley, 2006); (2) pretende tomarse en serio las críticas al sistema penal y a la selectividad del sistema penal, todo esto visto desde el discurso elaborado por la criminología crítica; (3) está en contra de la confusión pena-sistema penal con control social; (4) está en contra de las divisiones simbólico/castigo, mujer víctima/mujer victimaria, así como contra la naturalización crimen y castigo o de la víctima/delincuente; y (5) cree que el derecho distribuye recursos y contribuye a moldear las relaciones sociales de una manera fundamental y por lo cual corresponde estar continuamente en vigilancia para modificarlo, para entender cómo opera y para utilizarlo redistributivamente (Alviar Restrepo y Jaramillo Sierra, 2012). Esta tercera categoría permite acoger la pregunta por la legitimidad del sistema penal y por el contenido de los bienes jurídicos desde una visión feminista. Preguntas como, por ejemplo, si existe una propuesta alternativa a la idea de la teoría de protección de bienes jurídicos como la única vía posible de garantizar un derecho penal contemporáneo, o aquella de cómo incluir en la teoría de los bienes jurídicos conceptos aportados desde el feminismo sobre la integridad femenina y que hagan sistemáticamente legítimo la inclusión de tipos penales como el feminicidio o el acoso sexual —sin caer en un derecho penal promocional—, son las cuestiones que, a partir de esta tercera categorización, se analizarán a lo largo de este estudio.

Aun cuando es claro que la ciencia penal ilustrada y su posterior desarrollo dogmático ha presentado avances importantes en torno a los ámbitos de protección de los delitos sexuales, concretados en una búsqueda por despojar rastros de moralidad o religiosidad en torno a lo que debe ser o no castigado legítimamente por el derecho penal, acá se sostiene que la sistemática de la teoría del delito no ha dado cuenta aún de muchos reclamos desde ciertas visiones feministas. Una de las razones para esto es la insuficiencia del concepto del bien jurídico propuesto por la visión del derecho penal liberal para colmar la descripción de algunos otros hechos de violencia sexual concebidos por el feminismo.

Con lo anterior no se está queriendo señalar que este estudio sostenga una posición ampliada de intervención punitiva frente a todas esas diferentes descripciones del daño que se han hecho desde distintas visiones feministas. Por el contrario, el sustento teórico es el de una intervención mínima del derecho penal. Esto no supone, en todo caso, ignorar la necesidad de preguntarse por el contenido del bien jurídico y sus limitaciones al momento de afrontar su papel en cuanto al daño que causan ciertos comportamientos de violencia sexual descritos por algunas visiones feministas.

En este texto, además, se sostiene que hay una desconexión entre los fundamentos teóricos de la teoría penal y la teoría feminista en torno al entendimiento de la violencia contra la mujer, lo que se ha configurado como una de las dificultades que se cierne sobre la manera en que el feminismo, o algunos feminismos, pretenden que el sistema penal proteja a las mujeres[1]. También se sostiene que las categorías dogmáticas derivadas de la teoría penal y los sustentos teóricos que han intentado legitimar la intervención punitiva, tales como la teorización de los bienes jurídicos —pese a su constante evolución y apertura a ideas como el derecho penal constitucional o de los derechos humanos—, han en todo caso tenido origen a partir de una visión muy propia de la identidad femenina que no es precisamente la que ha denunciado la teoría feminista como causa de la opresión sexista. La dogmática penal moderna y la sistematicidad que esta supone imponen barreras jurídicas internas en el derecho que tornan insustanciales muchas construcciones iniciadas por el feminismo en torno a la opresión. Pero ha de entenderse que fundamentalmente esta insustancialidad no deriva de problemas de ineficacia o del carácter esencialmente machista del sistema penal, sino principalmente por el vacío de una intervención feminista en cuanto a entender con cuáles supuestos teóricos se podría legitimar el derecho penal y, en específico, de qué manera está sirviendo o no a la visión tradicional del bien jurídico para esos efectos.

Este reto se asume a partir de un análisis crítico sobre el estado actual y perspectivas de los feminismos y sus relaciones e implicaciones teóricas frente al sistema penal. Con esta forma de repensar esas relaciones, y lo que estas implican, se pretende presentar una visión contemporánea de un *feminismo crítico* que contenga elementos renovados en torno a las visiones del feminismo sobre la violencia y el castigo.

1 Las posturas teóricas de algunos feminismos y la construcción dogmática que subyace al derecho penal no siempre han ido por el mismo camino. La permeabilización de nuevos discursos punitivos como, por ejemplo, aquellos que apuestan por la criminalización específica del feminicidio o del acoso sexual, contrarios a la apaciguada manera en que el ejercicio dogmático pudo recibir la transformación del bien jurídico *integridad sexual* y ya no el obsoleto *honor sexual*, comenzaron a encontrar difíciles obstáculos frente al discurso emancipador de la dogmática penal contemporánea. Reparos en torno a la violación al principio de igualdad, tratándose del agravante del homicidio por el hecho de ser mujer, o la irrelevancia penal del acoso sexual en un derecho penal que afirma ser de corte minimalista, han comenzado a generar nuevas diferencias entre dogmática penal y algunos feminismos, generando, por parte de los primeros, acusaciones al feminismo de ser neopunitivistas y, por parte de estos últimos, ataques generalizados al carácter estructuralmente patriarcal del derecho penal. Por ejemplo, Elizabeth Stanko (2002) afirma que la violencia sexual no puede ser entendida sin tener en cuenta cómo funciona la violencia "ordinaria" de las personas en cada una de las varias circunstancias completas. El medio a partir del cual se ejerce la violencia es el sexo y la sexualidad, pero el mensaje de la violencia es mucho más complicado que el que asume el derecho penal. En ese sentido, Stanko señala que la violencia sexual debe ser entendida como un fenómeno específico en el que el sexo y la violencia intersectan en complicadas maneras de relaciones sociales de género. Esta visión que intersecta al sexo con la violencia y con el poder es ajena a la construcción dogmática penal y de allí las dificultades de acoplamiento entre feminismo y derecho penal.

El presente texto está estructurado en tres partes: la primera contiene una historia del derecho penal y su evolución. Es importante mostrar esta evolución por tres razones principalmente (las dos primeras muestran dos caras de un mismo problema): la primera, porque, por un lado, se advierte una tendencia hacia la exclusión de una identidad femenina en la construcción teórica del delito y de la pena que refleja sus consecuencias en la visión contemporánea del derecho penal: la segunda, porque, por el otro lado, también permite comprender que los diálogos internos de la teoría y dogmática penal y sus propios intentos de otorgar legitimidad al delito y a la pena han dado cabida, a su modo, a las maneras que se consideran más racionales para sancionar la violencia contra la mujer; la tercera, porque mostrar esa evolución del derecho penal permite advertir cómo ha operado la expulsión de la ciencia penal de saberes criminológicos críticos, que se asumen hoy en día como meros apéndices de la teoría penal y por esto carentes de la fuerza suficiente para cuestionarla.

La segunda parte presenta la categorización señalada sobre las maneras en que el feminismo se ha relacionado con el sistema penal. Se considera importante este ejercicio porque permite advertir que se carece aún de una apuesta feminista sobre cómo y por qué resulta necesario legitimar el castigo, así como, también, porque permite poner en evidencia los retos y desbalances de los feminismos cuando se involucran con el sistema penal.

La tercera y última parte presenta una propuesta amplia que involucra supuestos fundamentales de la criminología crítica y del feminismo crítico y que tiene como fin fundamental cuestionar continuamente los específicos casos de violencia sexual contra las mujeres. Para esto se analizan casos concretos en torno a delitos como la trata de personas y se reflexiona sobre la manera en que se está pensando la violencia sexual en los contextos del conflicto armado interno y cómo esto se está comportando en el sistema penal. Se analizan las tensiones entre los discursos globalizantes feministas sobre derechos humanos y la necesidad de mayores intervenciones punitivas frente a la selectividad y poder de definición con que operan los sistemas penales y, en consecuencia, la necesidad de detener la intervención punitiva para todos los supuestos de violencia sexual contra la mujer.

Finalmente se presentan las conclusiones sobre el argumento central de la tesis de este texto, esto es, las posibilidades de concreción de una visión feminista de la teoría de los bienes jurídicos, así como los retos, dificultades y limitaciones encontradas en el desarrollo de este estudio.

PRIMERA PARTE

MUJERES Y SISTEMA PENAL: RETOS Y DIFICULTADES

¿CÓMO PROTEGE EL SISTEMA PENAL A LAS MUJERES?

-

Feminismos y dogmática, ¿dos caminos diferentes?

El feminismo, en sus distintas orientaciones, ha establecido contacto con el sistema penal al menos en dos sentidos generales[2]. En un primer sentido ha conseguido alianzas importantes en cuanto a la tipificación —en un ámbito de motivación general— de nuevos delitos, como, por ejemplo, el feminicidio, el acoso sexual, la expansión de los elementos que configuran la trata de personas, así como también la destipificación de conductas, como la descriminalización parcial o absoluta del aborto.

En un segundo sentido ha presentado críticas externas importantes en cuanto a la ineficacia instrumental del derecho penal para luchar contra la violencia que sufre la mujer, así como también ha visibilizado los sesgos de género que caracterizan la aplicación e interpretación de la ley penal. Por ejemplo, Elena Larrauri (1994) ha clasificado estos reproches en tres esferas: (1) en cuanto a la deficiente regulación de los delitos que tienen a la mujer como víctima; (2) en cuanto a la insuficiencia de tipos penales que protejan a la mujer; y (3) en cuanto a la irregular aplicación (o inaplicación) en los tribunales de determinados delitos contra las mujeres.

2 Resulta importante para los propósitos de este trabajo aclarar el término feminismo. De acuerdo con lo ilustrado por Jaramillo Sierra (2000), una definición que goza de mayor acogida, y que recoge elementos comunes de las diferentes tendencias que el feminismo presenta, es la que considera *feminista* al conjunto de personas, acciones y teorías que asumen un compromiso político con la idea de que dentro de las sociedades contemporáneas son las mujeres quienes pierden en el juego social y que nuestras sociedades son patriarcales al existir una supremacía de lo masculino. Véase Patricia Smith (*ed.*), en *Feminist Jurisprudence*, Oxford University Press, 1993, pp. 9-16. Esta pretensión de agrupar elementos comunes no implica desconocer la amplitud y diversidad teórica dentro del feminismo y las diversas maneras que cada una de sus tendencias entiende la opresión de la mujer, así como las estrategias, sean jurídicas o políticas, con base en las cuales, a partir de ese entendimiento, formulan sus propuestas. Diversas han sido las categorizaciones sobre la diversidad de tendencias feministas (feminismos de la igualdad/ feminismos de la diferencia; feminismos esencialistas de género/feminismos antiesencialistas de género, entre otros). No es objeto del presente texto una descripción detallada de dichos matices. Lo que sí es importante destacar es que se han presentado elementos en común a partir de diferentes aproximaciones feministas, incluso entre posiciones encontradas teóricamente entre sí, en sus relaciones con el derecho y con el sistema penal. De allí la importancia de la categorización que se presenta en la segunda parte de este libro, la cual permite mostrar un panorama diverso de la manera en que los feminismos han entendido el sistema penal, así como las dificultades y retos que han impedido a estos dos discursos construir canales plausibles de comunicación.

En relación con este segundo sentido de aproximación del feminismo con el derecho penal, autoras como Adela Asúa (2008) sostienen que este requiere un esfuerzo de adaptación de las técnicas de argumentación jurídica para adecuarse a las nuevas formas de sensibilidad social de la violencia contra la mujer. Enfocándose especialmente en los delitos sexuales, denuncia la manera en que los estereotipos de "sentido común" operan como un obstáculo a la reconstrucción de significados en el ámbito judicial. Afirma, por ejemplo, que la reprobación secular del "violador" está arraigada en el imaginario por la representación del extraño que asalta a una mujer para "forzarla", lo que dificulta la percepción de la gravedad de otras formas de imposición sexual, algunas largamente toleradas o minimizadas, en especial las ocurridas dentro de los hogares y que por el grado de imperceptibilidad con el que son recogidas y descritas por el derecho penal terminan siendo calificadas como simples actos de violencia intrafamiliar.

Resultan hoy ampliamente difundidas las críticas feministas contra la mayor punibilidad que el derecho penal otorga al delito de acceso carnal frente al de acto sexual, que se diferencia de aquel en cuanto constituye cualquier acto violento de contenido sexual que no suponga penetración por vía anal, vaginal u oral. Señalan estas vertientes feministas que si los delitos sexuales pretenden hoy en día amparar la libertad sexual, y ya no la arcaica fórmula de la honestidad de la mujer, en tal medida, el "acceso carnal" no debería constituir el eje central del delito ya que, si la lesión al bien jurídico se centra en la negación de la voluntad libre de la víctima, en esa misma medida, la lesión a la libertad se consumará desde el mismo momento en que se logra imponer a aquella un acto de significado sexual, sea este o no la penetración. Es decir, ni el grado de contacto corporal entre víctima y victimario, ni tampoco el imaginario de la penetración como lo sexual, podrían ser hoy criterios fundantes para considerar la mayor gravedad del delito.

Sin embargo, la vulneración al bien jurídico de la libertad e integridad sexual mantiene en la conciencia jurídica penal continental vínculos objetivos de interpretación con representaciones violentas de sexo forzado y en esa medida resulta, en términos dogmático penales, sistemáticamente incorrecto afirmar que cualquier acto sexual abusivo que no suponga penetración pueda generar mayor grado de afectación y, por consiguiente, de responsabilidad penal.

Otra manifestación evidente de los aportes feministas dentro de esta segunda manera de entender las relaciones del feminismo con el derecho penal han sido las constantes críticas en torno a las exigencias probatorias al momento de juzgar casos de delitos sexuales[3]. Críticas contra la manera como se prueba la resistencia de la víctima, o se exige una relación causal directa entre la amenaza y la "satisfacción del deseo sexual", o lo sesgado que resulta aludir a la vida personal de la víctima, su forma de comportarse o de vestir, han sido importantes y constantes focos del trabajo de feministas tanto liberales como radicales[4].

No puede decirse que las críticas a la irregular aplicación del derecho por sesgos machistas en los tribunales no hayan comenzado a permearse, pese a su lentitud y progresividad, en las decisiones judiciales. Por ejemplo, Asúa (2008) muestra la apertura de una línea jurisprudencial en España, aunque todavía minoritaria, que considera probada la intimidación por la presencia de un contexto amenazante: las agresiones sexuales se producen cuando se coarta, se limita o se anula la libre decisión de una persona en relación con su actividad sexual[5].

Sin embargo, estas "aperturas conceptuales" en los tribunales son minoritarias y de allí que los constantes y permanentes esfuerzos por parte de las feministas en este sentido sean importantes, pese a que ellas consideren que su involucramiento con el derecho penal siempre tendrá un bajo nivel de éxito. Patricia Coello (2005), por ejemplo, explica cómo los cambios al Código Penal español que introdujo la Ley Orgánica 1/2004 contra la violencia de género han suscitado uno de los debates más irritados de los últimos años en el ámbito jurídico-penal español: "[...] fluctuando entre sus grandes detractores —que no dudan en identificar al nuevo modelo con el siempre temible derecho penal de autor— y sus rígidas defensoras, que descalifican cualquier postura crítica como parte de un boicot malintencionado decidido a hacer fracasar la conquista de las mujeres por dar una respuesta jurídica adecuada a la violencia de género" (Coello, 2005:37).

3 Julieta Di Corleto, "Límites a la prueba del consentimiento en el delito de violación", en revista *Nueva doctrina penal*, n.º 2, 2006, pp. 411-440. También, sobre críticas a la sesgada valoración probatoria en delitos sexuales, Martha Chamallas, "Deepening the legal understanding of bias: on devaluation and biased prototypes", en *Southern California Law Review*, n.º 74, 2001, p. 689.

4 Caterine MacKinnon, *Toward a Feminist Theory of the State*, Harvard University Press, 1991, p. 175; Cf. Esther Madriz, *A las niñas buenas no les pasa nada malo*, Siglo XXI Editores, México, 2001; Cf. *Harvard Law Review*, *Acquaintance Rape and Degrees of Consent: "No" Means "No", But What Does "Yes" Mean?*, en *Harvard Law Review*, n.º 117, 2004, p. 2341; Cf. Michelle J. Anderson, "From Chastity Requirement to Sexuality License: Sexual Consent and a New Rape Shield Law", en *George Wash. Law Rev.*, n.º 70, 2002.

5 Adela Asua Batarrita, "El significado de la violencia sexual contra las mujeres y la reformulación de la tutela penal en este ámbito. Inercias jurisprudenciales", en *Género, violencia y derecho*, Patricia Laurenzo Copello, María Luisa Maqueda Abreu y Ana María Rubio Castro (coords.), 2008. pp. 131-170.

Esta autora presenta como puntos cardinales de esta disputa —que afirma ver reflejada tanto en posiciones doctrinales como en decisiones jurisprudenciales contradictorias— los dos siguientes: (1) el reconocimiento o no de la violencia de género como una manifestación de la discriminación estructural que sufren las mujeres en el contexto de la sociedad patriarcal; y (2) la aceptación o el rechazo de la legitimidad del derecho penal como instrumento único o preferente para resolver la violencia de género.

Los debates que suscitan los intentos por involucrar en la órbita penal aspectos de la violencia sexual como ejercicio de poder de dominación masculino fluctúan entre intentarlo a partir de aperturas interpretativas de jueces y operadores jurídicos, amparadas en principios constitucionales e incorporaciones del Derecho Penal Internacional de los Derechos Humanos (DIDH) y del Derecho Penal Internacional, sin que, sin embargo, se haya solucionado el fondo de la segunda cuestión a la que hace alusión Coello: la legitimidad del derecho penal como elemento necesario en la punición de la violencia sexual. Las manifestaciones de los distintos feminismos en torno al derecho penal deben partir de cuestionar si la teoría de los bienes jurídicos que hoy en día prevalece en la teoría penal como esencial para legitimar un comportamiento como punible se adecúa o no a la violencia que, como ejercicio de poder, reclaman las feministas como merecedora de reproche penal. Sobre esto se volverá más adelante.

Autoras como Julieta Di Corleto (2006) han hecho explícitos los mitos relacionados con la violencia sexual que intentan suplir la prueba del consentimiento con la incorporación de referencias como el pasado sexual de la víctima. Señala Di Corleto que la imagen de que solo las mujeres vírgenes son violables, o la idea de que si una mujer dijo "sí" en una primera oportunidad en una segunda no dirá "no", influye en la valoración de aquello que excluye la existencia del delito. Partiendo de la idea de que las reformas legales pueden tener un rol fundamental en el cambio de patrones culturales, propone que, como complemento a la regulación del tipo penal de la violación, el Código Procesal Penal argentino debería contener una norma cuyo presupuesto sea que el pasado sexual de la víctima no constituye indicio alguno sobre su consentimiento al acto juzgado. Señala que, salvo estrictas excepciones, una ley para la protección de las víctimas de violación debería prohibir la admisión de referencias, tanto de testigos como del imputado, sobre la conducta sexual de la mujer con el agresor o un tercero[6]. En Colombia, la importancia de la protección a la intimidad de

[6] En la mayoría de los estados de Estados Unidos se encuentran leyes para la protección de las víctimas de violación que buscan disminuir los impactos de la defensa en su cometido de probar el

las víctimas de violencia sexual ha tenido reconocimiento en la jurisprudencia de la Corte Constitucional colombiana. En su Sentencia T-453 del 2005, por ejemplo, estableció límites a la inclusión de una prueba referida al comportamiento sexual de la damnificada y para esto estableció un test de proporcionalidad que determinara la razonabilidad de la medida. La Corte estableció el test señalando, en primer lugar, que se debe analizar el fin buscado para demostrar si es imperioso para la defensa; en segundo lugar, requirió que se examinara si el medio para llegar a dicho fin es legítimo; y, en tercer lugar, que se estudiara la relación entre el medio y el fin, aplicando un juicio de necesidad. Luego de ser razonable a la luz de estos pasos se aplica el juicio de proporcionalidad en sentido estricto para determinar si el grado de afectación del derecho a la intimidad es desproporcionado. La Corte validó las indagaciones sobre la intimidad de la víctima solo en los casos en que estuvieran dirigidas a demostrar que el agresor había sido otra persona o que una vida íntima en común probaba la existencia de consentimiento[7].

Pese a que se pueda señalar que la Corte Constitucional colombiana ha actuado como un actor relevante en cuanto a la necesidad de construir acciones que permitan balancear las condiciones de discriminación contra la mujer en su relación con el sistema penal, para Di Corleto esta fórmula no establece límites claros a la prueba del consentimiento para los casos en los que existe una relación previa entre la víctima y el agresor. Señala que en los casos de violaciones cometidas por conocidos, el permiso para que se indague sobre el pasado sexual de la víctima y el agresor permitirá que la intimidad de la primera se vea divulgada más allá de lo razonable. Además señala que, si bien la protección constitucional de la intimidad preserva las intrusiones indebidas de terceros, se trata en todo caso de un derecho renunciable y, si no existe oposición por parte de la perjudicada, no habría razones para justificar su exclusión del juicio[8].

---

consentimiento indagando sobre el pasado sexual de la víctima. Estas leyes prohíben la introducción de evidencia sobre el pasado sexual de la víctima. Di Corleto describe cómo en el contexto del derecho penal internacional se han desarrollado normas específicas para atender los casos de violencia sexual. Así, en las Reglas de Procedimiento y Prueba de la Corte Penal Internacional se establece que el consentimiento no podrá inferirse de ninguna palabra o conducta de la víctima cuando la fuerza, la amenaza, la coacción o el aprovechamiento coercitivo del entorno haya impedido brindar un genuino consentimiento. Por su parte, la regla prohíbe expresamente formular preguntas acerca del pasado sexual de la víctima. Julieta Di Corleto, "Límites a la prueba del consentimiento en el delito de violación", en revista *Nueva doctrina penal*, n.º 2, 2006, pp. 411-440.

7 Sentencia T-453 del 2005, sección 6.3.

8 Julieta Di Corleto, "Límites a la prueba del consentimiento en el delito de violación", en revista *Nueva doctrina penal*, 2006, n.º 2, p. 16.

Este conjunto de expresiones de los feminismos sobre las erróneas, limitadas o sesgadas interpretaciones de los tipos penales por parte de los jueces, abogados y demás integrantes del sistema penal resultan esenciales como mecanismos continuos de visibilización y como mecanismos impulsores de modificación de una conciencia jurídica anclada en mistificaciones en torno al sujeto femenino. El punto que se debe resaltar, sin embargo, es que esta clase de apuestas están ampliamente centradas en un intento de modificación de significados del establecido discurso dogmático del derecho penal, pero sin que dicha modificación esté orientada, en todo caso, a una transformación sustancial de los presupuestos teóricos que legitiman el delito, o al menos en un intento de propuesta para que esto sea así en punto a las diferentes manifestaciones de violencia sexual contra la mujer. Más bien su énfasis está dirigido a modificaciones interpretativas, pero que terminan ejecutándose con bajos niveles de superación en la medida en que no se ha intentado un abordaje previo a la esencia misma del derecho penal —que permite tales tipos de interpretaciones— ni se presentan ejercicios de análisis crítico del derecho que, de acuerdo con Jaramillo Sierra (2008), permitan modificaciones esenciales de las reglas que subyacen a los supuestos del delito y de la pena como ejes centrales del discurso dogmático penal[9].

Esto supone, por ejemplo, traspasar los esfuerzos acerca del significado que la teoría feminista otorga al acto de la violación, que, de acuerdo con lo señalado por Herchovich (2000), abarca mucho más que un daño físico o psicológico a la libertad sexual, o, en palabras de esta autora, un "ejercicio patológico de poder y violencia masculino", que debe suponer algo más que una apuesta por la modificación de significados dentro del discurso del derecho penal[10]. Insistir en lo contrario supone seguir atrapadas en la disyuntiva, por un lado, de continuar denunciando las interpretaciones desviadas y fundadas en parciales visiones de dicotomías desafortunadas —como aquella de resistencia/consentimiento— y, por el otro, en la dificultad de trasladar al campo jurídico penal —ya de por sí selectivo— el factor diferencial de la violencia contra la mujer[11].

9 Isabel Cristina Jaramillo Sierra y Tatiana Alfonso, *Mujeres, cortes y medios: la reforma judicial del aborto*, Siglo del Hombre Editores, Bogotá, 2008. A partir de supuestos metodológicos como los que ofrece un análisis distributivo del derecho, puede ser posible un cambio en el poder relativo de las partes en conflicto y una alteración de los acuerdos vigentes que permitan generar cambios incrementales en las situaciones de los sujetos que perdían en la situación anterior y transferir más costos a los agentes que anteriormente "ganaban".

10 Ines Hercovich, *El enigma sexual de la violación*, Editorial Biblos, Buenos Aires, 1997.

11 Inés Hercovich aporta la idea de la "imagen en bloque de la violación", según la cual existe un "mecanismo ideológico de defensa" que opera en la sociedad, en cada uno de sus miembros, incluidas las mujeres agredidas, con el que se intenta derrumbar los prejuicios alrededor de ese acto de sexo forzado. Para Hercovich, este mecanismo de defensa y de recreación ideológica de la violación constituye una representación plana y congelada de un hecho, que no admite personas

Hercovich está de acuerdo con la insignificancia de los cambios conceptuales en el derecho penal. Sin embargo, se pueden señalar dos puntos que presentan dificultades frente a su comprensión del fenómeno. Primero, afirma que, más bien, en lo que debe insistirse es en una modificación en el procedimiento penal para evitar la revictimización de las víctimas. Esta postura conlleva una primera dificultad y es la de suponer que la crítica que efectúa la citada autora en torno a la inoperancia de modificar conceptos en el ámbito de las descripciones típicas sea algo diferente a lo que ocurre en la práctica procesal penal. Si lo que Hercovich quiere decir es que el énfasis debe estar en la manera propicia en que se "deje hablar a las víctimas", y que esos esfuerzos del feminismo deban estar concentrados en el proceso penal y no en las pretensiones de modificación legal en la parte sustantiva del Código Penal, creo que su importante contribución crítica en contra del que denominamos *feminismo del castigo* no aparece fácilmente superada. El ataque inicial en torno a las dificultades de trasladar un problema que se señala es estructural al lenguaje jurídico vuelven al mismo punto al caer en la igualmente falsa dicotomía ley penal/práctica penal. El juicio penal, el régimen probatorio, los discursos judiciales que operan en ese ámbito hacen parte del mismo sistema penal, inseparable el sustancialismo del ritualismo, que es la confusión en que cae Hercovich.

El segundo punto que presenta dificultades en la apuesta de Hercovich es que da por superada la idea de que en la gramática del derecho no hay manera de

ni procesos, que no contiene actos ni secuencias, en el que están "los cuerpos, las voces, los sentimientos, los deseos, la actividad mental" y que es el que también está inmerso en la legislación penal. De allí, señala Hercovich, la inoperancia de las modificaciones conceptuales pretendidas por las feministas al derecho, como aquellas que buscan incorporar a las mujeres en la categoría universal de "persona", obteniéndose con ello, contrario al efecto esperado, negar la trascendental facticidad de la consideración del sexo de la víctima (mujer) y el desconocimiento de la discriminación sexual existente y, a la vez, reproducir esta discriminación. Dice Hercovich que si de lo que se trata es de que la ley refleje la experiencia y el punto de vista de las mujeres, entonces hay que preguntarse si resultará efectivo ese eufemismo para representar la indeterminada experiencia de ese 5 % de la estadística que son los varones agredidos sexualmente por otros varones. Agrega que igualar las experiencias de los varones victimizados con las de las mujeres resulta un despropósito porque la incidencia de las agresiones en un sexo y otro es abrumadoramente distinta y la forma en que ocurren las vejaciones de unas y otros, las situaciones propiciatorias, son distintas: "Así como es distinta la sanción social que merecen, la intención que las anima tampoco es la misma, ni el efecto ni el significado es el mismo. ¿Cómo puede pretenderse que sean el mismo delito? ¿Cómo puede pretenderse que la gravedad de la ofensa no deba ser ligada al género de la víctima? Que todos estos actos de sexo forzado deban ser tratados conceptualmente como ofensas igualmente graves a los ojos del derecho significa, sin más, renegar de la diferencia sexual y, con ella, de la existencia de los géneros y, con ello, de la dominación masculina sexual existente y, a la vez, reproducirla" (Hercovich, 2002). Igual de inoperante resultan las modificaciones legales introducidas a la ley penal, refiriéndose Hercovich en concreto a la legislación argentina, tales como aquellas que buscan variar la idea de abusos deshonestos por abusos sexuales, o el nuevo concepto indeterminado y equívoco de integridad, los cuales, señala, no son capaces de describir la experiencia de la violación en las mujeres y recogen de nuevo ese significado plano y simplista de la "imagen en bloque de la violación".

nombrar un "bien jurídico" que represente lo que las mujeres violadas querrían ver protegido. Si esto es así, la consecuencia de tal premisa sería la propuesta de la eliminación del delito de violación del Código Penal y el rechazo contundente a la idea misma del derecho penal y del castigo para los violadores, o la fundamentación teórica de los delitos sexuales a partir de nociones que no surjan de la teoría del bien jurídico, o que la amplíen, y que puedan servir contemporáneamente como sustitutos de esta para fundamentar en términos feministas el delito y el castigo penal. Sin embargo, hasta allá no llega la propuesta de Hercovich y por esto surge la pregunta por la encrucijada que estas posiciones tienen respecto de la fundamentación del delito y de la pena para la violencia sexual puesta en evidencia por los distintos feminismos. Los términos de descripción de la violencia sexual suponen inconvenientes en la manera en que el derecho los "digiere", sin embargo, cuando surge la pregunta por la necesaria consecuencia que el derecho penal supone tras de sí, que es el castigo, parece subsistir el común silencio con el que se pretende obviar la aborrecida, desagradable y cargada pregunta sobre "¿qué hacemos con los violadores?", y también ¿cómo justificamos el castigo? y ¿existe una propuesta alternativa a la idea de protección de bienes jurídicos como la única vía posible de garantizar un derecho penal contemporáneo?

La encrucijada de partir de la imposibilidad de que el derecho penal pueda contener en su comprensión del bien jurídico una idea feminista sobre la violación supone dar por sentando, en términos esencialistas, universales y totalizadores, la esencia masculina del derecho. Esto negaría de plano una propuesta feminista que influya sustancialmente en el derecho penal y que resulte capaz de imaginar reconstrucciones válidas en torno a la idea del bien jurídico o, si no de esta opción, de la manera en que el derecho penal deba intervenir como reproductor de valores sociales esenciales de convivencia.

Pese a que la ciencia penal ilustrada, y la dogmática que con ella ha venido evolucionando en los últimos doscientos años, han presentado avances importantes respecto a los ámbitos de protección de los delitos sexuales, que se concretan en una búsqueda por despojar rastros de moralidad o religiosidad en cuanto a lo que debe ser o no castigado legítimamente por el derecho penal, la sistemática de la teoría del delito no ha dado cuenta aún de muchos de tales reclamos feministas. Uno de los aspectos que acá se sostienen como razón para esto es la insuficiencia del concepto del bien jurídico como sustento legítimo para una visión feminista del castigo.

Sobra resaltar que esos avances que han venido presentándose en la ciencia penal no necesariamente se corresponden o son consecuencia directa y única de las intervenciones feministas en el derecho penal.

Durante la primera mitad del siglo XX, los movimientos femeninos locales lograron agendar temas como el derecho a la educación, la defensa de la democracia o el reconocimiento de la carta de derechos de las mujeres aprobada por la ONU (Wills, 2007). Esta trayectoria hacia lo político no supuso ninguna implicación determinante en la esfera de construcción del derecho a castigar que de manera paralela venía desarrollándose en el país. Las aperturas conceptuales por las que luchaban los penalistas de la época aparecían atadas a los confines del dogmatismo, a la lucha de escuelas y a la reticencia por dejar permear la ciencia penal de otras disciplinas que distrajeran la laboriosa misión de justificar el castigo. La ausencia real de representación del feminismo en la construcción de la ciencia penal colombiana estuvo, o está, confinada muy seguramente al techo de cristal que ha permitido mantener relegado el discurso feminista a niveles inferiores de discusión e impermeabilizados por la refinación teórica propia de la dogmática penal. La incidencia, no en términos de representación feminista en el discurso penal, sino más bien de presencia feminista, ha estado enfocada en las ideas propuestas por el feminismo liberal y radical y sus distintas vinculaciones con ideas como las de la punición de la violación por el cónyuge o la exclusión de la consideración de la honestidad de la mujer como elemento normativo para castigar la inducción a la prostitución, o proclamas por la despenalización del aborto. Como se ha venido señalando, esas reformas punitivas, sin embargo, fueron producto de la confluencia —puesto que de manera paralela evolucionaba la dogmática penal continental— y por esto la posición feminista, podría decirse, fue más de coyuntura excepcional frente a la evolución propia de la dogmática penal y menos en términos de representación. De allí que el derecho penal aprobara sin mayores resistencias cambios en las denominaciones de bienes jurídicos sexuales no ya como bienes jurídicos contra el honor y pudor sexual, sino entendiéndolos como ataques a la libertad sexual, aun cuando permaneciera renuente a aceptar a partir de la propia sistemática penal reclamos como los de la despenalización absoluta del aborto.

Como se verá más adelante, la evolución propia de la dogmática penal continental ha producido avances palpables en torno a la manera como ha pretendido superar el tratamiento punitivo de ciertos fenómenos que dejaban en evidencia la posición discriminatoria contra la mujer. Esos intentos por modernizar el sistema penal se han producido de manera paralela a los discursos y prácticas feministas y, aunque coincidentes con el feminismo en los propósitos de superar abiertas posiciones discriminatorias, han correspondido más que todo a las dinámicas internas de la doctrina penal, en la mayoría de casos desconocidas por las teorizaciones de los distintos feminismos.

Por ejemplo, en lo que tiene que ver con la teoría de los bienes jurídicos, en los años setenta el sistema penal inició una revolución en punto a los delitos sexuales. Como lo señala Hirsch (2002), casos como los de la sodomía, el favorecimiento de la prostitución, la homosexualidad entre adultos (hombres) fueron considerados no necesarios de punibilidad en la medida en que faltaba la lesión de bienes jurídicos y porque eran conductas que solo afectaban a la moral. Estas discusiones en torno a la evolución del bien jurídico, sobre la cual se hablará más adelante, no han permeado de manera sustancial las discusiones feministas sobre el derecho penal y esto acentúa dificultades como la de determinar cuál es el bien jurídico que se pretende proteger en conductas de claro origen feminista como el acoso sexual. En este texto se sostiene que esta desconexión entre los fundamentos teóricos de la teoría penal y de la teoría feminista en torno al entendimiento de la violencia contra la mujer es una de las dificultades que se ciernen sobre la manera en que el feminismo, o algunos feminismos, pretenden que el sistema penal proteja a las mujeres. También se sostiene que las categorías dogmáticas derivadas de la teoría penal y los sustentos teóricos que han intentado legitimar la intervención punitiva, como la teorización de los bienes jurídicos —pese a su constante evolución y apertura a ideas del derecho penal constitucional o de los derechos humanos—, han tenido origen, en todo caso, en una visión muy propia de la identidad femenina, que no es precisamente la que ha denunciado la teoría feminista como causa de la opresión sexista.

Aun cuando no se pueda partir de un determinismo absoluto de las relaciones estructurales de dominación sexual masculina y de violencia, tampoco puede desconocerse la condición —puesta en evidencia de manera principal por el feminismo— de la visión androcéntrica que permea aún instancias como el derecho, y la cual, como señala Bourdieu (1998), se impone como neutra y no siente la necesidad de enunciarse en unos discursos capaces de legitimarla. Estas condiciones de dominación masculina no pudieron haber sido extrañas a las prácticas penales y a la construcción teórica construida alrededor de estas y de allí las dificultades que hoy en día puedan darse para incluir dentro de la sistemática penal ámbitos de protección contra la dominación masculina que parecen no encajar muy fácilmente con la teoría del bien jurídico, incluyendo sus diferentes matices.

En España, autoras como Bonet (2009) sostienen que, pese a que prácticas legislativas tales como los conceptos de tratamiento integral, de igualdad material y de excepciones a las prohibiciones de discriminación empiezan a ser de uso común, su inclusión en el ámbito penal aún no ha sido total ni ha dejado su huella. Señala cómo la introducción de pequeñas reformas en los arts. 153 y 173 del Código Penal español introducidas por la Ley Orgánica 1/2004, denominada de Medidas de Protección Integral contra la Violencia de Género, aún se resisten a adoptar su interpretación a partir de los principios establecidos en la ley de violencia de género[12]. En su criterio, "se está iniciando una verdadera revolución que puede ser considerada como un ataque directo a los

[12] Dispone el artículo 153 del Código Penal español:

> El que por cualquier medio o procedimiento causare a otro menoscabo psíquico o una lesión no definidos como delito en este Código, o golpeare o maltratare de obra a otro sin causarle lesión, cuando la ofendida sea o haya sido esposa, o mujer que esté o haya estado ligada a él por una análoga relación de afectividad aun sin convivencia, o persona especialmente vulnerable que conviva con el autor, será castigado con la pena de prisión de seis meses a un año o de trabajos en beneficio de la comunidad de treinta y uno a ochenta días y, en todo caso, privación del derecho a la tenencia y porte de armas de un año y un día a tres años, así como, cuando el Juez o Tribunal lo estime adecuado al interés del menor o incapaz, inhabilitación para el ejercicio de patria potestad, tutela, curatela, guarda o acogimiento hasta cinco años...

El artículo 173 señala:

> De las torturas y otros delitos contra la integridad moral. 1. El que infligiere a otra persona un trato degradante, menoscabando gravemente su integridad moral, será castigado con la pena de prisión de seis meses a dos años. Con la misma pena serán castigados los que, en el ámbito de cualquier relación laboral o funcionarial y prevaliéndose de su relación de superioridad, realicen contra otro de forma reiterada actos hostiles o humillantes que, sin llegar a constituir trato degradante, supongan grave acoso contra la víctima. Se impondrá también la misma pena al que de forma reiterada lleve a cabo actos hostiles o humillantes que, sin llegar a constituir trato degradante, tengan por objeto impedir el legítimo disfrute de la vivienda. 2. El que habitualmente ejerza violencia física o psíquica sobre quien sea o haya sido su cónyuge o sobre persona que esté o haya estado ligada a él por una análoga relación de afectividad aun sin convivencia, o sobre los descendientes, ascendientes o hermanos por naturaleza, adopción o afinidad, propios o del cónyuge o conviviente, o sobre los menores o incapaces que con él convivan o que se hallen sujetos a la potestad, tutela, curatela, acogimiento o guarda de hecho del cónyuge o conviviente, o sobre persona amparada en cualquier otra relación por la que se encuentre integrada en el núcleo de su convivencia familiar, así como sobre las personas que por su especial vulnerabilidad se encuentran sometidas a custodia o guarda en centros públicos o privados, será castigado con la pena de prisión de seis meses a tres años, privación del derecho a la tenencia y porte de armas de dos a cinco años y, en su caso, cuando el Juez o Tribunal lo estime adecuado al interés del menor o incapaz, inhabilitación especial para el ejercicio de la patria potestad, tutela, curatela, guarda o acogimiento por tiempo de uno a cinco años, sin perjuicio de las penas que pudieran corresponder a los delitos o faltas en que se hubieran concretado los actos de violencia física o psíquica. Se impondrán las penas en su mitad superior cuando alguno o algunos de los actos de violencia se perpetren en presencia de menores, o utilizando armas, o tengan lugar en el domicilio común o en el domicilio de la víctima, o se realicen quebrantando una pena de las contempladas en el artículo 48 de este Código o una medida cautelar o de seguridad o prohibición de la misma naturaleza.
>
> 3. Para apreciar la habitualidad a que se refiere el apartado anterior, se atenderá al número de actos de violencia que resulten acreditados, así como a la proximidad temporal de los mismos, con independencia de que dicha violencia se haya ejercido sobre la misma o diferentes víctimas de las comprendidas en este artículo, y de que los actos violentos hayan sido o no objeto de enjuiciamiento en procesos anteriores.

fundamentos clásicos del derecho penal. En especial se ponen sobre la mesa de trabajo el principio de igualdad penal y el de culpabilidad o responsabilidad por el hecho" (Bonet, 2009:33).

El rechazo a la violencia machista, señala Bonet, como bien jurídico merecedor de protección penal, no aparece recubierto de una política criminal clara que permita su debida interpretación. En todo caso, pese a estas dificultades, Bonet elogia los efectos simbólicos que tuvieron este tipo de reformas, por lo menos en sus inicios, al consagrar como delitos conductas que con anterioridad se consideraban simples faltas y respecto a las cuales grupos feministas rechazaban su ineficiente aplicación.

En punto a esta propuesta de Bonet ha de señalarse que no resulta muy clara aún una visión concreta —y tampoco etérea— del bien jurídico que protegería su idea de violencia machista ni de qué manera con este tipo de propuestas no se termine por caer en la costumbre contemporánea de una expansión creciente del círculo de los bienes jurídicos que se pretende proteger y, por tanto, en una deslegitimación del derecho penal. La pregunta que surge es, por tanto, ¿cómo trascender la construcción teórica y la práctica discursiva inmersas en la dominación masculina a fin de incluir legítimamente la visión feminista del daño, sin, por el otro extremo, socavar la construcción contemporánea que impone que el derecho penal solo se puede justificar como último de los mecanismos de que dispone el Estado para controlar la violencia?[13]

Baste por ahora señalar que los feminismos no han podido ofrecer una descripción apropiada de la violencia ni del daño que permita dar el salto de la supuesta irracionalidad feminista a la pretendida racionalidad del derecho penal. Esto es, a pesar de la adecuada relectura de fenómenos como el de la violencia sexual aportada por feminismos como el radical, esta no ha sido traducida —en términos plausibles para la sistemática penal— de manera que permita reconstruir las reglas que mantienen la visión que ha construido la dogmática penal, ajena a las apuestas teóricas feministas, ya sean estas liberales o radicales. En conclusión, podría señalarse que la protección a las mujeres por parte del

[13] En este sentido, por ejemplo, piénsese en el delito de acoso sexual en la legislación vigente (art. 210 A del Código Penal), cuyo contenido de lesividad depende de la demostración de una vulneración al bien jurídico de la libertad sexual. Esto limita claramente las discusiones teóricas feministas sobre el acoso, provenientes principalmente del pensamiento anglosajón, que señalan que este no es una conducta sexual aislada, que se pueda imputar a un determinado sujeto que en una situación de poder abusa de su posición. El carácter sexista del daño, derivado del concepto de la dominación masculina que intenta socavar la identidad femenina, queda por fuera del ámbito de protección penal tal y como aparece regulado en nuestro sistema penal.

sistema penal está cargada de desequilibrios y ambivalencias. Por un lado, no se puede desconocer el recorrido teórico que el derecho penal ha pretendido infundir a los delitos que afectan a las mujeres, y en esto incluimos no solo las reconstrucciones teóricas dogmáticas sino también el papel de los actores del sistema penal, las cortes y jueces que han contribuido a su desarrollo. Pero, por el otro lado, subsiste aún una visión restringida del derecho penal y la práctica punitiva que no logra conectarse con las teorizaciones feministas sobre la violencia sexual y las relaciones de poder y dominación que en ella subyacen, y que han sido visibilizadas por los distintos feminismos, y sobre lo cual resulta pertinente profundizar a partir del cuestionamiento de los supuestos que sirven para legitimar el castigo y en concreto en la teoría de los bienes jurídicos en que se funda el derecho penal de corte continental.

A continuación se mostrará cómo la construcción del derecho penal desarrollado a partir de la Ilustración se fundó en una identidad femenina recubierta de aparente igualdad frente al género masculino y de cómo esto puede estar influyendo hoy en radicalizar las diferencias discursivas entre dogmática y feminismo.

La construcción de la identidad femenina en el sistema penal[14]

Una característica de la dogmática penal contemporánea continental consiste en que la fundamentación teórica conceptual e interpretativa se encuentra

14 De acuerdo con Bergalli, el *sistema penal* del que hablan los juristas está limitado al campo de los ordenamientos jurídico penales, procesales, policiales y penitenciarios: "De esta manera, los fundamentos, los límites, los objetos de conocimiento y los métodos para llegar a describir estos, quedan circunscriptos al análisis del universo normativo dentro del que queda encerrado el debate jurídico-penal y así, entonces, queda determinada la epistemología jurídica, al menos en la tradición continental-europea. Semejante debate tiene lugar sobre los mayores o menores espacios de libertad dentro de los cuales tanto la responsabilidad criminal (culpabilidad) del autor de un delito, como la determinación de las consecuencias jurídicas a esa acción punible deben decidirse jurisdiccionalmente. Tal concepción arranca de un origen liberal iluminista el cual, por su propio surgimiento e instalación en la Modernidad, reivindicó su origen humanista y humanizador. Pero el sistema penal del que en propiedad nuestras actuales sociedades son herederas es aquel que, a partir del constitucionalismo social de la segunda postguerra mundial, ha guiado las orientaciones de la intervención punitiva posterior y es uno dentro del cual han de tenerse en cuenta otros fundamentos, otros límites, otros objetos de conocimiento y otras metodologías. Lo que estoy queriendo decir, en definitiva, es que hemos de hablar y plantear el cambio epistemológico ocurrido en el campo del conocimiento criminológico, del cual poco se habla. Ello así, pues este segundo concepto ampliado de sistema penal que heredó del primero sus fundamentos humanistas, se vio exigido a expandir su campo de conocimiento con el fin de poder aplicar y desarrollar los principios del constitucionalismo social; es decir, con el fin de incorporar a la actividad de las instancias o agencias de aplicación del control punitivo-estatal los nuevos objetivos o fines que las constituciones atribuyeron a la pena y a toda la actividad complementaria de las policías, las jurisdicciones penales y las cárceles o instituciones penitenciarias para la aplicación concreta de las penas". Roberto Bergalli, "Sistema penal y exclusión social", en *Democracia, justicia y dignidad: homenaje a Walter Antillón Montealegre*, 2004, p. 247. En consecuencia, cuando nos referimos a sistema penal lo asumimos a partir de esta segunda visión dinámica de aplicación del control punitivo, sin desligarla en todo caso de su visión estática o abstracta, de la cual se ocupan los

íntimamente ligada al campo constitucional, en especial a las normas constitucionales garantizadoras de los derechos humanos y a los bienes jurídicos que se desprenden de ella[15]. Principios como los de derecho penal de acto, de lesividad, de igualdad, de razonabilidad o el de proporcionalidad aparecen ya no como puros límites del derecho a castigar sino que se constituyen en su fundamento y base limitante de interpretación dogmática (Sánchez Herrera, 2000:48).

En lo que uno puede llamar una doble positivización del derecho penal, la política criminal que se desprende del marco constitucional es la que aparece determinando qué conductas y cuáles penas resultan legítimas. La caracterización de bienes jurídicos como los de la vida, la autonomía personal o la integridad sexual aparece determinada por esas reglas constitucionales que se interponen como barreras que parecen insuperables para superar obstáculos como los de la destipificación absoluta del aborto, o aquellas que se limitan a comprender la sexualidad como algo más allá de la pura concepción física con la que se ha saturado y naturalizado el fenómeno de la violencia sexual. Uno de los propósitos de la dogmática penal ha sido precisamente la de servir de límite garantista a fin de procurar que ingresen al sistema penal —el más insufrible y severo de los regímenes con que cuenta el Estado para mantener el control social formal— tan solo aquellas conductas que se consideran de mayor relevancia social. Sin embargo, el desarrollo dogmático penal constitucional en torno a los principios de lesividad, de proporcionalidad de la pena, de estricta legalidad e igualdad o presunción de inocencia se han llenado con el tiempo de contenidos específicos naturalizados de tal manera en la conciencia jurídico-penal que dificultan modificar los límites de intromisión punitiva para otorgar concesiones a la teoría feminista, que reclama en aspectos tales como la legitimidad para el feminicidio a partir de un concepto más amplio de la protección al bien jurídico vida e integridad personal.

El principio de daño que subyace al de lesividad, y que no es otro que esa frontera que señala hasta dónde pueden llegar las reglas del derecho penal, constituye una

juristas, pues están directamente correlacionadas. Un análisis fragmentario sobre los dos niveles de discusión dejaría la apuesta feminista contemporánea a mitad de camino.

15 Entre otros, Klaus Tiedemann, *La constitucionalización de la materia penal en Alemania*, Biblioteca Virtual Miguel de Cervantes, Alicante, 2005. Alessandro Baratta, "La política criminal y el Derecho Penal de la Constitución. Nuevas reflexiones sobre el modelo integrado de ciencias penales", en *Revista de la Facultad de Derecho de la Universidad de Granada*, 1999; Eziquio Sánchez Herrera, *Dogmática penal fundada en los principios constitucionales con orientación a las consecuencias*. Editorial Ibáñez, 2000. La Corte Constitucional colombiana ha sido prolija en cuanto a las conexiones entre el derecho penal y los límites constitucionales en torno a aspectos como la interpretación de las normas penales y los límites de intervención punitiva. Entre otras, sentencias C-365 del 2012, C-370 del 2002, C-591 del 2005.

visión que actualmente se considera fundamental para determinar si finalmente un delito puede ser imputado o no. Si ciertos feminismos pretenden viabilizar sus propuestas punitivas deberían incidir en la (de)reconstrucción del contenido liberal de principios como los de la autonomía, la libertad o la vida y la determinación de cuándo y cómo se consideran lesionados a efectos de legitimar la intervención punitiva para casos como los de trata de personas o feminicidio, aspectos sobre los cuales se profundizará en la tercera parte de este libro.

El derecho penal y la dogmática que lo fundamenta mantienen aún algunas tendencias sesgadas en torno a la identidad femenina[16]. En el siguiente apartado me detendré en mostrar cómo la evolución de la ideología penal excluyó la identidad femenina o, mejor, construyó una muy propia sobre la imagen de la mujer. Un aspecto que también se pretende acentuar es cómo a través de la evolución de la construcción de la ciencia penal se han pretendido desterrar del ámbito disciplinar visiones como la criminología, a la cual se le termina por calificar como ciencia auxiliar, dejándola por fuera de la tarea crítica de legitimar o deslegitimar el derecho penal. El análisis que se inicia a continuación es relevante por cuanto fundamenta una de las premisas del presente texto, que es la de retomar aquellas categorías básicas de la criminológica crítica como herramientas plausibles para que los feminismos puedan asignar valor teórico a sus visiones en torno al delito y al castigo.

Ideología penal y mujeres[17]

Las tendencias por humanizar el castigo penal y dotarlo de contenido racional comenzaron a producirse con Hobbes (1679) y Locke (1704), quienes propusieron

[16] En este sentido, a pesar de la declaración de la neutralidad de género de la ley penal, las construcciones sobre los roles masculino y femenino permean aún no solo las normas penales sino la manera de interpretarlas. El rol de la maternidad, por ejemplo, tiene implicaciones jurídico penales en aspectos como el infanticidio o la omisión de deberes de cuidado en el embarazo; la trata de personas, aun cuando referida a hombres y mujeres, no puede dejar de esconder que sigue tratándose de un fenómeno de comercio sexual de mujeres para hombres en el que las víctimas mujeres terminan por desfavorecerse por la misma intervención punitiva; a la inducción a la prostitución subyace el imaginario de una mujer incapaz de agencia.

[17] Alda Facio y Lorena Fries consideran una ideología como "[...] un sistema coherente de creencias que orientan a las personas hacia una manera concreta de entender y valorar el mundo; proporciona una base para la evaluación de conductas y otros fenómenos sociales; y sugiere respuestas de comportamiento adecuadas. Una ideología 'sexual' sería, entonces, un sistema de creencias que no solo explica las relaciones y diferencias entre hombres y mujeres, sino que toma a uno de los sexos como parámetro de lo humano. Basándose en este parámetro, el sistema especifica derechos y responsabilidades, así como restricciones y recompensas, diferentes e inevitablemente desiguales en perjuicio del sexo que es entendido como diferente al modelo. Además, el sistema justifica las reacciones negativas ante quienes no se conforman, asegurándose así el mantenimiento del *statu quo*". Alda Facio y Lorena Fries, "Feminismo, género y patriarcado", en *Género y Derecho*, Alda Facio y Lorena Fries (eds.), Colección Contraseña, Estudios de Género, Serie Casandra, 1999, p. 23.

que el fin de la pena era la corrección o eliminación de los delincuentes y la intimidación de aquellos proclives a la mala conducta, desechando el concepto de la pena como retribución jurídica por mandato divino (Jiménez de Asúa, 1959). Iluministas alemanes como Pufendorf (1694) desecharon la finalidad puramente retributiva naturalizada por los atropellos de la Inquisición (1764). Christian Thomasios y Christian Wolff adoptaron la filosofía iluminista y fue Beccaria, en Italia, quien describió los abusos de la práctica criminal imperante, exigiendo una reforma sustancial de la justicia penal y la modificación y limitación de las ideas utilitarias en que se basaba el derecho penal[18].

La ley moral, o "política", como la denominó Beccaria, fue propuesta como complemento, limitación o alianza de la ley penal. La filosofía penal liberal se concretó a partir de las ideas rousseaunianas del contrato social y desde entonces han supuesto concepciones, que prevalecen hoy en día, como las del principio de legalidad de los delitos y de las penas o la culpabilidad, que supone una responsabilidad por el hecho y no por razón de las ideas, creencias o personalidad[19].

La Revolución Francesa impulsó decididamente la reforma penal y sus códigos penales de 1791 y 1810 —que promovieron el proceso de codificación en Europa— contenían ya los elementos racionalizadores de limitación de las penas a partir de los cuales se reconstruye la legitimación del derecho penal. Se establecieron garantías liberales traducidas en aspectos tales como las disminuciones punitivas para ciertos hechos cuya entidad lesiva es considerada por el derecho penal como menor y por ello plausible de atenuación. Por ejemplo, figuras conceptuales como las *circunstancias de atenuación punitiva*, que resaltan el exceso de las penas fijas, se han erigido hasta hoy en día como elementos

18 Fueron varios los doctrinantes que impulsaron la humanización del castigo y que comenzaron a justificar en términos racionales la necesidad de la pena. Por ejemplo, John Howard (Londres, 1772) y su llamado al destierro en lugar de castigos crueles y brutales y su crítica a los regímenes carcelarios europeos, concretando sus censuras en su libro *State of Prisons*. En Francia, Marat (1790) cuestionó en su obra *Plan de Legislación Criminal* la ilegitimidad y arbitrariedad de todas las leyes penales y planteó el papel de la clase social en la aplicación del sistema penal. En España, Manuel de Lardizábal y Uribe (1770) se empeñó en modificar la antigua legislación española e infundir un espíritu humanitario al derecho penal. Su *Discurso sobre las Penas* (1782) es citado por Jiménez de Asúa como la base de la cultura penológica y penitenciaria de finales del siglo XVIII.

19 El proceso de codificación que se desarrolló durante el siglo XVIII en el derecho penal constituyó un fiel reflejo de la abstracción universal asumida por el liberalismo, el cual puso de manifiesto, en palabras de Lorena Fries y Verónica Matus, que "la abstracción de sujeto único y su supuesta neutralidad se constituye desde la mirada masculina. Por lo tanto, el principio de economía con que se argumenta la creación de sujeto único de parte de los juristas, hizo del varón el parámetro de lo humano en materia de ciudadanía y de relaciones jurídicas en las esferas pública y privada". Lorena Fries y Verónica Matus, "Supuestos ideológicos, mecánicos e hitos históricos fundantes del derecho patriarcal", en *Género y derecho*, Alda Facio y Lorena Fries (eds.), Colección Contraseña, Estudios de Género, Serie Casandra, Santiago de Chile, 1999, p. 155.

necesarios de atenuación de la culpabilidad y como ejemplo de la racionalidad que debe subyacer en el derecho penal[20].

De la misma manera, la sistemática penal adoptó máximas hoy vigentes como el principio de igualdad. A partir de allí se exige el establecimiento claro y preciso de la figura del delito "tipo", esto es, de la definición objetiva de cada una de las especies delictivas, sin que sea posible admitir diferencias de naturaleza subjetiva en ningún delito. Este entendimiento liberal de la igualdad excluye la comprensión de la diferencia. De allí que la doctrina penal mayoritaria se permita alegar serios reparos constitucionales de figuras típicas, como el feminicidio, por su clara afrenta a principios penales liberales clásicos, como la igualdad, que supone inamovible aceptar lo que termina por considerarse como privilegios personales concedidos a la mujer.

Las introducciones atenuantes o agravantes liberales tratan de acoplar esta idea de la igualdad material y de allí la disminución punitiva para delitos como el comúnmente denominado infanticidio. Esta igualdad material, en todo caso, resulta propia de una visión liberal que parte de supuestos esencialistas en torno a conceptos como la maternidad y la mujer. Es decir, la igualdad material supone su aplicación para un entendimiento de la diferencia hombre-mujer pero construida a partir de diferencias culturales cuya visión positiva de la sexualidad es la maternidad, valor cardinal a partir del cual se da sentido sistemático, racional y dogmático a la legitimidad de las disminuyentes punitivas a la mujer[21].

20 Bajo las circunstancias de atenuación se explican en la dogmática jurídico penal atenuantes o eximentes de punibilidad como aquel que se concede a la madre que abandona a su hijo fruto de una violación dentro de los ocho días siguientes a su nacimiento, pero luego decide recogerlo antes de que fuere auxiliado por otra persona y no hubiere sufrido lesión alguna (artículos 128 y 129 del Código Penal colombiano). Sostengo que se disminuye la *culpabilidad* de la mujer a partir de un ejercicio dogmático racionalizador que premia el arrepentimiento. La ideología liberal de la *culpabilidad*, como categoría dogmática del delito, supone comprender que esta categoría contiene implícitamente ciertos elementos que la condicionan de acuerdo con lo que la misma sistemática penal construya como "actuar de otra manera y conforme a sentido", que es lo que dota de contenido al concepto de culpabilidad. El juicio de reproche aparece ligado intrínsecamente a la subjetividad femenina y a su rol ineludible de la maternidad como fuente del aumento del riesgo generador de responsabilidad penal. La ausencia de responsabilidad penal es una "gracia" que se concede a la mujer que recapacite sobre su rol materno y recoja "voluntariamente" a su hijo fruto de acceso o acto sexual sin consentimiento o abusivo. "Actuar conforme a sentido", de acuerdo con la ideología penal, supone la construcción colectiva de pensamiento dominante que naturaliza la idea de que la amenaza del castigo no operará si la mujer actúa como debe ser y asume su maternidad, así hubiera sido forzada. En esa medida resulta relevante cuestionarse la manera como opera la legitimidad del castigo en sede de prevención general y especial y con qué sustento, que no sea el del discurso que pretende proteger el bien jurídico vida (que es el que opera para este tipo penal), podría el feminismo intervenir en la reconstrucción de los contenidos dogmáticos que constituyen las categorías de los delitos y de las penas.

21 Un ejemplo de esto puede ser el delito *muerte de hijo fruto de una violación*, tipificado en el artículo 108 del Código Penal, que supone una pena proporcionalmente menor a la del homicidio común

Mujer y derecho penal ilustrado

De manera superpuesta a la evolución de las instituciones jurídico penales del pensamiento liberal, permanecía inmutable la formulación de los pares racional/irracional, activo/pasivo, pensamiento/sentimiento, razón/emoción, cultura/naturaleza, poder/sensibilidad, objetivo/subjetivo, abstracto/concreto, universal/particular, en los cuales el primer término de cada par (racional, objetivo, poder, etc.) se considera de mayor jerarquía, por tanto se los relaciona con lo masculino, lo público, y su opuesto (esto es, irracional, sentimiento, pasivo, emoción) se considera como negativo, inferior o inconveniente y, por tanto, se los relaciona con el lado femenino, lo privado[22].

Esta distinción público-privado opera como un velo ideológico en el pensamiento penal liberal que, no obstante sus avances en torno a la aparente separación entre derecho y moral, continuó respecto de la identidad femenina manteniendo la misma estructura de pensamiento y de allí la dificultad en aceptar hoy en día la coexistencia de valores diferentes a los normalmente aceptados en el régimen constitucional y legal. La historia de libertad narrada por la Ilustración proclamó en el mismo plano la igualdad y libertad de los sexos pero concedió un contenido diferente a los derechos que se desprendían de tales postulados[23]. Los atributos de "individuos" libres e iguales solo fueron reconocidos en términos reales a los hombres; las mujeres permanecieron en la historia, a través de su sujeción al varón, aceptando su muerte civil a cambio de manutención y protección.

La identidad femenina construyó su historia por medio de la simbolización e idealización del papel de la mujer como señora del hogar, caracterizada por su irracionalidad y alabada por su sensibilidad y carácter protector. A partir de allí proviene la justificación de determinados tipos penales como el uxoricidio, que jurídicamente se expresaba en la no penalización del hombre que mataba pretendiendo mantener limpio su honor afectado por el comportamiento deshonroso y antinatural de su mujer.

---

cuando quiera que durante el nacimiento, o dentro de los ocho días siguientes, la mujer mate a su hijo.

22 Sobre la sexualización de los dualismos, entre otros, Frances Olsen, "El sexo en el Derecho", en *Identidad femenina y discurso jurídico*, Facultad de Derecho, Universidad de Buenos Aires, Editorial Biblos, 2000, p. 25.

23 Marcela Abadía, "La identidad de la mujer en el derecho penal moderno: el caso del aborto", en *Revista de Derecho Público* n.° 20, Universidad de los Andes, Facultad de Derecho, diciembre del 2007.

Nuestro Código Penal de 1890[24], por ejemplo, en su artículo 642, reducía casi hasta su eliminación la pena para el aborto cuando lo practicaba "una mujer honrada y de buena fama anterior", cuyo único móvil era el de "encubrir su fragilidad"[25]. Por su parte, el artículo 640 de ese mismo Código eximía de toda pena a quien practicara el aborto como medio absolutamente necesario para salvar la vida de la mujer, sin embargo, en este caso, disponía la normatividad que "No por eso debe creerse que la ley aconseje el empleo de esos medios que generalmente son condenados por la Iglesia, únicamente se limita a eximir de pena al que, con rectitud y pureza de intenciones, se cree autorizado para ocurrir a dichos medios". Por su parte, el Código de 1936 permitía el aborto para salvar el honor[26], concepto descrito a partir de la definición masculina, que suponía que conceptos como su virilidad y la capacidad de mantener pautas de conducta sobre el proceder sexual de las mujeres a su cargo se les "salieran de las manos"[27].

Suprimir el castigo para el delito de aborto suponía, según Lisandro Martínez —doctrinante penal colombiano de comienzos de los años setenta—, que:

> [...] un gran número de mujeres de escasa moralidad no tuvieran el menor inconveniente en someterse a tratamientos abortivos, proporcionados especialmente por personas de escasa preparación en tales materias" [...] La libertad de abortar traería como consecuencia el que no solamente acudieran a él las preñadas solteras, sino también muchas casadas que hoy se abstienen de destruir el fruto de la concepción por temor a la pena y a la publicidad que da el juicio penal [...] la mujer no se respetaría ya y podría entregarse libremente a una libertad sexual desordenada [...] Si la mujer llegare a tener libertad absoluta para el aborto, las casadas podrían perder

24 Que a su vez era fiel copia del Código de Santander de 1837.

25 Por ejemplo, el Código Penal peruano de 1836 establecía igualmente que "la mujer embarazada que para abortar emplee a sabiendas alguno de los medios expresados y aborta efectivamente, sufrirá una reclusión de uno a dos años; pero si fuere soltera no corrompida y de buena fama anterior, y resultare a juicio de los jueces que el único y principal móvil de la acción fue el de encubrir su fragilidad, se le impondrá de uno a dos años de arresto".

26 Art. 389 del Código de 1836 decía: "Cuando el aborto se haya causado para salvar el honor propio o el de la madre, la mujer, descendiente, hija adoptiva o hermana, la sanción puede disminuirse de la mitad a las dos terceras partes, o concederse el perdón judicial".

27 Francesco Carrara decía sobre el feticidio (hoy aborto): "La tiranía de las pasiones y el choque de las condiciones sociales exigen a veces que la mujer sienta odio a lo que debería excitarla a suma alegría, es decir, a ser madre. A destruir anticipadamente en sus propias entrañas el don de la Providencia, fueron impulsadas las mujeres en todas las épocas, por distintas causas, la más frecuente de las cuales consiste en el anhelo de esconder una falta, y esta es la más excusable, pero no la única, pues la historia nos enseña muy a menudo que indiferentemente son llevadas a estos excesos, o por la molestia de la crianza de los hijos, o por contrariar a un marido a quien no se ama, o por evitar los dolores y peligros del parto, y hasta (y parece increíble) con el único fin de no afear el vientre hermoso con arrugas precoces". Franceso Carrara, *Programa de Derecho Criminal. Parte especial*, Temis, Bogotá, 1973, p. 333.

todo temor a uniones sexuales extramatrimoniales, o a los hijos ilegítimos, pues estos serían evitados, sin temor a una sanción[28].

La idea que se presenta a continuación es que la concepción del pacto social y la exclusión en él de las mujeres como plenas ciudadanas irradió al sistema jurídico y consecuentemente al derecho penal, que continuó manteniendo un discurso que se pretende legítimo a la luz de una superada concepción del antiguo derecho, que abiertamente mezclaba conceptos morales, religiosos y con esto arrastraba una discriminación a los sectores menos privilegiados de la comunidad, entre ellos, por supuesto, en contra de la mujer y su identidad. La posterior evolución del derecho penal ilustrado al moderno derecho penal, aun cuando claramente ha construido elementos conceptuales, principalmente a partir de la teoría del bien jurídico, que han otorgado posibilidades más amplias en ámbitos de protección contra la violencia hacia la mujer, no ha podido en todo caso solucionar cuestionamientos en torno a aspectos como la legitimidad del delito de aborto o sobre cómo ampliar una concepción de bienes jurídicos que trasciendan el limitado contenido liberal de la libertad e integridad sexual. Sobre estos puntos se volverá más adelante.

Mujer y pacto social

El pensamiento ilustrado elaboró la teoría del contractualismo como la justificación posible de la existencia del Estado. La idea de la libertad e igualdad de los individuos que suscribieron el pacto supuso la idea universalista, irreversible e irrenunciable consistente en que el poder político garantizaría a todos los ciudadanos por igual sus derechos y libertades. Aun cuando no es el objetivo presentar los matices e implicaciones teóricas expuestas por los diferentes autores contractualistas, sí se puede afirmar que los conceptos de igualdad y libertad que fundamentaron la constitución del Estado fueron identificados únicamente a partir de un grupo específico de personas: adultos, blancos, varones y propietarios[29]. La mujer no intervino activamente en el acuerdo entre racionales. Al ser identificada como el otro no racional quedó excluida del proceso de constitución del orden político, jurídico y social, salvo en cuanto guardianas del hogar, los sentimientos y la familia[30].

[28] Lisandro Martínez, pp. 264 y ss, *op. cit.*

[29] Seyla Benhabitr y Drucilla Cornell (comp.), "El otro generalizado y el otro concreto", en *Teoría feminista y teoría crítica*, Ediciones Alfons el Magnánim, Valencia, 1990, p. 127.

[30] Locke, Rosseau y Mill parten de la distinción entre las actividades y competencias de lo público y de lo privado, del hombre y de la mujer, "[...] como si se tratara del marco límite que no se debe traspasar en la elaboración de un pensamiento político coherente…". Cristina Molina Petit,

Carole Pateman señaló en su libro *El contrato sexual* (1988) que aun cuando la doctrina del contrato supuso un solo origen convencional del derecho político, en todo caso los teóricos contractualistas insistieron en que el derecho del varón sobre la mujer tiene base natural, donde solo los varones tienen los atributos de "individuos" libres e iguales, pues las mujeres nacieron con sujeción. Esta autora acusó a los teóricos contractualistas de silenciar un aspecto del pacto original, el que le otorgó al hombre el poder sobre la mujer, que la autora denomina el *contrato sexual*. Según Pateman, el pacto original creó a la vez la familia y la sociedad, pero sus historias fueron distintas, pues el contrato social es una historia de libertad del hombre y el contrato sexual es una historia de sujeción de la mujer al varón, aceptando su sumisión y su muerte civil a cambio de manutención y protección[31]. El pacto social tuvo como objeto exclusivamente el dominio de los asuntos públicos —que se supone que son los que tienen trascendencia política—[32]. La esfera de lo privado-familiar "[...] permanece regida por una suerte de ley divina o natural y atada al antiguo derecho sacro"[33].

Dice Pateman que los hombres pactaron el dominio sobre las mujeres antes de pactar el dominio entre hombre libres e iguales: el contrato sexual —el que firman los hombres entre sí para excluir a las mujeres— es previo al contrato social y garantiza la exclusión de las mujeres de la convención social (ellas no son libres e iguales) y, por tanto, de la esfera de lo público. La historia del contrato sexual, continúa Pateman, ayuda a entender cómo en la sociedad están garantizadas tanto la libertad de los hombres como la sujeción de las mujeres. Los hombres, por naturaleza libres e iguales, han de consentir el gobierno de otros, pactan el gobierno de unos sobre todos y las mujeres, por naturaleza, están sometidas a los hombres.

Se ha de entender que los hombres en la esfera pública son libres e iguales. Son considerados individuos, ciudadanos, titulares de derechos y libertades. Esta esfera pública se rige por normas generales y abstractas, principios universales que se aplican a todos por igual y de un modo imparcial. En la esfera de lo privado, donde permanecen las mujeres, las normas ya no serán generales ni abstractas, no hay ciudadanía ni derechos, no hay razón ni legalidad ni igualdad[34].

Dialéctica feminista de la Ilustración, Anthropos, Editorial del Hombre, Comunidad de Madrid, 1994, p. 39.

31 Carole Pateman, *The Sexual Contract*, Stanford University Press, Stanford CA, 1988, p. 1.

32 Cristina Molina Petit, *Dialéctica feminista de la Ilustración*, Anthropos, Editorial del Hombre, Comunidad de Madrid, 1994, p. 36.

33 *Ibidem*.

34 Cristina Molina Petit explica cómo Rousseau, con el fin de explicitar la diferencia entre *hombre* y ciudadano, acude en el *Emilio* a la anécdota de la madre lacedemonia que relata Plutarco: la mujer

La adscripción a la "esfera privada" en el reino de lo doméstico es el mecanismo por el que, en la tradición ilustrada y en la ideología liberal, se opera el distanciamiento de la mujer de las promesas ilustradas: "fuera de lo 'público' no hay razón ni ciudadanía ni igualdad ni legalidad ni reconocimiento de otros"[35].

La posición de subordinación de la mujer resulta evidente en el pensamiento de Rousseau cuando afirma que la autoridad del padre está establecida por naturaleza —no por contrato— y que por lo mismo no puede ser compartida con la madre, porque "es necesario que el gobierno sea único y que, en caso de división de opiniones, haya una voz preponderante que decida"[36], y que, por supuesto, es la del padre. Las reglas que rigen la sociedad civil no tienen nada que ver con las reglas que Rousseau propone para la familia: "cómo podría el gobierno del Estado asemejarse al de la familia, siendo tan diferentes sus fundamentos respectivos? Por ser el padre físicamente más fuerte que sus hijos [...] el poder paterno parece, con razón, establecido por naturaleza"[37].

Las mujeres no están en todo caso totalmente excluidas de la sociedad. Su participación se entiende en tanto seres sexuados destinados a la procreación, garantes del orden privado sobre el que se asienta el público. Gracias al contrato sexual, afirma Pateman, los hombres pueden "salir" a la esfera de lo público en la medida en que sus necesidades básicas (afectivas, de cuidado, nutrición, higiene) están cubiertas por el "trabajo" de las mujeres en el ámbito doméstico. El contrato sexual es la condición de posibilidad del contrato social y también una condición de posibilidad para la construcción del trabajador como individuo que tiene una mujer detrás de él, que se ocupa de liberarle de sus necesidades cotidianas y permitirle seguir trabajando y "manteniendo" a la familia.

En suma, a partir de la consideración de la mujer como "naturaleza" y su limitación a lo privado-doméstico, se podría afirmar bajo esta perspectiva que nunca llegó, por voluntad propia, a alcanzar de manera real la "segunda naturaleza" social civil reservada al hombre, pues su identidad fue definida por los hombres y forzada a desempeñar un papel impuesto por el hombre y para el hombre.

---

debe moverse en todo momento por sentimientos naturales con vistas al bien particular de lo suyo, que es la esfera familiar, y nunca por los dictados del interés general que es lo que define al ciudadano. La mujer de Rousseau pertenece a la esfera privada de los "sentimientos naturales" y es definida por ella. Cristina Molina Petit, *Dialéctica feminista de la Ilustración*, Anthropos, Editorial del Hombre, Comunidad de Madrid, 1994, p. 80.

35 Cristina Molina Petti, *Dialéctica feminista de la Ilustración*, Anthropos, Editorial del Hombre, Comunidad de Madrid, 1994, p. 22.

36 J. J. Rousseau, *Discurso sobre la economía política*, p. 4.

37 *Ibidem.*

Bajo la aparente universal y sexualmente neutra categoría de "hombre" se pretendió subsumir a los seres femeninos. En términos abstractos, incluyendo la evolución propia de la ideología penal basada en un derecho penal moderno, la mujer parecería en pie de igualdad frente al hombre; sin embargo, en términos concretos, en su vida cotidiana siguió siendo *no libre* y *no igual* porque siguió siendo definida como *el otro* y sin posibilidad de trascender de esta definición dentro del propio sistema liberal: su domesticidad, se reitera, es precisamente la condición de posibilidad para que el hombre acceda a lo privado como "lo propio" y a lo público como ser civil social[38].

Cristina Molina Petit afirma que la razón patriarcal de la Ilustración es "antiilustrada" en tanto que "antiuniversalista". Esto por cuanto la mujer fue excluida del pacto social que fundamentó las teorías emancipadoras de la Ilustración. La Ilustración no cumplió sus promesas, la razón no es la razón universal, la mujer quedó fuera como aquel sector que *las luces no quieren iluminar*[39].

La mujer continuó siendo definida como la pasión, la naturaleza. La premisa biológica, como punto de partida para derivar los roles que se le han asignado ideológicamente al sexo femenino, aparece clara en el pensamiento de Rousseau cuando afirmaba que la mujer es pasiva y dócil porque así lo es "naturalmente" en su relación sexual, pero al propio tiempo defendió que a la niña hay que enseñarle —es decir, ya no es "natural"— la pasividad y sumisión como ideal de feminidad. Por tanto, esta designación de la "naturaleza" de la mujer y la premisa que se montó a partir de allí para suponer su incapacidad en el desempeño de la esfera pública caracterizaron al periodo ilustrado. Por esto, la crítica feminista censura la trampa que esconde el ideal abstracto de ciudadanía construido "a la medida justa de quienes 'casualmente' participaron en su definición"[40], y por eso pretende reivindicar la razón para la mujer por medio de una revisión de la historia del pensamiento que busque corregir esas visiones parciales[41].

A partir de esta definición de la mujer, el derecho penal ilustrado fundó sus premisas para mantenerla —a través de este medio de control y sujeta bajo la amenaza de una pena— bajo unos condicionamientos de conducta sobre su

38 Cristina Molina Petit, *Dialéctica feminista de la Ilustración*, p. 112.

39 *Ibidem*, p. 20.

40 Diana Mafia, *Socialismo y liberalismo en la teoría política contemporánea*, CLACSO, Argentina, p. 175.

41 Sin embargo, Cristina Petit se cuestiona en ese sentido la tensión por la que el feminismo forcejea con la razón ilustrada: "[...] trata de exprimirle su jugo emancipatorio para realizar la vocación universalizadora a la que no puede renunciar sin traicionarse a sí misma: ¿se puede luchar contra el patriarcado con las armas de la Ilustración?, ¿acaso no es ella misma un constructo pasional?". Cristina Molina Petit, *Dialéctica feminista de la Ilustración*, *op. cit.*

sexualidad y forma de expresarla[42]. El proceso de codificación que se desarrolló durante el siglo XVIII en el derecho penal —al igual que en el civil— constituyó un fiel reflejo de la abstracción universal asumida por el liberalismo, el cual, pese a las formas de organización social entre hombres y mujeres —constituidas sobre la base de roles claramente asignados a cada uno (mujer-privado-inferior, hombre-público-superior)— puso de manifiesto, en palabras de Lorena Fries y Verónica Matus, que "la abstracción de sujeto único y su supuesta neutralidad se constituye desde la mirada masculina. Por lo tanto, el principio de economía con que se argumenta la creación de sujeto único de parte de los juristas, hizo del varón el parámetro de lo humano en materia de ciudadanía y de relaciones jurídicas en las esferas pública y privada"[43]. En este mismo sentido, Baratta (2000) ha cuestionado el modelo del contrato social y la fundación, a partir de él, del Estado y del derecho moderno. También es coincidente en señalar que se trató más de un pacto para excluir a los diferentes, de un pacto selectivo y marginador de las mujeres, las minorías étnicas, los pobres o los extranjeros, y cuya alternativa se fundaría en la corrección del lenguaje y de los conceptos sobre los cuales está construido el Estado moderno y el derecho, así como en una redefinición en la que los participantes sean los excluidos del pacto. En esa medida, en cuanto tiene que ver con las mujeres, Baratta reconoce que la construcción de las conductas reprochadas a las mujeres, así como los tipos penales de protección específica y las sanciones que les son aplicadas, son propias de una sociedad patriarcal que reservó el protagonismo de la esfera productiva a los hombres (ámbito público) y el ciclo reproductivo a las mujeres (ámbito privado). La propuesta de Baratta, en este sentido, es, como se verá más adelante, la reunificación de los valores separados en la sociedad patriarcal para la construcción de una política penal alternativa fundada en una identidad global o proyecto andrógino.

A continuación se mostrará cómo esa concepción que el derecho mantuvo sobre la mujer y el rol único que esta podía válidamente desempeñar contagió no solo al derecho penal liberal sino a las diferentes escuelas penales de pensamiento que han impulsado los supuestos que forjan el derecho penal contemporáneo[44].

42 Marcela Abadía, "La identidad de la mujer en el derecho penal moderno: el caso del aborto", en *Revista de Derecho Público* n.º 20, Universidad de los Andes, Facultad de Derecho, diciembre del 2007.

43 Lorena Fries y Verónica Matus, "Supuestos ideológicos, mecánicos e hitos históricos fundantes del derecho patriarcal", en *Género y derecho*, Alda Facio y Lorena Fries (eds.), Colección Contraseña, Estudios de Género, Serie Casandra, Santiago de Chile, 1999, p. 155.

44 El propósito no es presentar una descripción detallada de cada una de las escuelas de pensamiento ni de los esquemas del delito que de ellas se derivaron sino más bien mostrar sus rasgos más característicos, a fin de contrastarlos de manera crítica con lo que puede ser una construcción propia de

El derecho penal liberal moderno y los ámbitos normativos de protección a las mujeres

La construcción de una supuesta neutralidad de género y el pensamiento clásico

La conciencia jurídica de la escuela clásica se fundaba en un iusnaturalismo racionalista que establecía el derecho en virtud de principios ideales y abstractos definidos por la razón[45]. Sobre ese objeto ideal se hacía uso de un procedimiento lógico-deductivo del que se iban derivando los postulados que debía recoger el derecho positivo. A partir de esta construcción racional de la imputación penal se comenzó a cimentar la naturalización de la idea de únicas realidades objetivas, que son las que han persistido solapadamente a la lógica dogmática y permiten, por ejemplo, la irracionalidad de suponer una legítima defensa a la mujer que luego de años de maltrato decide dar muerte a su pareja no en el momento inminente del ataque, sino, por imposibilidad física, en un lapso posterior a los actos de violencia. Para Carrara, el derecho penal tiene reglas absolutas y su corriente penal era ontológica porque "es doctrina de esencias". Para él, por esto, el aborto supondría tanto la expulsión prematura del fruto de la concepción como su destrucción dentro del "claustro materno", definiéndolo como "la muerte dolosa del feto en el útero, o su violenta expulsión del vientre materno, de la cual haya derivado la muerte del feto" (1982:84). Estas cargas de la esencialidad en el derecho permiten el mantenimiento moderno de los conceptos, no feministas, del aborto como fenómeno propio de una realidad —ontológica— de una cierta violencia, que no se puede desprender de la también realidad muerte-homicidio del feto y de allí su necesidad de castigo. De acuerdo con Jaramillo Sierra (2008), este es uno de los eventos en los que el derecho legitima la distribución existente, representándola como necesaria. La habitualidad de la práctica de pensar al delito como un ente jurídico legitima porque, en palabras de Jaramillo Sierra, oculta lo contingente que es cada categoría y porque oculta las incertidumbres involucradas en pasar de la categoría abstracta a la decisión concreta.

---

la identidad femenina para una fundamentación teórica más apropiada dentro de la teoría del bien jurídico. Para una revisión clara de los esquemas del delito véase Nodier Agudelo Betancur, *Curso de derecho penal, esquemas del delito*, Librería la Constitución Ltda, Bogotá, 1995.

45 Carrara fue su máximo exponente y sustentó su pensamiento bajo la idea de que el mundo responde a un orden racional y necesario que es anterior al ser humano y que, por lo tanto, trasciende su voluntad. Aunque reconocía que el derecho venía a ser la parte de ese orden relativo a la vida en comunidad, se partía del supuesto que de todas maneras eso no significaba que pudiera ser creado directamente por el ser humano, sino que debía deducirse de su particular naturaleza.

Vale también la pena anotar la peculiaridad que resulta a partir de este pensamiento clásico de la identificación absoluta de violencia contra el feto-muerte y el castigo penal —con las nefastas consecuencias que tal naturalización en la conciencia jurídica supone para el feminismo que pretende desterrar el aborto del catálogo punitivo— frente a la también naturalización que el mismo *feminismo del castigo* tiene con la violencia (en este caso sexual) y con el castigo[46].

El proceso de aplicación deductiva a partir de la conformación de principios sistemáticos comenzó a ser el germen de caracterización de la dogmática continental y se consolidó suponiendo un ejercicio de subsunción y de lectura obligatoria de una realidad vista "por fuera del derecho". Realidad esta que resulta única e inamovible y que lleva a concluir que lo que tiene que hacer un derecho penal racional es tratar de entenderla de la mejor manera posible para otorgar castigos justos, bajo unas condiciones determinadas y fijadas por la sistemática penal. Pese a que tendencias contemporáneas del pensamiento penal asumen este método lógico abstracto como asunto del pasado, y atribuyen a la dogmática penal un sustrato mucho más acorde con la realidad político-criminal del país, como lo sostiene, por ejemplo, Roxin, lo cierto es que las deducciones que hoy en día se imponen como legítimas y propias de una ciencia penal moderna no han abandonado del todo la tendencia metodológica lógica abstracta para permear de neutralidad conclusiones en torno a la manera de entender la lógica interna del derecho penal. Así, por ejemplo, el principio de igualdad, que se ha constituido como la fuente esencial para presentar al derecho penal como moderno y de corte liberal, impide que ingresen al sistema penal diferenciaciones en la manera de construir descripciones típicas de conductas punibles como el feminicidio o el acoso sexual bajo la perspectiva construida por el feminismo radical.

Juan Bustos (1997) señala que modernamente no se ha abandonado del todo la construcción de figuras penales a partir de construcciones lógicas derivadas de abstracciones de las ciencias en aspectos tales como el concepto de imputabilidad y edad mínima para considerar a una persona como potencial sujeto de castigo penal[47]. De acuerdo con Bustos, la tendencia en la doctrina y la legislación ha sido la de determinar la imputabilidad con fundamento en la psiquiatría

46 Como ya se ha señalado, en la segunda parte de este libro se presenta una categorización sobre cómo los feminismos se han relacionado con el derecho penal, identificándose el *feminismo del castigo* (por tener una relación necesaria entre violencia y castigo), el *feminismo de la regulación* (por tener una relación contingente entre violencia y castigo) y el *feminismo crítico* (por negar o cuestionar la relación entre violencia y castigo).

47 Juan Bustos Ramírez (1997), "Perspectivas de un derecho penal del niño", en revista *Nueva Doctrina Penal*, Editores del Puerto, Buenos Aires, p. 63.

y luego en relación a la psicología, y, pese a su afán por convertir deducciones en conceptos científicos, se ha continuado con una dirección valorativa en la que se define la imputabilidad normativamente.

Explica Bustos que ser imputable implica la capacidad de conocer la ilicitud del obrar y de poder actuar conforme a tal conocimiento, poniéndose el acento solo en dos aspectos psicológicos: el referente al conocimiento (momento cognoscitivo) y el relativo a la voluntad (momento volitivo). Sin embargo, la realidad psicológica de las personas no se limita a estos aspectos y habría que considerar, por ejemplo, todo el problema de la afectividad. Un ejemplo de esto podría ser el caso de la responsabilidad penal de adolescentes en la que no se hace alusión alguna a las diferencias estructurales en cuanto a las consideraciones normativas de imputabilidad entre jóvenes mujeres y jóvenes hombres.

La tendencia a poner el acento en el conocimiento y la voluntad se basa, por tanto, en una idea radicalmente racionalista de la sociedad y el hombre, en la que las características de este son el conocimiento y la voluntad. Esta deducción lógica abstracta hace suponer que ya de partida "el joven" ("la joven" y variables diferenciadoras como la clase o raza no son realmente objeto de categorización) es alguien que no aparece dotado de estas características fundamentales del hombre ("maduro"). De esta manera, afirma Bustos que se crea una forma de diferenciación propia a la teoría de la divergencia, en la que el joven aparece estigmatizado desde el principio y, por tanto, sujeto a la tutela del Estado y la sociedad por presentar características peligrosas para esta y por lo cual la sociedad tendrá que defenderse; y esto sobre la base de la ciencia (natural) y de una pretendida verdad indiscutible que justifica cualquier intervención del Estado sobre la categoría de los jóvenes.

La idea clasificatoria de las ciencias naturales traspasa el sistema penal y permite la creación de leyes especiales, en el sentido de normas conformes a las características del sujeto. El control de la sexualidad a través de la prohibición del aborto y la tipificación del infanticidio se constituyen en ejemplos de estas naturalizaciones construidas a partir de supuestos clásicos de la teoría del delito.

Otro supuesto clasificatorio característico del esquema clásico del delito fue el de la imputabilidad o, en términos generales, la capacidad de la persona de responder frente al derecho a partir del concepto del libre albedrío y la culpabilidad moral. Varios penalistas de la época refutaron este supuesto afirmando la imposibilidad de sostener un concepto de libre albedrío, asignando a la pena más bien un fin de defensa. Lo que se pretende resaltar acá es que la capacidad de elección parte de supuestos neutrales al género (capacidad de elección que también es la misma que se traspasa para sopesar la posibilidad de accionar de las víctimas). Y esto deriva en profundas consecuencias para las mujeres en el derecho, pues la elección y capacidad de obrar está relacionada con aristas culturales, de clase, de subordinación sexual que suponen de entrada diferentes lecturas para fenómenos como el consentimiento en los casos de violación, o de explotación en el delito de trata de personas.

En el caso de la violación ya se ha señalado cómo el feminismo ha sido claro en mostrar las lecturas desviadas que los actores penales han dado al comportamiento femenino y al ejercicio autónomo de su sexualidad[48]. En el delito de trata de personas, como se mostrará con mayor precisión en la tercera parte de este libro, ocurre un fenómeno particular, auspiciado por ciertas posiciones feministas y movimientos de mujeres. Siguiendo recomendaciones de organismos internacionales, este delito fue trasladado de los delitos contra la libertad sexual para considerarse un delito primordialmente contra la autonomía personal, en el que el consentimiento a la explotación por parte de la víctima no constituye causal de exoneración de responsabilidad penal. Y señalamos acá que este caso se constituye en un fenómeno particular, por cuanto el consentimiento y capacidad de obrar de la mujer que decide prostituirse, "la víctima", termina por construirse en una abstracción lógica derivada de supuestos deterministas que le niegan de plano a la mujer cualquier capacidad de agencia, cayendo, en este sentido, el sistema penal y ciertos feminismos en un determinismo estructural que imposibilita otras eventualidades de emancipación también a partir del derecho.

La base de la libertad de elección, como se dijo, determina la condición de delincuente, o la de víctima. Esta capacidad de elección supone una crítica insondable a la legitimidad de los delitos. La estructura social capitalista y patriarcal supondrá algunas limitaciones a la capacidad de agencia. Así lo puso de presente la criminología crítica en especial en relación con los delitos contra el patrimonio económico, aun cuando sin mayor énfasis en visiones teóricas

48 En este sentido, puede afirmarse que, en todo caso, tanto la Corte Constitucional como la Corte Suprema de Justicia colombianas han dado un salto sustancial importante en apropiarse de las discusiones feministas sobre la discriminación en la valoración probatoria o en un entendimiento más amplio de la violencia sexual y ya han incorporado en sus decisiones instrumentos internacionales de protección de los derechos de las mujeres. Por ejemplo, de acuerdo con la Corte Suprema de Justicia ya no es necesaria la realización de daños en el cuerpo y la salud de la víctima como demostración de la violencia en los delitos sexuales. Sobre esta clase de avances jurisprudenciales véase http://www.sismamujer.org/Descarga/accesojusticia/estudio.jurisprudencia.de.corte.suprema.de.justicia.en.materia.de.victimas.de.violencia.sexual.pdf.

feministas. El sistema patriarcal, sin que se esté afirmando acá un puro determinismo estructural que restringa la capacidad de agencia, pone de presente la relevancia de preguntar cómo el feminismo debe estructurar los supuestos de libertad de elección para los sujetos que como víctimas o victimarios hacen parte del sistema penal.

Por otro lado, la escuela clásica entendía al delito como un *ente jurídico.* Esto en la medida en que la acción delictiva, que se constituye en el elemento base a partir del cual las escuelas de pensamiento construirán las diferentes formas de entender la teoría del delito, no es un "ente de hecho" sino un concepto jurídico a partir del cual, según Carrara, se derivarán todas las consecuencias de su construcción teórica del derecho penal. El delito no es considerado como un fenómeno social ni individual, es un ente jurídico por cuanto el delito es simplemente una forma.

En todo caso, esta visión carrariana estrictamente jurídica del delito presenta una validez formal independiente de su filosofía del derecho, la cual, señala Baratta, deriva de teorías iusnaturalistas y racionalistas del universo social y moral. Cuando Carrara habla de derecho no se refiere a las variaciones en las legislaciones positivas sino a leyes absolutas, "constitutivas de un único orden posible para la humanidad, según las previsiones y la voluntad del Creador" (Carrara, 1889). Explica Baratta que el significado absoluto que Carrara da al derecho le permite distinguir la parte *teórica* de la parte *práctica* del derecho penal, y para la primera parte el fundamento lógico está dado por la verdad, por la *naturaleza de las cosas*, de la cual deriva la verdad inmutable. Para la segunda parte, el énfasis está dado por la autoridad de la ley positiva. Este sería un "modelo integrado de ciencia penal", el cual pretendía reaccionar contra la estrecha perspectiva del positivismo legalista (Baratta, 1986:30).

Estas pretensiones clásicas de modernizar la ciencia penal, pese a las variaciones que a lo largo de la evolución dogmática han tenido lugar en torno a la teoría del delito y de la pena, permean la matriz y estructura esencial del discurso científico penal contemporáneo. La *naturaleza de las cosas*, como límite infranqueable a lo que se puede o no considerar delito, invade hoy, por ejemplo, la hermenéutica de algunos jueces para legitimar sus decisiones en torno a delitos sexuales. A manera de ejemplo, tenemos cómo, a partir del concepto de la naturaleza de las cosas, entre otros supuestos, la Corte Suprema de Justicia, Sala Penal, en el año 2007, modificó en sede de casación una sentencia que había sido proferida por el delito de actos sexuales abusivos y lo modificó por uno de injuria por vía de hecho, por considerar que los bienes jurídicos tutelados de la libertad, integridad y formación sexual no resultaban sustancialmente vulnerados si el comportamiento correspondía a tocar rápidamente las nalgas y vagina. El siguiente es un aparte del ejercicio lógico deductivo presentado por la Sala Penal de la Corte, a la luz de la mejor doctrina clásica:

> En ninguna parte la ley alude a la duración del ataque para poder hablar de violencia relevante en materia de delitos sexuales. Por ello, en principio, se puede afirmar que no es menester el transcurso de un lapso amplio para que sea viable hablar de violencia. Sin embargo, la naturaleza de los bienes jurídicos tutelados *—la libertad, la integridad y la formación sexuales—, vista frente a la naturaleza de las cosas, permite inferir que un "ataque" rápido, vivaz, apresurado, ligero, no cercena con potencia, es decir, sustancial, materialmente, la facultad de escoger comportamientos en temas sexuales,* no desintegra el bagaje sexual que pueda tener una persona de 26 años de edad y no deforma la constitución física y mental que sobre el mismo punto posea esa persona. Por eso se afirma que debe tratarse de prácticas de contenido sexual objetivamente consideradas, que la conducta tiene que revestir entidad significativa, y que ha de desarrollarse durante algún tiempo pues no parece suficiente un efímero instante de energía para concluir que se ha producido un acto de fuerza (*el énfasis es nuestro*)[49].

Parte de una pretensión feminista es pensar la viabilidad de alternativas a cuestiones de objetividad, de método y de sujeto-objeto producidas por la ciencia, partiendo no solo de la objeción a los supuestos masculinos que contribuyen al *statu quo* cultural y social de la producción de conocimiento, sino también a través del cuestionamiento de los paradigmas escogidos por los científicos del derecho penal para naturalizar su lenguaje, supuestamente neutral del derecho penal. Fox Keller (1982) sostiene que los estudios sociales de la ciencia del derecho penal pasaron por alto que esta no solo fue producida por un subconjunto de la raza humana, es decir, hombres, blancos, de clase media, sino que se desarrolló bajo un ideal determinado de "masculinidad". Y si bien estudios sociales de la ciencia rechazaban la idea de "neutralidad científica", como lo hizo, por ejemplo, la escuela positivista ferreriana, teniendo en cuenta influencias sociales o antropológicas, no se vislumbró en todo caso el peso que tiene la psiquis individual cuando llega el momento de pensar la realidad. En el conocimiento influye tanto lo social como lo personal y en la búsqueda de conocimiento científico hay una cantidad de hábitos mentales, inconscientes, que inciden en él y que

[49] Proceso n.º 25743, Corte Suprema de Justicia, Sala Penal, M.P. Álvaro Orlando Pérez Pinzón.

implican una limitación mental[50]. Al no tenerse en cuenta el peso de lo personal, de los propios preconceptos, en esa medida los estudios sociales de la ciencia, aun cuando críticos, apoyarán tácitamente una visión dividida de la realidad: lo que es femenino de lo masculino, lo que es impersonal de lo personal, lo masculino de lo femenino, etc. (Maffia, 2008). Esta manera crítica de pensar la base dicotómica que está en la base de la estructura de la evolución penal y de la ciencia naturalizada por ella supone repensar lo que significan contemporáneamente conceptos como los del contenido del bien jurídico tutelado y cómo estas categorizaciones afectan la experiencia de las mujeres.

La contribución de la escuela clásica fue determinante para la construcción de propuestas racionales sobre los fines y funciones del castigo, y aun cuando posteriormente se fue desdoblando en varias teorías eclécticas, que fueron invadiendo el pensamiento europeo y latinoamericano, su contribución es indudable[51]. El legado de la Ilustración, fielmente retratado en esta escuela clásica, permitió establecer una relación directa entre el poder político y el derecho penal y dotar a la vez de una legitimidad consensuada los ámbitos del castigo.

Lo que resulta útil resaltar acá es que dentro de este ejercicio de legitimar el castigo quedó, por supuesto, incluida una especial concepción de la sexualidad y la mujer, que se convirtió en el apalancamiento y referente para dotar de contenido conductas delictivas como la violación y los criterios para determinar la gravedad de esta conducta. Por otro lado, la idea del restablecimiento del orden externo de la sociedad a partir de la imposición de una pena podría también

50 Evelyn Fox Keller, "Feminism and Science", en *Signs: Journal of Women in Culture and Society*, Vol. 7, n.º 3, The University of Chicago Press, 1982, pp. 589-602.

51 Resulta útil aclarar que los principios básicos garantistas clásicos ilustrados a partir de los cuales se funda el derecho penal moderno, como los de estricta legalidad, materialidad y lesividad de los delitos o presunción de inocencia, fueron entretejidos a partir de un cúmulo heterogéneo de doctrinas tales como las de los derechos naturales, las contractualistas, racionalistas o utilitaristas del derecho y de la pena. Ferrajoli (1997:33) hace notar cómo, sin embargo, la heterogeneidad no solo opera por la diversidad filosófica de las corrientes sino por la carencia de lineamientos liberales en su construcción. Señala este autor que: "[...] las filosofías utilitaristas pueden fundamentar, como en las doctrinas de la Escuela Clásica italiana de Beccaria a Carrara, una concepción de la pena como mínima aflicción necesaria; pero también pueden informar tecnologías penales autoritarias y antigarantistas como las de la prevención especial o las de la defensa social, encaminadas al objetivo de la máxima seguridad posible. Y el positivismo jurídico, si por un lado está en la base del principio de estricta legalidad, por el otro también permite modelos penales absolutistas caracterizados por la ausencia de límites al poder normativo del soberano, al igual que es en todo caso por completo neutral respecto de todas las demás garantías penales y procesales. Por no hablar de las concepciones contractualistas, que han servido de base por igual a la teoría hobbesiana del Estado absoluto, a la lockeana de los derechos naturales y del Estado de derecho, a la fichteana del Estado pedagogo y a la rousseaniana de la democracia directa. Y sin embargo, más allá de la heterogeneidad y de la ambivalencia de sus presupuestos teóricos y filosóficos, es cierto que los principios mencionados, tal y como se han consolidado en las constituciones y codificaciones modernas, forman en su conjunto un sistema coherente y unitario...". Ferrajoli, 2007, p. 34.

explicar la necesariedad de controlar la sexualidad de la mujer a partir de delitos tales como el aborto.

Aun cuando la evolución de la dogmática ha variado los conceptos en torno al establecimiento de la teoría de los bienes jurídicos, que aun resultaba incipiente en el pensamiento clásico, o los de la concepción de la pena, lo cierto es que el trasfondo ideológico que sirvió de alimento para la construcción del derecho penal moderno sirvió para naturalizar los límites conceptuales de entendimiento del daño a la sexualidad y de cómo y cuándo le resulta legítimo al derecho penal intervenir. De allí los choques de la ciencia contemporánea del derecho penal con las visiones teóricas feministas que han pretendido insertar prácticas punitivas en un contexto sostenido bajo estrictas limitaciones, construidas como mínimas garantías en torno a la necesidad de la pena y protección de bienes jurídicos.

De lo anterior también se sigue que la inmersión feminista en el derecho penal, de no tener una propuesta alternativa al entendimiento de la teoría del delito y de los fines y funciones de la pena, no trascienda más que de la proposición de construcción de nuevos tipos penales. El esfuerzo de conectar las discusiones y pensar en una legitimación alterna del derecho penal puede suponer un paso más allá de la encrucijada en la que se encuentra el feminismo frente a sus relaciones con el derecho penal.

La mujer como anormal en el pensamiento positivista

La crisis de los años veinte del Estado liberal se vio también reflejada en la dogmática penal italiana, a la par de la evolución del Estado intervencionista, en la ideología de la defensa social y la escuela positivista como reacción a la escuela clásica. El fin del derecho penal para esta visión será también prevenir el delito, pero el derecho penal no solamente debe retribuir sino que, además, debía resocializar al delincuente, a quien se le consideraba un ser anormal[52].

Ferri aportó una modificación sustancial del estudio del delito y del delincuente, que intentaba sobrepasar la mera exposición doctrinal de silogismos

[52] El pensamiento de Lombroso, acompañado por Enrique Ferri y Rafael Garófalo, se reprodujo en Italia y luego por Europa y Latinoamérica configurándose la antropología criminal como una disciplina causal explicativa de la criminalidad. La escuela positivista tuvo varios matices; Ferri, en su *Sociología criminal*, clasificaba la explicación del delito conforme a las teorías de Albrecht y Durkheim, quienes creyeron en la normalidad del delincuente, para refutarles que las causas del delito eran la anormalidad biológica, la anormalidad social y la biológico-social y para la "Escuela de Lyon" no bastaba el medio sino que se necesitaba en el delincuente una proclividad al crimen.

en los que, a su juicio, se basaba la escuela clásica del derecho penal[53]. Así, por ejemplo, la responsabilidad no debía ser entendida a partir de la moral sino a partir del concepto de responsabilidad social, que legitimaría que las sanciones se aplicaran con fundamento en la peligrosidad del criminal. Por esto era que las sanciones penales eran indeterminadas, dependientes de la curación o adaptación del condenado y factibles de sustituirse por mecanismos tendientes a la readaptación social del delincuente[54].

La visión de la mujer y su relación con el crimen y el delito fue fundamentalmente caracterizada a partir de características biológicas "anormales", entre las cuales se encontraban desde sus estados menstruales hasta el rechazo a la maternidad como característica fisiológica explicativa de la comisión de delitos. La criminalidad femenina fue en todo caso estudiada a partir de la excepcionalidad, pues ella resultaba residual en las estadísticas oficiales, y sobre la base de infracciones menores, como prostitución o robos menores. Se partía de la premisa de la excepcionalidad de la mujer frente al crimen y en esa medida se construyeron explicaciones a partir de deficiencias biológicas fundadas en el sexo o de insuficiencias instintivas en puntos como la maternidad o el cuidado de los hijos.

En 1895, Lombroso publicó *The Female Offender*, en el que asumía la criminalidad femenina a partir de consideraciones como su carácter infantil, celoso, vengativo, o la consideración de ser un sujeto moralmente deficiente. El posterior rechazo de las principales corrientes de la criminología respecto a las bases biológicas de la delincuencia masculina no se dio respecto a las explicaciones ofrecidas sobre la mujer, denunciadas por la criminología feminista, pues continuaron las mismas ideas en torno a la mujer criminal.

Lombroso, por ejemplo, afirmaba que los factores biológicos representaban el mayor determinante al momento de entender la diferencia en la naturaleza

53 Enrico Ferri, *Principio de Derecho Criminal*, Editorial Reus, Madrid, 1933.

54 En Colombia, aunque el Código Penal de 1936 no tenía una influencia absoluta positivista, pues, por ejemplo, admitía institutos como la limitación de las penas —lo cual resultaba extraño a una teoría positivista en la que la duración de la pena dependía exclusivamente de la peligrosidad del sujeto y sin que fuera posible hablar de límites máximos y mínimos (Agudelo Betancur, 1994)—, sí se puede afirmar la fuerte influencia del proyecto de Ferri, en el que la defensa social era el fundamento de la sanción y se tomaba la peligrosidad como parámetro para establecer su *quantum*. De la misma manera, se sancionaba la tentativa no idónea, el delito imposible y se establecieron institutos como la libertad condicional y el perdón judicial. El aborto cometido para salvar el honor de la mujer era uno de los casos en los que el perdón judicial podía otorgarse. El Código Penal de 1936 consideraba la homosexualidad un delito. Los artículos 323 y 329 la hacían punible. En 1981 se reformó el Código Penal de 1936 y se despenalizaron las actividades homosexuales entre mayores de catorce años.

y frecuencia de los delitos cometidos por mujeres, asumiendo que la mujer ocupaba un lugar inferior en la escala evolutiva y tenía una inteligencia menos desarrollada que los hombres. La falta de instinto maternal aparecía como una de las causas que Lombroso atribuía a la delincuencia femenina, al considerarla un rasgo esencial de la mujer (Smart, 1977).

Esas mismas ideas sobre la relación entre el crimen y las mujeres delincuentes como anormales también fueron posteriormente asumidas por William Isaac Thomas, quien en textos como *Sex and Society* (1907) y *The Unadjusted Girl* (1923)[55] enfatizaba en la energía destructiva de los hombres y en la pasividad de la energía de las mujeres[56]. La atribución de falencias biológicas era descrita a partir de un claro sustrato cultural enraizado en la discriminación femenina. Las visiones positivistas irradiaban la explicación del crimen a partir de asunciones tales como que la desviación de los patrones de monogamia y castidad en la mujer eran factores explicativos de que había fallado el control social preventivo, como forma de evitar que la mujer delinquiera (Thomas, 1923). La escuela positivista no solo partía de tendencias biológicas en la explicación del delito por parte de la mujer. Había tendencias antropológicas que daban mayor peso a los factores endógenos para la explicación del crimen y otras tendencias sociológicas que daban prelación a los factores exógenos del ambiente, físicos y sociales. En todo caso, ninguna de estas visiones ni ninguno de los métodos experimentales en que se fundaba imponían una visión diferente a la de la mínima criminalidad femenina y a la explicación determinista de su ocurrencia por el alejamiento de los cánones construidos para la mujer. Fue hasta comienzos de los años setenta que criminólogas como Carol Smart —considerada una de las pioneras de la criminología feminista— comenzaron a denunciar los sesgos machistas de estas concepciones y, en general, de la disciplina criminológica[57].

55 Elisabet Almeda Samaranch, "Las cárceles femeninas en España", en *Mujeres encarceladas*, Editorial Ariel, Barcelona, 2003.

56 Luz María Durán Moreno, "Apuntes sobre criminología feminista", en *Criminología y sociedad*, Editorial Plaza y Valdés, México, 2010.

57 Como ejemplo de trabajos de este tipo desde la criminología feminista se puede mencionar el presentado por Julieta Di Corleto (2011), fundado en un trabajo investigativo sobre el juzgamiento de Carmen Guillot por el homicidio de su marido, ocurrido en Buenos Aires, en el año de 1914. En esta investigación criminológica, Di Corleto muestra cómo para el decenio 1900-1909 las mujeres solo representaban el 5,85 % de los aprehendidos y eran imputadas principalmente por delitos contra la propiedad, por infanticidios y abortos. Señala que para 1909 solo el 10 % de los delitos cometidos por mujeres eran homicidios o tentativas, así como que las mucamas, costureras, lavanderas y planchadoras conformaban las profesiones que "predisponían" a la delincuencia. También describe cómo los criminólogos de la época consideraban como causas del crimen la falta de instintos maternales, la iniciación sexual temprana o la exaltación de sentimientos pasionales. Julieta Di Corleto, "Los crímenes de las mujeres en el positivismo: el caso de Carmen Guillot (Buenos Aires, 1914)", en *Revista Jurídica de la Universidad de Palermo*, 1, pp. 19-30.

Si bien la escuela positivista cuestiona el libre albedrío como determinante en la comisión de delitos, su extrema visión determinista tampoco permite explicar la relación de la mujer con el crimen por fuera de su existencia femenina, condenada a ser descrita a partir de las mismas construcciones culturales acerca de su sexualidad. Los aportes de la criminología feminista contra visiones positivistas han sido fundamentales para intentar modificar estas construcciones sobre la identidad femenina en el sistema penal, lo que ha confluido, como se señalará a continuación, con los intentos que la misma dogmática contemporánea está haciendo para visibilizar las características específicas que reviste la violencia sexual[58].

Hacia la fortificación del pensamiento dogmático, ¿tiene futuro la dogmática para el feminismo?

El abandono del método exegético impuso las bases para el desenvolvimiento de la escuela dogmática del derecho penal, cuyo objeto de conocimiento ya no sería ni las características específicas pretendidas de una teoría pura del derecho penal (escuela clásica), ni del delito entendido como hecho individual y social (escuela positiva), sino más bien la construcción ordenada y categorizada de la teoría del delito[59].

Las escuelas penales clásica y positivista sirvieron como punto de partida para toda una construcción teórica del delito y de la pena que conlleva, en el ámbito del derecho penal continental, unos doscientos años aproximadamente de elaboración doctrinal. Esta evolución y teorización del pensamiento dogmático ha supuesto un enorme ejercicio académico conceptual cuya justificación fundamental ha sido la de dotar del mayor contenido de racionalidad posible al poder que se le confiere al Estado para castigar. Esa es la base para la consideración contemporánea de que un derecho penal sea liberal y propio de un Estado social y democrático de derecho[60].

58 En este sentido, resulta trascendental señalar que no solo ha confluido la evolución dogmática para el entendimiento de delitos sexuales no ya como vulneraciones al bien jurídico del honor sino como vulneraciones a la libertad sexual. Estas aperturas conceptuales en todo caso no alcanzan a describir en su totalidad el daño producido por la violencia sexual descrito por los feminismos. Esta disparidad entre dogmática y feminismos también ha de contrastarse con los avances que desde procesos como los de justicia transicional se están llevando actualmente dentro del país, en los que, sin duda, ha sido fundamental el aporte de actores como la Corte Constitucional y movimientos de mujeres, que han incidido en hacer visible el carácter sistemático de la violencia sexual en el marco del conflicto armado interno.

59 Leonardo Cruz Bolívar, "La transformación del método dogmático", en *Lecciones de Derecho Penal. Parte general*, Editorial de la Universidad Externado de Colombia, 2002, pp. 195-218.

60 Por ejemplo, esa dogmática ya no podrá dar cuenta racional ni de la legitimidad de la sanción de conductas como el homosexualismo, pues ningún bien jurídico le resulta factible reprochar;

La racionalidad y la justificación del castigo se han convertido en el empeño de penalistas y doctrinantes alemanes, italianos, españoles y latinoamericanos, cuya labor teórica no puede soslayarse sin más. Si bien las diferentes teorizaciones en torno a cómo debían operar fenómenos como la tentativa, la participación en el delito, sobre cómo debe entenderse el dolo, cuáles son los contenidos de cada una de las categorías del delito o cuál es el fin y cuáles son las funciones de la pena, entre muchas otras, pueden en ocasiones ser consideradas, por su excesiva rigurosidad conceptual, como alejadas de la cotidianidad propia del sistema penal —como lo señalaron los criminólogos críticos—, que hace que la sistemática opere de manera no neutral, también lo es que la finalidad de dotar de contenidos mínimos de racionalidad al derecho penal, a fin de contener de la manera más plausible la intromisión que supone el castigo en la sociedad, es un aspecto que debe abonarse a la dogmática continental.

Profundizar sobre preguntas tales como cuándo es necesaria la pena o cuándo se justifica el encierro son aspectos centrales con los que la dogmática liberal ha intentado restringir el excesivo poder con el que opera el sistema penal una vez puesto en funcionamiento. En tal cometido deben necesariamente intervenir los feminismos que pretenden hacer uso del sistema penal para controlar la violencia contra la mujer. Piénsese, por ejemplo, en el delito de inasistencia alimentaria que, tal y como está estructurado hoy en día en el Código Penal, es un delito que pretende tutelar el bien jurídico de la familia. Más que los comunes clamores de sectores feministas y de movimientos de mujeres por ver hombres recluidos en las cárceles, el cuestionamiento de fondo sería más oportuno, plausible y fructífero si se analiza cuál es la necesidad de la pena que está pretendiendo el feminismo, cuál es el bien jurídico que pretende proteger, qué ámbitos de protección se reclaman del sistema penal para la justicia, para que, con visiones coherentes de política criminal, repensar temas como el de la inasistencia alimentaria.

Lo dicho también supone reconsiderar la pretendida neutralidad en el discurso dogmático. Precisamente, es la inclusión del discurso feminista en la visión criminológica crítica lo que implicará que desde allí pueda el feminismo repensar pausadamente los supuestos conceptuales que estructuran el delito y la pena,

---

tampoco aparecerá sistemáticamente racional legitimar la sanción de la pornografía entre adultos por la ausencia de lesividad. La protección a la libertad y autonomía no admitirá ámbitos normativos de prohibición para asuntos como la pornografía, descrita a lo sumo como algo inmoral, sobre lo que el derecho penal no puede intervenir. El entendimiento de la pornografía desde ámbitos feministas proteccionistas intenta, en cambio, relacionarla con la violencia y con el poder de dominación masculino.

develar su carácter no neutral y participar en la construcción de una justificación del delito y de la pena que haga un poco más factible el uso del sistema penal para proteger a las mujeres.

En esa medida, no puede negarse el futuro de la dogmática para el feminismo, pero anclada en el pensamiento propio de una criminología crítica contemporánea que se acomode a las nuevas realidades de la región (en el caso de Colombia, teniendo en cuenta las específicas condiciones que se derivan del conflicto armado interno y del postconflicto), y que a la vez mantenga variables básicas del análisis crítico que le dieron origen, tales como las del poder de definición y la selectividad del sistema penal.

Propuestas dogmáticas como la presentada por Claus Roxin en su libro *Política criminal y sistema de derecho penal* (1970) resultan interesantes por cuánto pretenden asumir nuevamente una apertura sistémica al edificio conceptual de la teoría del delito y de la pena[61]. La pregunta es si estas nuevas visiones permiten modificar las estructuras masculinas que sujetan al derecho penal y la justificación del castigo, a fin de adecuar concepciones renovadas en torno a la construcción social de elementos diferentes que legitimen (o no) la intervención penal bajo una visión feminista[62]. Roxin se opuso a los esfuerzos causalistas y finalistas de sistematización del derecho penal y propuso una concepción normativa que oriente el sistema "en valoraciones rectoras de carácter político-criminal"[63]. La orientación del sistema penal a la política criminal, concepto que comenzó a surgir a partir de la propuesta de Liszt, fue retomado por Roxin pero con una visión delimitada y definida por la Constitución Política. Esta propuesta supuso una visión más abierta al sistema cerrado al que se había confinado la dogmática tanto de causalistas como de finalistas y en la que se habían restringido como objetos de otras ciencias consideraciones criminológicas y político-criminales. Para Roxin, "los problemas político-criminales forman parte del contenido propio de la teoría general del delito", la vinculación jurídica y la finalidad

61 Autores como Nowakowski, Noll, Amelung y H. J. Otto también son citados como pioneros de estas nuevas visiones en el derecho penal. Sobre esto véase Fernando Velásquez (2005), "El funcionalismo jakobsiano: una perspectiva latinoamericana", en *Revista de derecho penal y criminología*, n.º 15, pp. 197-219.

62 La construcción del bien jurídico vida es uno de los ejemplos de cómo los códigos penales desde un principio penalizan el aborto, pues la racionalidad sistemática impide reconocer la imposibilidad de no sancionar el homicidio de un feto. Aun cuando detrás del interés de protección aparezcan también otros como los del control de la sexualidad, este último, al no hacer parte explícita del edificio sistémico construido de manera evolutiva por la dogmática penal, que repele cualquier apariencia de intromisión moral, resulta inconcebible en términos dogmáticos.

63 Claus Roxin, *Política criminal y sistema del derecho penal*, traducción de Francisco Muñoz Conde, 2.ª edición, Hammurabi, 2002, p. 7.

político-criminal deben reducirse a una unidad en el sistema del derecho penal (Muñoz Conde, 1972).

Los contenidos de la tipicidad, antijuridicidad y culpabilidad aparecerán así sistematizados, desarrollados y contemplados "bajo el prisma de su función político criminal" (Roxin)[64]. La última de las categorías, la culpabilidad, aparece determinada desde el punto de vista político-criminal por la teoría de los fines de la pena. Lo que importa aquí ya no es determinar si el sujeto pudo actuar de una manera distinta a como realmente lo hizo, sino si, desde el punto de vista de los fines de la pena, debe imponerse una pena al autor de un acto injusto: "hay que transformar los conocimientos criminológicos en exigencias político-criminales y éstas, a su vez, en reglas jurídicas de *lege lata* o *ferenda*".

Debe señalarse, sin embargo, que no es claro cómo estas aperturas sistémicas contemplan o analizan la necesidad de pena cuando se generan comportamientos que el feminismo construye como negativos si esa misma construcción no coincide con los comportamientos considerados normativamente aceptables según la dogmática penal roxiniana. Los ámbitos de lo normativamente aceptable, que son los que en efecto le otorgan legitimidad al poder punitivo del Estado bajo esta concepción conjunta con la política criminal, no han develado que la construcción de las expectativas normativas dejan de lado relaciones de dominación que aún subyacen en los ámbitos de comportamiento relacional hombres-mujeres. Las intromisiones ilegítimas en la indemnidad sexual de la mujer y su derecho a permanecer libre de cualquier amenaza generada por un tercero, reclamadas por algunos sectores feministas que demandan, por ejemplo, la intervención del derecho penal para casos de acoso sexual en el ámbito de lo laboral, podrían quedar por fuera de las funciones político-criminales del derecho penal, concebido para los ataques más graves a los bienes jurídicos. De allí que, aun cuando este tipo de conductas aparezcan plasmadas en las partes especiales de los códigos penales, la coherencia y sistematicidad que exigen la dogmática penal imponen su exclusión racional en casos concretos en donde no sea evidente la vulneración del concepto de libertad sexual construido por las corrientes principales de la dogmática penal. La propuesta de reacomodación de la teoría del tipo a la luz de la política criminal presentada por Roxin, que, por ejemplo, le permite dar legitimidad a los llamados *delitos de infracción de*

64 Bajo esta concepción, a la tipicidad le corresponderá satisfacer la exigencia de determinación y taxatividad garantizadas con respecto al principio *nullum crimen, nulla poena sine lege*. La tarea de la *antijuridicidad* estará sujeta a la circunscripción de conflictos sociales surgidos entre la colisión de intereses individuales y/o colectivos. Y la *culpabilidad* tendrá la misión de fundamentar la punibilidad y, sobre todo, establecer las finalidades preventivas de la sanción penal.

deber, que son aquellos que buscan abarcar aquellos sectores de la vida conformados ya jurídicamente (las relaciones entre administrador del patrimonio y mandante, entre vigilante y preso, entre abogado y cliente, por ejemplo) y cuya capacidad de funcionamiento debe ser protegida, no repara en que igualmente existen otras relaciones de dominación y subordinación, también construidas socialmente[65].

La presentación de los delitos de infracción de deber sirven en términos dogmáticos para superar las inconsistencias que venía presentado la teoría penal en cuanto a los delitos de acción y omisión, o el tema de la participación criminal[66]. Sin embargo, el acoplamiento con la realidad propuesto por Roxin, quizá por su limitación a las esferas político-criminales atadas de nuevo en términos positivistas a la Constitución Política, impiden revaluar posiciones de dominación

65 Explica Bacigalupo (1999) que Roxin propuso en 1963 distinguir los delitos de dominio del hecho de los delitos de infracción de deber:

> En su versión originaria los delitos de infracción de deber se caracterizan porque la autoría de la realización del tipo penal no depende del dominio del hecho, sino de la infracción de un deber que incumbe al agente. Los delitos de infracción de deber, por lo tanto, se dan en tipos penales en los que la autoría se encuentra reducida a quienes les incumbe un determinado deber. Por lo tanto, en estos delitos de infracción de deber es factible que quien domina la acción no sea el autor ni tampoco el coautor, pues la autoría se define por la infracción del deber y no por el dominio del hecho. Por ejemplo: el no funcionario documenta una constatación falsamente, que el funcionario competente para la expendición del documento conoce y autoriza: sólo el funcionario es autor de un delito de falsedad documental del art. 390 del Código Penal, aunque no haya tenido el dominio del hecho en la confección del documento. La teoría de los delitos de infracción de deber se refiere, en la formulación de Roxin, a los delitos especiales y los delitos de omisión y tiene importantes consecuencias en lo referente a la accesoriedad (mientras en los delitos de dominio la participación requiere un autor principal que obre dolosamente, ello no es necesario en los delitos de infracción de deber, en los que el partícipe es quien participa sin lesionar un deber especial, aunque el autor haya obrado sin dolo). La caracterización de los delitos de infracción de deber sufre una considerable modificación en la propuesta de Jakobs, como consecuencia de que éste no elabora la teoría del delito sobre la base de la distinción entre acciones y omisiones, sino entre deberes que provienen de la organización de la intervención del agente y deberes que provienen de la posición institucional de éste. Por lo tanto, los delitos de dominio se corresponden con el ámbito de la organización (donde es irrelevante que se trate de una acción o de una omisión) y los delitos de infracción se refieren al ámbito institucional. Desde el punto de vista de Jakobs, en los delitos de infracción de deber la competencia del autor se encuentra fundada en la lesión de deberes protegidos institucionalmente. Contra la teoría de los delitos de infracción de deber se ha sostenido que, en la medida en la que todas las normas imponen deberes y todos los delitos consisten en la infracción de una norma, se debería deducir que todos los delitos tendrían el carácter de delitos de infracción de deber. Este punto de vista ha sido desarrollado también a partir de la concepción del derecho penal como defraudación de expectativas. La distinción entre delitos de dominio y delitos de infracción de deber, sin embargo, ha sido mantenida por Jakobs sobre la base de la ya mencionada diversidad entre los deberes que provienen de la organización de la propia actividad y los que se derivan de una institución.

Enrique Bacigalupo, *Delitos de dominio y delitos de infracción de deber. Derecho Penal. Parte general*, 2.ª edición, Hammurabi, Buenos Aires, 1999, pp. 496 a 497.

66 Un ejemplo concreto de esta posición, en torno a la participación criminal, es que Roxin considera tan autor del delito de violación al sujeto que mantiene atada a la mujer mientras el otro la penetra. Una visión clásica diría que en este caso quien sujeta, por tratarse la violación de un delito de "propia mano", es simplemente un cómplice y, por lo tanto, sujeto a una menor punibilidad.

que no han sido reconocidas por una visión tradicional del derecho y por ello no plausibles de protección.

Con esto no se está queriendo manifestar una posición radical en busca de más derecho penal. Los efectos de una propuesta teórica penal a partir de un feminismo crítico no pueden necesariamente acarrear esa conclusión. Sin embargo, sí suponen una carga adicional para los feminismos —diferentes al feminismo crítico— que abogan por la inclusión del feminicidio en los códigos penales y la legitimación del castigo que haga plausible su inclusión dentro de una política criminal aceptada y vista como plausible por la dogmática tradicional y que parta de construcciones de ámbitos que describan y protejan bienes jurídicos de visiones renovadas que incluyan criterios de discriminación y dominación como legítimos y plausibles de protección penal. Un segundo aspecto de la propuesta de apertura sistemática presentada por Roxin es su construcción del *principio de insignificancia*, que se asemeja al de adecuación social propuesto por Welzel. Según este principio, se permite en la mayoría de los tipos excluir desde un comienzo:

> [...] daños de poca importancia: maltrato no es cualquier tipo de daño de la integridad corporal, sino solamente uno relevante; análogamente deshonesto en el sentido del Código Penal es solo la acción sexual de una cierta importancia, injuriosa en una forma delictiva es solo la lesión grave a la pretensión social de respeto. Como "fuerza" debe considerarse únicamente un obstáculo de cierta importancia, igualmente también la amenaza debe ser "sensible" para pasar el umbral de la criminalidad. Si con estos planteamientos se organizara de nuevo consecuentemente la instrumentación de nuestra interpretación del tipo, se lograría, además de una mejor interpretación, una importante aportación para reducir la criminalidad en nuestro país (Roxin, 2000:74).

De nuevo, podría aparecer una concepción limitada de construcciones conceptuales como la integridad corporal o sexual desarrollada igualmente desde visiones teóricas feministas. La idea es traspasar la construcción social de la realidad fundada por el derecho penal tradicional y proponer una de contenido significante diferente y sobre vulneraciones trascendentales que el feminismo ya ha evidenciado en torno al daño que la violencia masculina causa en algunas mujeres. Por esto cabe señalar, que, aun cuando ancladas en concepciones naturalizadas sobre la identidad femenina, las propuestas de un derecho penal que imponga aperturas sistemáticas de construcción de bienes a partir incluso de la misma Constitución Política pueden llegar a presentarse como propuestas plausibles para los feminismos en sus intentos de justificación de delitos y necesidad de pena. Sin embargo, más adelante se presentará una crítica más detallada en torno a la teoría de los bienes jurídicos, sus matices y cuestionamientos por otros sectores doctrinales. Para Jakobs, en su explicación funcional del delito, es la culpabilidad (pero ya en el sentido de imputación a la capacidad de motivación del sujeto, déficit de lealtad comunicativa) la que tiene relevancia, al contrario de la concepción de la doctrina dominante, para la cual lo central es lo injusto en la lesividad u ofensividad fáctica de bienes jurídicos[67]. Parte por tanto de que el derecho penal no tiene por función proteger bienes, sino reafirmar la vigencia de la norma[68]. El derecho penal, señala Jakobs, garantiza la expectativa de que no se produzcan ataques a bienes:

> A primera vista [...] parecería que en última instancia todo acaba en la protección de bienes jurídicos. [Pero si hacemos] un examen más exacto: [...] [e]l titular del bien puede permitir su destrucción; si el bien está en peligro, no sucede que todos deban ayudar al titular a salvarlo; únicamente se pretende que no tenga lugar la destrucción o la sustracción del bien. Por lo tanto, desde el punto de vista del derecho penal, el bien aparece exclusivamente como pretensión del titular de que éste sea respetado [...] el bien no ha de representarse como objeto físico o algo similar, sino como norma, como expectativa garantizada [...] (Günther Jakobs, 2003:41-42).

El comportamiento humano penalmente relevante no consiste en que lesione o ponga en peligro bienes jurídicos pues, afirma Jakobs, esto también sucede por circunstancias externas al ser humano, como catástrofes naturales; en su criterio, lo esencial es el significado del comportamiento humano[69]. Existen tipos penales que no suponen la lesión de bien jurídico alguno, sino que se definen exclusivamente por la infracción de ciertos deberes, o lo que este autor

[67] De acuerdo con la lectura que hace Fernando Velásquez de Jakobs: "Toda la construcción [...] queda reducida a un tipo total de culpabilidad del que forman parte inescindiblemente, como elementos objetivos y subjetivos —aunque, a decir verdad, todos terminan siendo componentes normativos, en los que la valoración correspondiente depende de la función que están llamados a cumplir—, la totalidad de las características del delito, en una conexión 'dialéctica' y 'circular', con lo que la tradicional ordenación de las categorías del delito podría, a lo sumo, tener un mero valor técnico". Fernando Velásquez (2005), "El funcionalismo jakobsiano: una perspectiva latinoamericana", en *Revista de derecho penal y criminología*, n.º 15, p. 202.

[68] Günther Jakobs, "¿Qué protege el derecho penal: bienes jurídicos o la vigencia de la norma?", en *El funcionalismo en el derecho penal. Libro homenaje al profesor Günther Jakobs*, Editorial de la Universidad Externado de Colombia, Bogotá, 2003.

[69] Günther Jakobs, *Sobre la normativización de la dogmática jurídico-penal*, Centro de Investigaciones de Derecho Penal y Filosofía del Derecho, Editorial de la Universidad Externado de Colombia, Bogotá, 2004.

denomina, siguiendo la teoría sistémica de Luhmann, abandono del rol[70]. Jakobs no afirma, en todo caso, que se abandone del todo la teoría de los bienes jurídicos, sino más bien que de lo que se trata es de delimitar su influencia en la teoría del delito[71]. La influencia radical para la teoría del delito consiste, entonces, en la noción del quebrantamiento de la norma, cuyo significado esencial para el derecho penal no tiene relación con las consecuencias externas pues, afirma, tales consecuencias no se pueden remediar cuando ya se han producido, ni es necesario tampoco que las mismas se produzcan para que un quebrantamiento normativo tenga lugar (un clásico ejemplo es el de la punición de la tentativa). Tanto el quebrantamiento de la norma como la pena se sitúan así en un contexto de significado que se aleja de la visión tradicional del daño propia de la teoría de los bienes jurídicos. Jakobs presenta así una distinción entre bien jurídico, como objeto de protección, y bien jurídico penal que sería el aseguramiento de las expectativas normativas esenciales frente a sus defraudaciones o a la vigencia efectiva de las normas en las que se fundamentan esas expectativas. Siguiendo a Jakobs, autores como Sancinetti (1991) resaltan que la idea de un derecho penal como protector de bienes jurídicos resulta expansiva del poder punitivo:

> Si el Derecho penal realmente pudiera cumplir la misión de "proteger bienes jurídicos" en sentido físico, como si fuera un vidrio blindado que se levantase delante de los bienes, ciertamente sería correcto aumentar el grosor del vidrio tanto como fuera posible, pues cuanto más denso fuese el blindaje, mayor sería la protección. Pero esa noción es errada. La ley penal no es un "escudo protector"; ni pretende, ni puede lograr que el delito desaparezca. Ésa no es una misión que deba serle adscripta como cosa propia ni siquiera en forma ideal. No es que por el hecho de que la ley penal sea incapaz de cumplir esa misión deba desaparecer: sólo significa que no "protege", al menos no si por "protección" se entiende un "escudo real contra el agresor eventual" (Marcelo A. Sancinetti, 2006:53).

[70] Señala Fernando Velásquez que, además de las influencias de Luhmann, las concepciones del edificio teórico propuestas por Jakobs también tienen precedentes en las construcciones sociológicas de E. Durkeim, Parsons y Merton, de los años treinta, para quien el derecho es un instrumento de estabilización social, que sirve para orientar las acciones de los asociados e institucionalizar las expectativas, así como también las influencias de la teoría del interaccionismo simbólico y la concepción de Welzel, según la cual el derecho penal tiene como misión la de proteger los valores elementales de conciencia, de carácter ético-social. Fernando Velásquez (2005), "El funcionalismo jakobsiano: una perspectiva latinoamericana", en *Revista de derecho penal y criminología*, n.º 15, pp. 197-219.

[71] Günther Jakobs, *Sociedad, norma y persona en una teoría de un Derecho penal funcional*, Civitas, Madrid, 1996.

Para una visión funcionalista radical, la pena solo protege en el sentido de una "comunicación" trabada entre infractor y sociedad y entre los miembros de la sociedad: el quebrantamiento de una norma supone advertir a la sociedad y a sus integrantes que la expectativa de la conducta que supone la norma está en discusión y la pena demuestra que, para la sociedad, en cambio, todo aquel que se atenga a la norma está en lo correcto (Sancinetti, 2006). La pena servirá, por tanto, para que las expectativas sociales normativamente fundadas no queden anuladas por su defraudación en cada caso concreto, sirve para su mantenimiento "contrafáctico", es decir, para su mantenimiento pese a la evidencia de su defraudación de facto (Cancio Melia *et. al.*, 2006). No obstante, autores como Baratta (1985) cuestionan todas aquellas concepciones del bien jurídico que carezcan de una referencia real y por eso él rechaza esta clase de visiones radicales extremas, que, a su juicio, aportan una "legitimación tecnocrática del funcionamiento desigual del sistema penal" opuesta a un "modelo crítico, inspirado en la criminología crítica y en los movimientos para una reforma radical del sistema penal" (Baratta, 1985)[72]. Para este autor, estas tendencias funcionalistas radicales, basadas en la teoría de la prevención-integración, revelan más bien una función conservadora y legitimante respecto de la actual tendencia de expansión e intensificación de la respuesta penal ante los problemas sociales[73].

72 Señala Baratta que: "Si tomamos en consideración la importancia que los estudios y la atención política han concedido al problema de la cifra oscura de la criminalidad en el ámbito de la criminología crítica, por cuanto con aquélla resulta demostrado el vínculo funcional existente entre la selectividad del sistema penal en el reclutamiento de su clientela y la reproducción de las relaciones sociales de desigualdad (F. Sack, 1968; 1971; A. Baratta, 1982:179 y ss.), y si recordamos la teoría de Foucault, sobre la función ejercida por el reclutamiento y manipulación de una pequeña 'población criminal' como parte de un número muchas veces mayor de violadores de normas, para ocultar e inmunizar la mayor parte de los ilegalismos en una sociedad (M. Foucault, 1975), resulta fácil entender cuán atrasada es la posición político-criminal de Jakobs en comparación con las tendencias críticas y progresistas hoy existentes en la sociología jurídico-penal. La posición de Jakobs no permite identificar como problema político la desigualdad en la distribución del 'bien negativo' criminalidad, en perjuicio de los grupos de la población más débiles socialmente [15], y la exigencia de una compensación a esa desigualdad. Tampoco permite, ni siquiera, abordar el hecho de que la invisibilidad y la consiguiente inmunidad de las infracciones a las normas resultan funcionales a la estabilización de posiciones de privilegio social y pueden ser fácilmente manipuladas en beneficio de ellas, mediante una sabia estrategia de sensibilización de la opinión pública y de inducción de alarma social. Esta legitimación tecnocrática del funcionamiento desigual del sistema punitivo resulta, por lo demás, coherente con la concepción del individuo en cuanto responsable de la violación visible, en la cual, como se ha visto, él no es entendido como sujeto autónomo, moralmente responsable de sus propios actos, sino apenas como un subsistema sicofísico, convertido en centro de adscripción de responsabilidad solo con base en una 'capacidad' que le es atribuida conforme a criterios puramente normativos y funcionales. El sujeto queda trasformado, pues, en portador de una respuesta penal simbólica, de una función preventiva e integradora, que se realiza 'a su costa' según la expresión de Jakobs, mientras permanece excluida su condición de destinatario y fin de una política de auténtica reintegración social (G. Jakobs, 1983:394 y ss.)". Alessandro Baratta, "Integración-Prevención: Una 'nueva' fundamentación de la pena dentro de la teoría sistémica", en *Revista Doctrina Penal*, año 8, n.º 29, 1985, Buenos Aires, pp. 9-26.

73 Baratta afirma que las propuestas funcionalistas radicales se pueden reunir bajo el rótulo de "teoría de la prevención-integración" o de la "prevención positiva", como nueva manera de fundamentar

Los supuestos de la criminología crítica, sobre la que más adelante se profundizará, aparecen opuestos a la visión conservadora que Baratta atribuye al pensamiento jakobsiano. Señala Baratta que los supuestos de la criminología crítica:

> Están guiados por dos principios diferentes pero complementarios y opuestos a los dominantes en la teoría sistémico-funcionalista del delito y de la pena: el principio de mantenimiento de las garantías, esto es, de limitación formal del sistema penal respecto de las prerrogativas constitucionales de libertad y autonomía individual. Y el principio de un proyecto alternativo, que exige la articulación autónoma de las necesidades de tutela por parte de los mismos interesados en todos los niveles de la escala social y particularmente en los inferiores, donde están ubicadas las clases subalternas; es decir, la exigencia de favorecer formas de estructurar y gestionar los problemas y conflictos de la desviación no desde el punto de vista de los intereses de conservación del sistema social, sino desde el de la emancipación del hombre (Baratta, 1985:365 y ss).

La teoría de la prevención-integración, en cambio, desarrolla una función conservadora y legitimante de las concepciones tradicionales, ofreciendo un nuevo soporte a la *cultura del sistema penal* y reconfirmando su principal función, que es la reproducción ideológica y material de las relaciones sociales existentes (Baratta, 1985). La crítica que este autor hace a la visión jakobsiana se fundamenta en que la función penal da prevalencia a la conservación del sistema social, donde se presenta un desplazamiento del sujeto de centro y fin del derecho hacia objeto de abstracciones normativas e instrumento de funciones sociales, y donde la figura del "chivo expiatorio", de la cual se sirve la teoría sicoanalítica del delito y de la pena para mostrar el componente irracional de los sistemas punitivos, es replanteada en el lenguaje de la teoría sistémica[74]. Lo interesante de estas discusiones sobre la manera de abordar la legitimidad del derecho penal es que pueden servir a los feminismos para aportar construcciones en torno a la concepción del daño y de violencia que se pretende controlar a través de la amenaza de la pena. Los feminismos, o por lo menos aquellas tendencias que pretenden hacer uso del derecho penal, deberían darse un espacio para cues-

el sistema penal, en donde la pena no constituye retribución de un mal con un mal, ni disuasión, sino que, más bien, su función primaria es la prevención positiva: la pena es prevención-integración en el sentido que su función primaria es "ejercitar" el reconocimiento de la norma y la fidelidad frente al derecho por parte de los miembros de la sociedad. Baratta, *op. cit.*, p. 3.

74 Baratta propugna, como se señaló en páginas anteriores, por la creación efectiva de pactos sociales de inclusión, a partir de dar mayor fuerza a los derechos fundamentales y los derechos humanos, en contraposición con el derecho penal de enemigo que se construye como mecanismo de exclusión por excelencia. Véase Alejandro Aponte Cardona (2009), *Guerra y derecho penal de enemigo. Reflexión crítica sobre el eficientismo penal de enemigo*, Editorial Ibáñez, Bogotá, 2009, pp. 213 y ss.

tionar si quizá el entendimiento del derecho penal como comunicación permitiría o no elaborar teóricamente una concepción del daño y de la lesión mucho más allá de la clásica visión adoptada por la mayoría doctrinaria penal sobre la teoría del bien jurídico, que puede terminar atada a descripciones conceptuales ya positivizadas a nivel constitucional, que erigen la movilidad del derecho penal casi como una ilusión.

Las preguntas que cabrá responder es si visiones desarrolladas a partir de una teoría comunicativa de las normas, que implican entender la lesividad del hecho como una lesividad comunicativa y no puramente fáctica, pueden implicar remover construcciones sociales con tendencias patriarcales, que inciden en los ámbitos de protección penal en los que se basan los injustos típicos y las teorías tradicionales del bien jurídico como fundamento del derecho penal, o si más bien esto redundaría, a partir de lo que autores como Aponte (2009) han denunciado en torno al *poder de definición* que tiene el derecho penal, en una intensificación de la construcción de un enemigo "hombre" como violador innato[75].

Estas aproximaciones del feminismo a la dogmática supondrán igualmente repensar, pese a la evidencia de la presentación del debate en términos de absoluta oposición entre protección de normas/protección de bienes, si más bien lo que sucede es que no se presentan entre ellas simples discrepancias que en esencia no modifican la naturalización de construcciones conceptuales sobre la identidad femenina. Téngase en cuenta que, como señala Bacigalupo (2008), la seguridad de las normas conlleva a la seguridad de los bienes y los bienes jurídicos son construcciones normativas, o dicho en otros términos, sin normas no hay bienes jurídicos sino, a lo sumo, intereses individuales (2008:40). La discusión no puede zanjarse acá. Como se ha señalado, el alcance del presente texto se constituye en un primer paso para plantear el debate y la necesariedad de la intervención de los feminismos en las preguntas por la legitimidad del castigo. En esa medida se puede afirmar que aun cuando sostengamos el carácter no neutral de la construcción dogmática, esto no obsta para seguir considerándolo como un mecanismo efectivo de control de la intervención estatal en su poder de castigar, y, en esa medida, un espacio útil para los feminismos que pretendan

75 Sobre este aspecto, en la segunda parte de este libro se profundizará en cómo el feminismo del castigo, que tiene una relación entre violencia y castigo, puede terminar cayendo en un derecho penal de enemigo, en el que el afán eficientista imponga justificaciones expansionistas del derecho penal alejado de derechos y garantías. Estas ideas parten de las reflexiones de Baratta (1998) en torno a las tensiones entre eficientismo penal y creación efectiva de pactos sociales de inclusión. Véase Alessandro Baratta, "Política criminal. Entre la política de seguridad y la política social en países con grandes conflictos sociales y políticos", en *Seminarios 9*, Ciencias Jurídicas, Universidad Javeriana, Bogotá, 1998, pp. 25-78.

incidir en el sistema penal en un nivel más allá de la simple proposición de tipos penales sin ninguna incidencia en la teoría del delito[76].

Retos y dificultades de la teoría de los bienes jurídicos desde una perspectiva feminista

En todo este entramado discursivo en torno a las relaciones del derecho penal con el feminismo surge la pregunta por el bien jurídico como eje fundamental de legitimación para las conductas que desde el feminismo han ameritado una respuesta punitiva y que, dada su desconexión con la dogmática, no han encontrado un sitio plausible en la sistemática penal[77]. Con lo dicho no se pretende afirmar que el sistema penal carezca de mecanismos de protección para la mujer. Baste observar los avances que desde el derecho penal internacional se han hecho en torno a la violación sexual entendida como violación a los derechos humanos[78] y las incorporaciones que desde dicha perspectiva se están intentando efectuar en nuestra práctica punitiva, especialmente a partir de las interpretaciones efectuadas por la Corte Constitucional[79]. El punto

76 Lo dicho no supone afirmar que se abandonen las discusiones críticas contra el sistema penal, sino que, como lo constituye el aspecto central de la propuesta, la idea es reconstruir conceptualizaciones dogmáticas desde su esencia a partir de los presupuestos de la criminología crítica en su labor de continuo cuestionamiento al sistema penal.

77 Piénsese, por ejemplo, en el tantas veces citado *feminicidio* y las dificultades dogmáticas que supone su adecuación en la legislación interna como agravante del homicidio simple.

78 La distinción conceptual entre violencia sexual y violación es un claro aporte del feminismo, en el que se pretende visibilizar que la violación no se limita a un simple acto de sexo no consentido sino que, como lo señala Tamar Pitch (2003:202), abarca "una gama de acciones violentas cuyo denominador común parece ser la diferencia sexual". En esa medida, la violación es una de las varias manifestaciones de la violencia sexual y es la que más ha tenido acogida por parte de la jurisprudencia internacional. La violación como un acto de violencia sexual ha permitido que a partir del Derecho Internacional de los Derechos Humanos (DIDH) y del derecho penal internacional se conciba a la violación como parte de otras formas de violencia (como el genocidio o la tortura), pero también como acto de contenido sexual. Rhonda Copelon, "Gender Crimes as War Crimes: Integrating Crimes against Women into International Criminal Law", en *McGill Law Journal*, noviembre del 2000.

79 Julissa Mantilla Falcon y Rodrigo Uprimny Yepes (2009) han mostrado cómo la Corte Constitucional colombiana ha utilizado de manera importante varios estándares normativos internacionales relativos a los derechos de las mujeres, adaptándolos al ordenamiento jurídico nacional. Muestran cómo la Corte Constitucional ha desarrollado una amplia jurisprudencia a favor de los derechos de las víctimas de delitos y crímenes atroces, en especial a partir del 2000, fecha que toman en consideración para contextualizar la posición de este tribunal frente a los derechos de las mujeres víctimas de violencia de género. Estos autores muestran cinco fallos trascendentales de la Corte Constitucional en torno a esta protección. El primero, la Sentencia C-578 del 2002, emitida con ocasión del control de constitucionalidad del Estatuto de la Corte Penal Internacional, donde la Corte vincula en forma acertada los crímenes de violencia sexual con la violación a los derechos fundamentales contenidos en la Constitución y señala, además, que los actos de violencia sexual constituyen una grave afectación a los derechos a la vida, la igualdad y la dignidad humana, atentando también contra la prohibición de la tortura, la esclavitud y las desapariciones. Y que, además, conforme a ese estatuto, la violencia sexual desarrollada en el contexto del conflicto armado representa un crimen de guerra y si hace parte de un ataque generalizado o sistemático contra la población civil constituye también un crimen de lesa humanidad. El segundo

que se pretende resaltar se dirige más en concreto a analizar cómo, pese a los importantes esfuerzos que tribunales nacionales se encuentran efectuando actualmente, los esfuerzos por amparar y sancionar actos de violencia sexual en el marco del conflicto armado interno, entendida no solo como sexo sino también desde su visión como ejercicio de poder de dominación masculina, no han tenido mayores desarrollos en torno a su análisis desde la teoría penal y en concreto desde la teoría de los bienes jurídicos[80]. Este es el aspecto que se pretende exponer acá y en el que surge la pregunta de si la teoría de los bienes jurídicos es el mecanismo plausible para incorporar a la teoría penal las pretensiones que sobre la violencia y el poder han reclamado los distintos feminismos como necesarios de protección desde el derecho. Con el fin de contestar esta pregunta, a continuación se abordará la conceptualización de la teoría de los bienes jurídicos y su importancia en la teoría penal como mecanismo no solo de interpretación sino de legitimación del derecho penal. Así, se ha de comenzar por decir que, a pesar de la pretensión teórica según la cual la existencia del

---

fallo es la Sentencia T-453 del 2005, que prohibió las pruebas penales en casos de procesos por violación dirigidas a desconocer la intimidad de la víctima. Un tercer fallo es la Sentencia T-458 del 2007, referido a una violación contra una menor de catorce años cometida mientras estaba en estado de embriaguez, y en el cual la juez penal absolvió al perpetrador argumentando, en contra del peritaje incorporado al proceso, que la víctima podría haber consentido, a pesar de estar totalmente embriagada. Se señala que la juez, además, censuró los comportamientos anteriores de la víctima y su madre, que habrían favorecido la violación. La Corte concluyó que la decisión de la juez penal era arbitraria y configuraba una vía de hecho, pues desfiguraba el dictamen pericial, ignoraba el testimonio de la menor de edad, señalando que la falta de violencia denotaba consentimiento, y tuvo en cuenta otros comportamientos de la menor, que eran íntimos. Un cuarto fallo es la Sentencia T-496 del 2008, que reconoce que efectivamente existen riesgos desproporcionados para las mujeres víctimas que reclaman sus derechos y que, además, el conflicto armado implica una violencia de género sistemática y muy extendida. El quinto fallo que muestra avance jurisprudencial al reconocer una protección ampliada contra la violencia es el Auto 098 del 2008, que visibiliza los impactos diferenciados del desplazamiento sobre las mujeres y específicamente la violencia sexual cometida contra ellas en el contexto del conflicto armado. Julissa Mantilla Falcon y Rodrigo Uprimny Yepes (2009), "Violencia de género y justicia constitucional en Colombia", en *Justicia desigual. Géneros y derechos de las víctimas en Colombia*, Fondo de Desarrollo de las Naciones Unidas para la Mujer (Unifem), Bogotá.

80 Debe precisarse que no se desconoce el peso que tuvieron los movimientos de mujeres en la aplicación de la Ley de Justicia y Paz. Presiones de movimientos como la Alianza Iniciativa de Mujeres por la Paz, conformada desde el año 2002, y luego la Mesa de Incidencia por la Verdad, la Justicia y la Reparación con perspectiva de Género (2004), han sido determinantes en la inclusión de la perspectiva de género en el acceso a la verdad, justicia y reparación de mujeres; lo mismo ha acontecido con iniciativas como la de la Liga de las Mujeres Desplazadas de Bolívar, Ruta Pacífica o Casa de la Mujer, que, con su visión crítica contra la Ley de Justicia y Paz, han servido para poner de manifiesto la sistematicidad de la violencia sexual y las violencias específicas ejercidas por los actores armados. Estos movimientos sociales han tenido incidencia en actores estatales como la Fiscalía General de la Nación y los Tribunales de Justicia y Paz que, aun cuando no de manera absoluta, sí han comenzado a entender la complejidad del ejercicio de poder masculino sobre la sexualidad. Un ejemplo lo constituye la sentencia del Tribunal Superior de Distrito Judicial de Bogotá, Sala de Justicia y Paz, radicado 2007-83070, M.P. Léster María González Romero, que condena a un paramilitar por actos de violencia sexual y reconoce la generalidad y sistematicidad de estos delitos en el conflicto armado colombiano. Aun cuando reconoce que las mujeres son utilizadas en el conflicto como arma de guerra.

delito se corresponde con la dirección política que el Estado pretende impartir a los ciudadanos —con fundamento en los valores que considera realmente primordiales para una convivencia pacífica de la sociedad[81]—, surge el interrogante de si el concepto de bien jurídico no responde en realidad a la interpretación del derecho vigente, sino que muchos delitos contienen factores que, por la misma laxitud del concepto, resultan disimulados bajo una concepción aparentemente transparente y resguardada por la dogmática penal moderna. A este interrogante se incorpora como categoría central de reparo aquella anunciada por la criminología crítica que, en su búsqueda por la atención a las conexiones entre sistema penal y ciertas estructuras de la realidad social, partió del denominado poder de *selectividad* del sistema penal como punto central que permite comprender aspectos sustanciales del *poder de definición*[82]. Aun cuando contemporáneamente se afirme que la tarea crítica la debe asumir el mismo derecho penal (Roxin, 1975), la visión comprensiva de este texto parte de la idea de que prescindir de los postulados básicos de la criminología crítica deja encubiertos aspectos relevantes en torno a la manera en que el derecho penal trata a las mujeres y en concreto las limitaciones que una adhesión a la teoría de los bienes jurídicos puede también contribuir a esto. De allí que resulte significativa la intervención feminista desde la criminología crítica a fin de elevar preguntas sobre la legitimidad del castigo y la manera en que instituciones penales, como la de la teoría del bien jurídico, están o no sirviendo para mantener incólume ciertas definiciones sobre la construcción que el mismo sistema penal ha hecho sobre la mujer. Esta propuesta permite hacer una conexión entre las discusiones teóricas en torno a las preguntas por la legitimidad del castigo para el feminismo y las prácticas propias del sistema penal y sus actores. Las discusiones sobre la dogmática y su incidencia para los feminismos han de suponer el reto de poner a jugar categorías fundantes de la criminología crítica para develar quiénes, cómo y de qué manera se están definiendo los ámbitos de protección penal y cómo de esta manera se podrían estar excluyendo aspectos que podrían

81 En este sentido, Carlos Arturo Gómez Pavajeau afirma que "[...] si la técnica de protección de los derechos fundamentales en el Estado Liberal era la prohibición de las interferencias a los derechos de autonomía, en el Estado Social la técnica consistirá en la imposición de mandatos que obligan a actuar en orden a cuidar, proteger o salvaguardar los bienes jurídicos fundamentales...". Carlos Arturo Gómez Pavajeau, *Constitución, derechos fundamentales y dogmática penal*, Editorial Ibáñez, Bogotá, 2000, p. 22.

82 Sobre la trascendencia de trabajar con categorías de la criminología crítica como las del poder de definición o el carácter selectivo del sistema penal véase Alejandro Aponte Cardona, *Guerra y derecho penal de enemigo. Reflexión crítica sobre el eficientismo penal de enemigo*, Editorial Ibáñez, Bogotá, 2009. Este autor muestra cómo, dada la construcción social de hechos sociales como lo son los crímenes, resulta fundamental elevar preguntas sobre quiénes en la práctica toman las decisiones, quiénes definen quién es un desviado, quién es un enemigo y cómo debe ser castigado (pp. 162 y ss.).

resultar fundamentales para incidir en la prevención de conductas relacionadas con la violencia sexual.

Un ejemplo de esto podría ser, como se señala en la tercera parte de este libro, la manera en que actualmente se regulan conductas como el feminicidio en el país. El bien jurídico que sistemáticamente avala su legitimidad aparece dentro del capítulo del Código Penal de delitos contra la vida y la integridad personal. Sin embargo, las prácticas de quienes integran el sistema penal, dada la construcción restringida que termina teniendo el concepto vida en relación con el feminicidio, pueden terminar imponiendo el que tales conductas queden por fuera del sistema penal y de los actores que lo representan[83]. La carencia de una construcción teórica que cree un puente entre el poder de dominación y la protección jurídica de la vida, incluso aquella construida a partir del principio constitucional de dignidad humana, termina incidiendo en la ausencia de una justificación plausible acerca de la necesidad de un castigo agravado y diferencial por estos casos. Para profundizar sobre cuáles podrían ser los retos que los feminismos tienen frente a la teoría de los bienes jurídicos, a continuación se presentarán las discusiones centrales en torno a esta teoría, su carácter central en el derecho penal liberal moderno, así como las ventajas y desventajas que podrían aportar a visiones feministas.

El bien jurídico y su importancia para el derecho penal liberal moderno

En términos mayoritarios, la doctrina penal actual parte de la idea de que el derecho penal moderno funda su legitimidad en el concepto del bien jurídico, el cual se deriva de aquellos valores previstos en las constituciones y cuya vulneración impone la criminalización de una determinada conducta[84]. De acuerdo con Bacigalupo (2008), en principio, una teoría del bien jurídico solo es necesaria para la explicación dogmática del derecho penal si a ella se le asigna una función

83 El supuesto de matar a una mujer por el hecho de ser mujer es considerado por algunos actores del sistema penal, como fiscales, jueces y abogados, como poco útil puesto que la construcción del significado que se da a la vida y su relación con la violencia contra la mujer no se diferencia en nada del daño que en términos generales se hace contra la vida y la integridad personal del sujeto neutral hombre.

84 "[...] los bienes jurídicos fundamentales para la convivencia pacífica constituyen los fundamentos de la imputación penal, cuentan con soporte normativo, tienen respaldo en la Constitución Política, gozan de fuerza vinculante sobre la legislación y han sido aplicados por la jurisprudencia constitucional para determinar la legitimidad o ilegitimidad de las normas que tipifican y sancionan conductas punibles…". Jaime Córdoba Triviño, "Fundamentos constitucionales de la imputación penal", en *Dogmática y criminología, dos visiones complementarias del fenómeno delictivo* (homenaje de los grandes tratadistas a Alfonso Reyes Echandía), Legis, Bogotá, México, Buenos Aires, 2005.

legitimante de la norma o si las normas deben ser interpretadas como medio para la protección de un determinado interés, pues "si el factor legitimante se reduce a la voluntad del legislador o si la determinación de los elementos de un delito no se concibe teleológicamente, el concepto de bien jurídico podrá ser prescindible" (Bacigalupo, 2008:19)[85]. La teoría de los bienes jurídicos se convierte en un factor determinante no solo como límite interpretativo y factor de legitimación de la intervención punitiva del Estado, pues es el contenido del bien a proteger el que determina las consecuencias concretas de cómo, por qué y para qué castigar[86]. En ese sentido, profundizar sobre su significado, sus alcances o limitantes resulta tarea esencial para el *feminismo crítico* (el cual se analizará en la segunda parte de este libro), pues le resultará insostenible acudir, por un lado, a la protección del sistema penal y, por el otro, dejar de un lado no solo el fundamento básico de interpretación de las prohibiciones y mandatos penales, sino también la discusión sobre qué le resulta legítimo o no al derecho penal castigar[87]. La mirada crítica sobre cómo el sistema penal incorpora en su práctica la teoría de los bienes jurídicos corresponderá, como acá se propone, a la mirada del feminismo crítico.

La discusión sobre el concepto de bien jurídico

Sin que sea el propósito presentar una relación detallada y pormenorizada sobre la evolución del concepto de bien jurídico[88], se ha de señalar que el pensamiento

85 Explica Bacigalupo que la problemática del bien jurídico está ligada, al menos en una parte importante, con la legitimidad de la ley penal como objeto de la dogmática penal, pero que en la medida en la que el juicio sobre la legitimidad de ley estuvo excluido de este objeto, la teoría del bien jurídico solo podía tener una función teleológica en la construcción de los conceptos. Explica cómo en países como Francia o Bélgica, donde el juez no está facultado para enjuiciar la legitimidad de la ley, no se reconoce a la teoría del bien jurídico una función legitimante del derecho penal, y básicamente atribuyen al objeto de protección solo una función clasificatoria de los delitos. Esto en abierta diferencia de la discusión generada en países como Alemania, España e Italia, donde claramente la teoría del bien jurídico tiene la pretensión de legitimar el derecho penal (2008:20).

86 Se afirma que la teoría del bien jurídico como parte integrante de los bienes personales y sociales no es solo el primordial contacto del derecho penal y la dogmática con la realidad social, sino el principal tope político al poder punitivo del legislador y de los jueces. Hoy en día, esta orientación del derecho penal es mantenida por las líneas político-criminales de Roxin y Hassemer —que vienen del proyecto alternativo alemán de 1962—, pero en cambio está sujeta, como se ha dicho, a fuertes negaciones por parte de corrientes radicales como la de Jakobs.

87 Cuando se alude al feminismo crítico se hace en oposición a las categorías de feminismo del castigo y feminismo de la regulación, sobre los cuales se profundizará en la segunda parte del presente trabajo y que, de acuerdo con la categorización que acá se construye, carecen de cuestionamientos sustanciales entre las relaciones violencia-castigo. Por el contrario, la propuesta de renovar un feminismo crítico, fundando en premisas sustanciales que impulsaron la criminología crítica, impondrá el reto de entrar a cuestionar sustancialmente los postulados teóricos del delito y de la pena y sus relaciones con la operatividad del sistema penal.

88 Véanse acerca del surgimiento y evolución del concepto, entre otros, Enrique Bacigalupo, *Derecho penal. Parte general*. 2.ª edición, Hammurabi, Buenos Aires, 1999, pp. 43 y 44; Luigi Ferrajoli, *Derecho y razón. Teoría del garantismo penal*, traducción de Perfecto A. Ibáñez, Alfonso Ruiz Miguel,

ilustrado no partía de la idea consolidada hoy en día de los bienes jurídicos como espacios de legitimidad de la ley penal, sino que, a partir de ideas como las de Beccaria y Hommel, se presentaban como límites de la intervención del derecho penal a la prevención de los daños sociales[89]. De acuerdo con Schünemann (2007), Beccaria reconoció expresamente como delitos compatibles con el principio del daño social aquellos que "repugnan lo que cada uno tiene que hacer u omitir según la ley en lo que se refiere al bien público"[90], para lo cual citaba como ejemplo los delitos de "discursos fanáticos". Otros autores clásicos, como Feuerbach (1813), limitaban el derecho penal al perjuicio de los derechos subjetivos del individuo, aunque, como lo resalta Schünemann (2007), en su concepción podría ampliar los delitos contra la moral como contravenciones de carácter policial altamente criminales sin dejar ninguna duda sobre su necesidad de pena[91]. En la descripción de Schünemann (2007) sobre la evolución del concepto de bien jurídico se presentan como relevantes los aportes del alemán Birnbaum (1834), entre otros, quien intentó concretar la idea del bien jurídico a partir de la idea de un concepto jurídico natural del delito, entendiendo como delito natural aquello que según la naturaleza del derecho penal razonablemente puede considerarse como punible en la sociedad. Birnbaum distinguió entre lesión de un derecho subjetivo y lesión de un bien y en ese sentido afirmaba que la protección penal se establece más allá de las personas y las cosas sin asumir de entrada la doctrina de los derechos subjetivos de Feuerbach, los cuales limitaban el objeto en el cual recae la protección. El punto de referencia se encontraría, en cambio, en el criterio de los "bienes comunes". Si el delito quiere considerarse como lesión, este no puede estar referido a un derecho sino a un bien[92]. Birnbaum supera así la posición subjetivista del contrato social por la

Juan Carlos Bayón Mohino, Juan Terradillos Basoco y Rocío Cantarero Bandrés, Trotta Editorial, Madrid, 1997 (ed. italiana, 1989); Gonzalo D. Fernández, *Bien jurídico y sistema del delito*, Editorial B de F, Montevideo, 2004.

89 De acuerdo con Eser (2001), el moderno concepto de bien nace en el siglo XIX alrededor de la defensa de los derechos subjetivos de los ciudadanos y bajo la concepción del contrato social. Del contrato social surgía un derecho a ser respetado y un deber de respetar, por lo cual el delito era una lesión a ese derecho (subjetivo) surgido del contrato social y que en síntesis era la libertad, como derecho resumen surgido del contrato social. Albin Eser, *La evolución del derecho penal alemán en las últimas décadas del siglo XX*, traducción de Eduardo Demetrio Crespo, Ediciones de la Universidad de Castilla-La Mancha, 2001.

90 Citado por Schünemann (2007), *¡El derecho penal es la ultima ratio para la protección de los bienes jurídicos! Sobre los límites inviolables del derecho penal en un Estado liberal de derecho*, traducción de Ángela de la Torre, Editorial de la Universidad Externado de Colombia, Bogotá.

91 De acuerdo con Schünemann, en Kant no se podría distinguir en el fondo ninguna limitación específica del derecho penal porque sus ideas abarcaban en general las limitaciones liberales de todo el derecho, pero sin ninguna relación específica con las limitaciones de las intervenciones punitivas.

92 Kaufmann no hace distinción entre los conceptos bien jurídico y derecho subjetivo, afirma que derecho subjetivo (facultad) es la voluntad de poder otorgada a través del derecho objetivo para la realización autónoma de un interés jurídicamente protegido (bien jurídico). El derecho subjetivo

cual todo era derecho del ciudadano o del Estado, todo estaba juridizado en términos absolutos, sin límite alguno. La concepción de Birnbaum se caracteriza por otorgarle un carácter limitador al poder estatal, pues establece qué bienes jurídicos están más allá del derecho, no se confunden con él y sirven de fundamento al momento de establecer los delitos[93].

Franz von Liszt, partiendo de su idea de la ciencia penal integral vinculada a la realidad social, señaló que el bien jurídico no es un concepto puramente jurídico, diferenciando su visión de la de Binding, que consideraba que el bien jurídico lo crea el legislador y se plasma en la norma. A juicio de Liszt, el bien jurídico es un concepto material, previo al derecho positivo, es decir, "una creación de la vida, un interés del individuo, de la comunidad que el derecho protege y lo eleva a la categoría de bien jurídico, en fin un bien de los hombres"[94].

La concepción ilustrada y clásica sobre el bien jurídico era, sin embargo, siempre externa al derecho, independiente de él, y el legislador únicamente podría elegir entre unos bienes que están previamente dados y decidir protegerlos mediante el derecho.

Esta manera de comprender el bien jurídico, a partir de la simple relación entre la norma y un determinado objeto de protección material o inmaterial, fue luego puesta en cuestionamiento y a partir de mediados de los años setenta la teoría del bien jurídico se comenzó a convertir en un elemento esencial de legitimación[95]. A partir de la construcción de ideas tales como la del principio de ofensividad, se afirmará que un delito no podrá existir sin la ofensa de un bien jurídico y que solo podrán ser declarados punibles los hechos que lesionan o ponen en peligro la integridad de un bien jurídico.

---

no es, entonces, ni solamente el interés protegido jurídicamente (*Ihering*) ni solamente la voluntad de poder garantizada por el derecho objetivo (*Windscheid*), sino ambos a un mismo tiempo. El bien jurídico se convierte en un elemento dentro de la noción de derecho subjetivo. Arthur Kaufmann, *Filosofía del derecho*, 2.ª ed., traducción al castellano por Luis Villar Borda y Ana María Montoya, Editorial de la Universidad Externado de Colombia, Bogotá, 1997, p. 213.

93 Véase Claus Roxin, *Derecho penal*, traducción de Diego Manuel Luzón Peña, Miguel Díaz, García Conlledo y Javier de Vicente Ramesal, Civitas, Madrid, 1997.

94 Franz Liszt (1882), *La idea del fin en el derecho penal: programa de la Universidad de Mardeburgo*, traducción de José Miguel Zugaldía Espinar y Carlos Pérez del Valle, Editorial Comares, 1995.

95 El carácter central del bien jurídico para la legitimación del delito difiere de la concepción del finalismo, para el cual la misión del derecho penal era la de proteger los valores elementales de la vida en comunidad. Welzel concentró su atención en la acción humana como elemento central de la teoría del delito, ocupando el bien jurídico una posición secundaria, pues lo fundamental serán los "deberes éticos-sociales: más esencial que la protección de determinados bienes jurídicos concretos es la misión de asegurar la real vigencia de los valores de acto de conciencia jurídica". Hans Welzel (1970), *Derecho Penal Alemán. Parte general*, 11.ª edición, Editorial Jurídica Chile, 1997.

Un aporte importante en punto a la evolución de la teoría de los bienes jurídicos como eje central de legitimación fue el realizado por Franco Bricola (1974), quien señala a la Constitución como fuente de los bienes jurídicos penalmente protegibles: "La sanción penal solo puede ser impuesta en presencia de la violación de un bien, el que, aunque no sea del valor sacrificado (libertad personal), esté dotado al menos de relevancia constitucional. O sea la ilicitud penal puede ser concretada exclusivamente en una significativa lesión de un valor constitucionalmente relevante"[96]. Se comienza a deducir cómo los valores lesionados por el delito no son creados por la norma legal penal sino por normas constitucionales. Schünemann (2007) hace una importante defensa a partir de esta visión de la teoría de los bienes jurídicos como el supuesto fundamental del derecho penal, recalcando el carácter irrenunciable del principio de protección de los bienes jurídicos como límites a la interpretación de los delitos y como tamiz de su legitimidad:

> Con el concepto de daño o de bien se expresa al mismo tiempo que no un interés cualquiera sino un interés urgente de convivencia saludable que puede ser objeto de reproche penal. Simples molestias o disgustos, que amenazan al individuo, o meras imperfecciones de la organización social, no pueden justificar acudir al derecho penal. Aunque la delimitación de la simple lesión de exigencias especiales de la religión o de la moral (que no son objeto de derecho penal) de un ataque a sus condiciones básicas sociales generales queda poco clara, solo un necio podría negar que tales vaguedades acompañan la garantía no únicamente de la Ley Fundamental sino de todas las Constituciones imaginables a cada paso. De esta manera no hay ninguna razón, mirándolo desde la semántica del principio de protección a los bienes jurídicos, para ver en él un instrumento inepto de la limitación de la discrecionalidad legislativa (Schünemann, 2007:26).

Este autor defiende la idea de que el derecho penal representa la *ultima ratio* para la protección de bienes jurídicos, debiendo su empleo ser idóneo y necesario y no pudiendo provocar para esa finalidad más daño que beneficios. Un aspecto importante que Schünemann presenta es que esta fórmula de la *ultima ratio* no se debe concretizar mediante perspectivas globalizantes y simplificadoras, sino que debe tomar en cuenta los caminos que conducen a la lesión a partir de determinado contexto histórico-social y de los recursos necesarios para la

[96] Citado por Enrique Bacigalupo (2008), "Concepto de bien jurídico y límites del derecho penal", en *El sistema penal normativista en el mundo contemporáneo* (libro homenaje al profesor Günther Jakobs en su 70 aniversario), Eduardo Montealegre Lynnet y Antonio José Caro John (eds.), Editorial de la Universidad Externado de Colombia, Bogotá, p. 24.

protección. El resultado de estos análisis, señala, puede ser formulado por máximas político-criminales que son las que servirán como límite a los espacios de discrecionalidad propios del legislador (2007:57).

Roxin (2004), defensor también de la idea de los bienes jurídicos como instrumentos de limitación de la intervención jurídico-penal, parte de la idea de que las facultades de intervención penal deben extraerse de la función social del derecho penal. Todo lo que vaya más allá de esta no puede ser objeto del derecho penal: "El Derecho penal tiene como finalidad procurar a los ciudadanos una existencia pacífica, libre y socialmente segura, en la medida en que tales objetivos no puedan conseguirse mediante otras medidas socio-políticas menos intrusivas en la esfera de libertad de los ciudadanos" (2004:446).

Esta legitimación la deriva Roxin de las ideas racionalistas de la Ilustración, agregando que en un Estado democrático de derecho las normas penales solo pueden perseguir la finalidad de asegurar a los ciudadanos una coexistencia libre y pacífica, garantizando al tiempo el respeto de todos los derechos humanos:

> Así pues, y en la medida en que esto no pueda conseguirse de forma más grata, el Estado debe garantizar penalmente no sólo las condiciones individuales necesarias para tal coexistencia (como la protección de la vida y la integridad física, de la libertad de actuación, de la propiedad, etc.), sino también las instituciones estatales que sean imprescindibles a tal fin (una administración de justicia que funcione, unos sistemas fiscales y monetarios intactos, una administración sin corrupción, etc.). Llamo "bienes jurídicos" a todos los objetos que son legítimamente protegibles por las normas bajo estas condiciones. Estos no son, como muchas veces se supone, sustratos de sentido de naturaleza ideal (si lo fueran no podrían ser lesionados), sino entidades reales: la vida, la integridad física o el poder de disposición sobre valores materiales (la propiedad). Los bienes jurídicos no tienen por qué tener realidad material. La disponibilidad sobre las cosas que garantiza la propiedad o la libertad de actuación que protege la prohibición de las coacciones no son objetos físicos, pero, sin embargo, son parte de la realidad empírica. También son bienes jurídicos los derechos humanos y los derechos fundamentales, como el libre desarrollo de la personalidad, la libertad de conciencia o la libertad de culto (Roxin, 2004:447).

Puntualiza Roxin que los bienes jurídicos no necesariamente le vienen dados al legislador, como ocurre, por ejemplo, con la vida humana, sino que también puede ocurrir que sean creados por él, poniendo de presente ejemplos como el de los impuestos. Desde una visión liberal, Roxin apoya la idea del bien jurídico como crítico de la legislación, señalando que la ilegitimidad de la intervención punitiva puede darse: (1) cuando las normas penales vienen exclusivamente motivadas por la ideología o cuando atentan contra los derechos humanos y fundamentales; (2) cuando la finalidad de la ley no refleja la búsqueda por defender la coexistencia libre y pacífica de las personas; (3) cuando se lesiona la libertad y la seguridad de alguien; (4) cuando se presenta como lesión a la propia dignidad, o en casos de autolesiones; (5) cuando la protección de ciertos sentimientos no afecta la seguridad y la libertad de la convivencia; y (6) cuando las leyes son simbólicas, protegen tabúes o son muy abstractas en la descripción del bien jurídico (como, por ejemplo, perturbar "la paz pública").

Existen, sin embargo, varias posiciones contra la concepción de los bienes jurídicos como fundamento legitimador de la intervención penal. Por ejemplo, Hirsch (2001), sin negar que es posible inferir el concepto de bien jurídico personal del contrato social, entiende que este no vincula al legislador y tampoco es una entidad preexistente a la labor del legislador[97]. También la indeterminación del concepto mismo de bien jurídico ha merecido reproches por varios sectores doctrinales (Stratenwerth), y parte de otros sectores del denominado funcionalismo radical han rechazado, como ya se ha dicho, que el derecho penal tenga por función principal la protección de bienes jurídicos (Jakobs). Ha de recordarse que, a juicio de Jakobs, existen tipos penales que no suponen la lesión de bien jurídico alguno sino que lo que hacen es definirse exclusivamente por la infracción de ciertos deberes, y que corresponden a lo que él denomina el abandono del rol. El elemento común a todos los ilícitos no es la lesión de un bien, pues esta puede existir o no —o puede también no castigarse a nadie aun existiendo bien jurídico lesionado—, sino que lo que existe en todos los ilícitos, y lo que siempre se castiga, es el abandono de un rol que defrauda una expectativa. Por su lado, Ferrajoli (2001) describe cómo, en abandono de las ideas liberales e ilustradas que limitan la punición solo a delitos de peligro concreto y no abstracto, el concepto de bien jurídico se ha terminado transformando en criterio de delimitación y deslegitimación externa, en

[97] Citado por Roxin (2007), "¿Es la protección de bienes jurídicos una finalidad del Derecho penal?", en *La Teoría del bien jurídico: ¿fundamento de legitimación del Derecho penal o juego de abalorios dogmático?*, Marcial Pons, Madrid. Así mismo, en Hirsch Hans Joachim, "Acerca del estado actual de la discusión sobre la teoría del bien jurídico", en *Anales de Jurisprudencia*, sexta época, segunda etapa, n.º 260, noviembre-diciembre del 2002.

“instrumento positivo y auto-reflexivo de legitimación política de los intereses tutelados —y, con ellos, de las normas positivas— directamente asumidos como ‘valores ético-culturales’, o simplemente, como valores, cuya violación da lugar a comportamientos inmorales” (Ferrajoli, 2001). Las continuas críticas en torno a la indeterminación de la teoría de los bienes jurídicos como límites al derecho penal han supuesto propuestas alternativas como la presentada por Baratta (1983), ya señalada, que, en el marco de la criminología crítica y de los movimientos para una reforma radical del sistema penal, propuso un derecho penal mínimo en el que reemplaza la teoría del bien jurídico por los límites derivados de los derechos humanos, que entendidos en su contexto histórico-social permitan comprender como objetos posibles de tutela tanto intereses individuales como colectivos. De nuevo, sin embargo, aparecen las críticas en torno a la falta de un concepto claro que sirva de delimitación al derecho penal. Bacigalupo (2008), por ejemplo, en atención a la propuesta de Baratta, se pregunta de qué manera podrían los derechos humanos cumplir con esa función, señalando que la propuesta de derecho penal mínimo de Baratta tan solo se manifiesta en una serie de principios predominantemente formales (2008:28).

Sin embargo, propuestas que amplían el marco de legitimidad de intervención a partir de construcciones de los derechos humanos plantean el reto de pensar si esto podría ser un camino plausible de repensar las intervenciones feministas en el derecho penal y la posibilidad de que la violencia sexual (en los casos más graves de dominación masculina evidenciada en actos de control sexual desde los ámbitos familiares, laborales o en el mismo ámbito público) sea entendida por la teoría penal desde una visión menos limitada y restringida a la misma visión sobre la identidad femenina que contra algunas mujeres (especialmente contra aquellas en que confluyen factores de raza y clase) se mantiene subrepticia desde el derecho penal ilustrado. El reto de una apuesta por el discurso de los derechos humanos como punto de partida para incluir la violencia sexual, en sus diferentes manifestaciones, como legítima de intervención punitiva, es no caer de nuevo en una súper ampliación punitiva en la que la trampa de la naturaleza selectiva del sistema penal deslegitime en la práctica lo que teóricamente se pretende justificar como digno de reproche penal.

¿Una teoría de los bienes jurídicos desde el punto de vista de las mujeres?[98]

De nuevo ha de reiterarse la pregunta que aparece transversal a este texto y que es la de cómo trascender la construcción teórica y la práctica discursiva inmersas en la práctica penal y que mantienen algunas tendencias masculinizadas en el derecho, a fin de incluir legítimamente una visión feminista del daño que se compatibilice con el principio de lesividad del derecho penal.

Como se ha dicho, la propuesta es traspasar la construcción social de la realidad fundada por el derecho penal tradicional y proponer una de contenido significante que abarque las vulneraciones trascendentales que los feminismos ya han puesto en evidencia en torno al daño que la violencia causa en algunas mujeres. Por esto cabe cuestionarse si, aun cuando ancladas en concepciones naturalizadas sobre la identidad femenina, las propuestas de un derecho penal que imponga aperturas sistemáticas de construcción de bienes jurídicos a partir de la Constitución Política pueden llegar o no a ser suficientes como propuestas plausibles para los feminismos en sus intentos de justificar delitos como el feminicidio, el acoso sexual o la trata de personas.

En la actualidad, como se ha visto, existen cuestionamientos sobre la aptitud del concepto del bien jurídico, tanto en su idea de limitación del poder punitivo así como en su concreta eficacia en la protección de los bienes y, por lo tanto, en su real capacidad para fundar el derecho penal. Esas propuestas que cuestionan el papel primario de la teoría de los bienes jurídicos permiten que el *feminismo crítico*, que es el que este estudio sostiene como camino favorable para una intervención feminista en el sistema penal, pueda plantearse en qué medida se podrá dotar de una legitimidad al derecho penal a partir de un concepto re-evaluado del bien jurídico (que tal y como aparece hoy en día no dice mucho respecto de la punibilidad en casos de delitos como el aborto, el feminicidio o la violencia sexual), que permita desterrar discursos subyacentes que, a la luz de la teoría del bien jurídico a proteger, permiten ampliar de manera legítima la intervención punitiva en aspectos tales como el control de la sexualidad por parte de la mujer

98 Debe recordarse que el concepto categoría que se utiliza en el texto como "mujeres" no se corresponde con una visión esencialista y universal de las mujeres, pues se entiende que esta categoría está atravesada por variantes de raza, clase, ubicación geográfica y contexto y que por esto no todas las mujeres son objeto universal de persecución de un imaginado enemigo "hombre". Sin embargo, para los efectos de la discusión se mantiene el concepto "mujeres" a fin de facilitar la discusión sobre el valor que la teoría de los bienes jurídicos puede tener en torno a las construcciones que desde los distintos feminismos se han hecho sobre la violencia y sus diferentes manifestaciones contra las mujeres.

y su libre opción a la maternidad. Un ejemplo de estas dificultades en torno al contenido del bien jurídico a proteger cuando se trata de trasladar los conceptos de violencia sexual al ámbito punitivo es la manera en que la violación y la violencia sexual se encuentran definidas por el edificio conceptual construido evolutivamente por el derecho penal. Desde el feminismo, por ejemplo, se ha construido una diferenciación conceptual entre violencia sexual y violación. De acuerdo con Pitch, la violencia sexual no se limita a la relación sexual sin consentimiento, abarcando una serie de relaciones violentas cuyo denominador común es la diferencia sexual[99], siendo por tanto la violación una de las manifestaciones de la violencia sexual y la que ha centrado el ámbito de discusión en la construcción jurídica del derecho penal[100].

En términos generales, puede señalarse que a partir del feminismo se han construido dos visiones sobre la violación. Por un lado aparece MacKinnon y su visión feminista radical que identifica la violación con el sexo: lo que caracteriza la violación es que es un asunto de sexo[101]. De acuerdo con MacKinnon, la relación sexual está construida bajo parámetros de sexualidad masculina y está marcada por la penetración. Esto explica que a partir de la identificación de lo femenino en el derecho penal se tenga una mayor reprochabilidad en torno a la necesidad de pena y justificación del castigo frente a otras conductas que el derecho penal no desvalora de forma tan negativa, como el acoso sexual, la pornografía o los actos sexuales.

Por el contrario, para una visión radical feminista, como la señalada por MacKinnon, para las mujeres resulta difícil distinguir entre el coito "consentido" y la violación cuando son construcciones derivadas del dominio masculino que no permiten a la mujer diferenciar entre esas construcciones que hacen sobre las categorías acto sexual, sexo o violación.

Una segunda visión construida por el feminismo sobre la violación es la que la entiende como un acto de violencia, comparable a otras formas de agresión y que incluso podría ser entendida a partir de construcciones como las del daño producido por la tortura[102]. No hay sexo o sexualidad en una violación sino un

[99] Tamar Pitch, *Un derecho para dos: la construcción jurídica de género, sexo y sexualidad*, Trotta Editorial, Madrid, 2003, p. 202.

[100] Julieta Lemaitre, "Violencia", en *La mirada de los jueces. Género en la jurisprudencia latinoamericana*, Cristina Motta y Macarena Sáez (eds.), Siglo del Hombre Editores-Red Alas, 2008.

[101] Catharine A. MacKinnon, "Feminism, Marxism, Method, and the State: An Agenda for Theory", en *Signs: Journal of Women in Culture and Society*, Vol. 7, n.º 3, The University of Chicago Press, 1982, pp. 515-544.

[102] Julieta Di Corleto, "La construcción legal de la violencia contra las mujeres", en *Justicia, género y violencia*, Julieta Di Corleto (comp.), Libraria Ediciones, 2010.

acto de violencia, lo cual permite la idea de la desvinculación de la violación con el poder regulador del sexo. Esta idea, derivada de propuestas como las de Foucault[103], pretende rescatar una construcción de la heterosexualidad que no se identifique con la violencia sino con el placer y el consenso[104]. Entre estas dos visiones existen posiciones intermedias, especialmente construidas desde el enfoque del Derecho Internacional de los Derechos Humanos y el Derecho Penal Internacional, que la proponen como una "violación sexual" y que resultan fuertemente vinculadas con el reformismo legal y la mayor intervención punitiva: la pretensión va dirigida a ampliar el ámbito de protección, desde su tratamiento como otras formas de violencia, por ejemplo, la tortura, pero también específicamente como violencia sexual[105]. Lo que quiero resaltar acá es que la construcción social de la violación apropiada por la teoría penal, transversalizada a partir de las ideas clásicas, pasando por las finalistas y funcionalistas, ha estado desprovista de una concepción particular feminista sobre el sexo y la violencia. Antes de los reclamos por la reforma legal o modificaciones a los nombres de los bienes jurídicos, el llamado debe ser a cuestionar los mismos supuestos de legitimación teórica del delito y de la pena y una reformulación de los ámbitos de protección que se elaboran a partir de construcciones como las del bien jurídico y su visión particular sobre qué es lo que se afecta cuando se comete una violación. Tamar Pitch, por ejemplo, señala cómo las mujeres están más condicionadas en el dominio de su cuerpo que los hombres, por lo que no pueden disponer del mismo con total libertad ni tienen la misma autonomía individual. A partir de allí, Pitch, en su obra *Un derecho para dos. La construcción jurídica de género, sexo y sexualidad* (2003), analiza temas como el aborto, la manera en que los cónyuges se relacionan entre sí y con los hijos, la violencia sexual y las nuevas tecnologías reproductivas. Desde una concepción feminista de la diferencia para la cual la singularidad del cuerpo sexuado es imprescindible, Pitch reconoce la dificultad de concretar el nivel de daño social exigible para optar por la criminalización. A partir de estas demandas, los feminismos están en mora de comenzar a realizar aportes teóricos sobre cuál sería la idea del merecimiento de pena o la manera de legitimarla, a la luz de los principios de lesividad, de intervención mínima y concreción del bien jurídico a proteger.

103 Michel Foucault (1993), "Sexual Choice, Sexual Act", en *Ethics: Subjectivity and Truth. The Essential Works of Foucault, 1954-1984*, Vol. 1, Paul Rabinow (ed.), The New Press, Nueva York, 1997. Véase, igualmente, Katherine Franke, "Los usos del sexo", en *Revista de Estudios Sociales*, n.º 28, Ediciones Uniandes, 2007, pp. 30 y ss.

104 Violeta Cánavez, "Como la cigarra. Notas sobre violencia sexual, jurisprudencia y derechos humanos", en *Revista Jurídica*, Año 12, n.º 1, Universidad de Palermo, Argentina, 2011.

105 Rhonda Copelon, "Gender Crimes as War Crimes: Integrating Crimes against Women into International Criminal Law", en *McGill Law Journal*, 2000.

Si bien Pitch es una de aquellas feministas que duda de la estrategia penal como medio de control de la violencia, y esto aunado a la dificultad teórica de concretar la idea de daño jurídicamente reprochable, termina por afirmar que la solución es, no la modificación de las leyes, sino su interpretación y su aplicación. Pitch se refiere a esto invocando a la llamada "práctica de los procesos", que consiste en la estrategia de "privilegiar la producción del derecho por vía jurisprudencial y no por vía legislativa". Sin embargo, ha de decirse acá que tales reclamos continúan limitando la dificultad teórica de una visión feminista del castigo y de la pena. La "mejor interpretación posible" no permitirá la modificación esencial limitada de la concepción liberal del bien jurídico y del principio de lesividad o de daño que le es inherente.

Los planteamientos de autoras críticas del sistema penal, como Pitch, resultan atrapados teóricamente, pues, si bien parten de afirmar que el derecho penal simplifica la ubicación de los problemas sociales, pues la responsabilidad penal es personal y voluntaria (en sentido liberal) y por ello desconoce el contexto, la historia y la complejidad social, también resulta ingenuo suponer que, partiendo únicamente de tal presupuesto, sea la *práctica de los procesos* la manera automática de reconstruir la sistemática penal.

Cuestionar la teoría del bien jurídico supone comenzar a entender que la visión liberal del bien jurídico que busca proteger de la violencia sexual deja de lado esfuerzos discursivos en cuanto a cuál es la afectación de la violencia que real y legítimamente le interesa a la mujer proteger con el derecho penal y cuándo no resulta plausible.

La fuerza discursiva acerca de la paliación del dolor físico de las penas que la Ilustración dio al derecho penal, y que sigue sirviendo para mantener una distancia de aparente neutralidad respecto de sus propios conceptos e instituciones, cierra caminos a visiones críticas que repiensen la potestad que se sigue otorgando al Estado para que legítimamente defina cuándo, cómo y por qué castigar. Esto supone repensar la manera en que, como lo señala Bergalli, los sistemas penales de las sociedades contemporáneas y de los Estados neoliberales tienen asignada la tarea de producir nuevas subjetividades, diferentes a las construidas por los sistemas penales del viejo liberalismo y del Estado social, elaborados sobre individuos propios del sujeto clásico, portadores de derechos subjetivos y de sus correlativos bienes jurídicos dignos de protección penal[106].

[106] Bergalli señala que "[…] el control punitivo del Estado neoliberal ya no se descarga más, como antaño, sobre sujetos individuales, sino sobre sujetos colectivos, quienes son tratados institucionalmente como 'grupos productores de riesgo'" (De Giorgi, 2000:16). Estos sujetos no tienen nombre y apellido, sino que son considerados como categorías. El objetivo es el de redistribuir

De allí que a un feminismo crítico, fundado sobre las categorías esenciales de la criminología crítica, se le imponga trascender sobre ideas naturalizadas, como la de la visión clásica liberal del bien jurídico, y determinar cómo las nuevas subjetividades, los nuevos sujetos controlados pueden releerse a partir de nuevas concepciones, como las enunciadas en precedencia a manera de ilustración, y que puedan justificar plausiblemente el reclamo feminista para castigar, por ejemplo, la violencia sexual, y construir un sujeto femenino diferente al concebido desde la Ilustración por parte del sistema penal. Esta reconstrucción parte de un supuesto fundamental que es la conciencia de la tarea inacabada que constituye la legitimación del derecho penal. Este esfuerzo parte de la consideración de que el sistema penal, al imponer un castigo, no puede en términos absolutos conseguir una respuesta única y verdadera sobre los motivos que justifican la imposición de la sanción penal[107]. Sin embargo, la dificultad que supone sostener actualmente el logro de la abolición del sistema penal por otro mecanismo más efectivo que resuelva la violencia, impone una carga adicional por tratar de otorgar elementos razonados que permitan entender en qué ocasiones y en qué medida el castigo es necesario (Ferrajoli, 2007).

A continuación se presentarán dos visiones que, desde el feminismo, pueden abrir nuevos caminos a la ampliación sustancial de los ámbitos de protección y que en términos de legitimidad podrían encontrar respuesta plausible a las dificultades de trasladar el concepto de daño expuesto por algunos feminismos a los principios de lesividad propios de la sistemática penal.

---

un riesgo de criminalidad que se considera socialmente inevitable". Roberto Bergalli, "Relaciones entre control social y globalización: Fordismo y disciplina. Post-fordismo y control punitivo", en *Sociologías*, n.º 13, Porto Alegre, junio 15 del 2005.

107 Sobre la ilegitimidad intrínseca del derecho penal, en especial se encuentran los abolicionistas, entre ellos Louk Hulsman (1984), quien explica que la justicia penal es una forma específica de cooperación entre cierto número de agencias como la Policía, los tribunales, los jueces, los abogados, las cárceles, la criminología, las facultades de derecho, los ministerios de Justicia y el Congreso. Sin embargo, señala, ninguna de estas organizaciones está "casada" con la justicia penal, sino que cada una tiene una vida propia, aun cuando están "casadas" con otras extensiones. Hulsman explica cómo la mayor parte de la actividad de la Policía no tiene lugar en el marco de esa forma especial de cooperación. De la misma manera, la mayoría de las actividades de los tribunales no tiene relación con el marco de la justicia penal, sino que la mayoría de las veces se desarrollan en el ámbito de la justicia civil o administrativa. Todas esas organizaciones tienen su propia cultura y no se entienden unos a otros. "La Policía no entiende al poder judicial, ninguno de los dos a los prisioneros, estos no entienden a sus abogados y estos a veces no entienden la legislación, cada uno vive en su propio mundo y en cada una de esas organizaciones a la vez hay diferentes niveles" (Hulsman, 2007). La atomización de funciones genera un sistema deshumanizado, en el que no se tiene conciencia del todo, dando al sistema una apariencia de orden y legitimidad que realmente es muy difícil de sostener. Louk Hulsman y Jacqueline Bernat de Celis, *Sistema penal y seguridad ciudadana. Hacia una alternativa*, Editorial Ariel, Barcelona, 1984.

La protección a la integridad corporal desde la propuesta de Drucilla Cornell

Esta variación en la concepción que subyace a la teoría clásica liberal del bien jurídico podría facilitar ideas como las de la puesta en peligro de la *integridad corporal femenina*, no en su sentido físico (ni tampoco de coacción psicológica), sino como una condición indispensable para alcanzar las *condiciones mínimas de la individuación*, es decir, de la adecuada concepción que una persona debe tener de sí misma (Cornell, 1995).

Aun cuando para Drucilla Cornell es claro que ninguna institución o sistema puede jamás proporcionar completamente la igualdad y la dignidad a "la mujer", esta apuesta de Cornell apunta a una comprensión de justicia que agrupa a todas las mujeres con la noción de *dominio imaginario*, la cual desarrolla por medio de la teoría psicoanalítica[108] y que encuadra en lo que denomina un *feminismo ético*, a partir del cual pretende abrir el discurso feminista hacia otras maneras de reflexionar sobre sexo, género y sexualidad, caracterizado por una visión no esencialista y la búsqueda de maneras alternativas de articular "lo femenino dentro de la diferencia sexual"[109].

El feminismo ético de Cornell (1995) articula una comprensión de justicia que podría abarcar a todas las mujeres a través de su visión del *dominio imaginario*[110]. A partir de una visión no esencialista, el dominio imaginario comprende el espacio físico y moral en el que las mujeres como criaturas sexuadas evalúan y representan quiénes son. Cornell entiende que la persona no puede ser asumida jamás como algo dado, sino que es siempre parte de un proyecto de llegar a ser, reconociendo como consecuencia de dicha premisa que ninguna institución o sistema puede jamás proporcionar completamente la igualdad y dignidad a las mujeres. Entendida una persona como una posibilidad, su libertad para llegar a ser depende de mínimas condiciones de individualización que funcionan como un conjunto previo de condiciones necesarias para esto. En tanto que el dominio imaginario demanda de una teoría de la justicia que las mujeres deban ser imaginadas y evaluadas como personas libres, también representa la base política del derecho de autorepresentación de un ser sexuado, lo cual no solamente

108 Karin Van Marlen, "Políticas transversales de género. Una consideración ética feminista", en *Revista Ciencia Jurídica*, n.º 123, Bibilioteca Jurídica Virtual del Instituto de Investigaciones Jurídicas de la UNAM, México, 2004, p. 122.

109 Drucilla Cornell, *En el corazón de la libertad: Feminismo, sexo e igualdad*, Princenton University Press, 1998.

110 Drucilla Cornell, *The Imaginary Domain: Abortion, Pornography and Sexual Harassment*, Routledge, 1995.

implica cuestiones de libertad e igualdad sino también de dignidad[111]. Este tipo de propuestas, en cuanto tienen que ver con el delito de aborto, permitirían a la dogmática penal salir de la encrucijada entre el bien jurídico vida autónoma en gestación y autonomía materna (construcciones clásicas que el derecho penal adopta como propias para construir su dogmática del bien jurídico)[112]. Así, cuando el Estado regula el aborto por medio de la prohibición penal se está permitiendo regular el cuerpo femenino y permitirse regular el cuerpo femenino es adoptar la idea de que la mujer no es inviolable[113]. La capacidad reproductora determina la violabilidad que, entendida en términos regulatorios de control formal punitivo, supone negar la intrínseca unión del yo y su cuerpo, haciendo de la intervención estatal que prohíbe el aborto "un asalto simbólico al yo femenino y sitúa el cuerpo de la mujer en las manos y la imaginación de otros que le niegan su coherencia separando su útero de su ser"[114].

Para Cornell, la individuación es un proyecto que requiere reconocimiento legal, político, ético y moral para mantenerse como es debido. La *esfera imaginaria* en la que se basa la individuación —y respecto a la cual debe exigírsele al Estado su reconocimiento (y por lo mismo al derecho penal)— se realiza en nombre tanto de la afirmación de la propia *vulnerabilidad* del ser humano como del respeto por su *dignidad*. Solamente la libertad de la personalidad exigirá para el ser sexuado la igual protección de la esfera imaginaria para todas las personas y esto supone también su inclusión en la construcción legal punitiva. La *vulnerabilidad* como parte de la individuación es un elemento necesario para reconstruir la personalidad y el reconocimiento de su integridad corporal[115]. Esta capacidad potencial, como proyecto, que tenemos todos de diseñar nuestra propia vida, coincide con la argumentación de Habermas acerca de la vulnerabilidad de la moderna identidad humana y la idea de descubrir cómo se puede reconstruir normativamente

111 Karin Van Marlen, "Políticas transversales de género. Una consideración ética feminista", en *Revista Ciencia Jurídica*, n.º 123, Bibilioteca Jurídica virtual del Instituto de Investigaciones Jurídicas de la UNAM, México, 2004.

112 Debe anotarse que en ningún momento Cornell hizo referencia alguna a las posibilidades de sus construcciones teóricas dentro del ámbito del sistema penal. El ejercicio que acá se presenta, sin embargo, intenta extender sus posiciones como alternativa a la limitación teórica de los ámbitos de protección construidos desde las teorías tradicionales del bien jurídico.

113 Cristina Motta, "El aborto como asunto constitucional: crítica feminista", en *Derecho constitucional: perspectivas críticas: ensayos, líneas jurisprudenciales, estadísticas de la justicia constitucional*, Siglo del Hombre Editores, Bogotá, 1999.

114 Drucilla Cornell, *The Imaginary Domain*, Routledge, Nueva York, 1995. Así mismo, *En el corazón de la libertad: feminismo, sexo e igualdad*, Universitat de València, 2001.

115 Drucilla Cornell, *En el corazón de la libertad: feminismo, sexo e igualdad*, Universitat de València, 2001, p. 109.

en una concepción de la personalidad que sea moderna de una manera única[116]. Aunque Cornell no acepta la construcción de Habermas de la identidad moral genérica, coincide con él en que se debe utilizar la temática de la *vulnerabilidad* de la individuación, entendida como un problema moral y político que acosa a la modernidad, y también defender una reconstrucción normativa de la persona (Cornell, 2001:107). En todo caso, Cornell afirma que el feminismo es multicultural y comprometido con una literalidad transnacional por lo que la demanda del derecho de cada uno al dominio imaginario debe ser protegida para no repetir escenarios esencialistas. Deriva así de su propuesta la búsqueda de un legítimo procedimiento de toma de decisiones que requiere una inicial universalización, abarcando la cuestión de que los seres humanos son sexuados y, por lo tanto, ontológicamente disímiles.

El requerimiento del dominio imaginario como espacio moral debe ser, en todo caso, previo a la formulación de una más amplia igualdad o teoría de la justicia social. La debilidad para reconocer el espacio moral previo describiendo un proceso legitimado para ciertos aspectos de la justicia distributiva impide a la filosofía kantiana tener en cuenta la diferencia sexual. Esa misma dificultad encuentra la dogmática penal liberal para asumir la diferencia sexual no como un mero incidente en la construcción teórica del delito y de la pena, sino como un elemento primario que permita justificar la exclusión o inclusión de prohibiciones penales que vulneran integridades corpóreas no masculinas. Excluir el delito de aborto sería una consecuencia legítima de ello; incluir la posibilidad de elevaciones de riesgo no permitidas a partir de reconstrucciones normativas de subjetividades múltiples podría superar el camino de la construcción limitada de bienes jurídicos como los de la libertad o integridad sexual, la vida o la autonomía, y esto para sus efectos de la posibilidad de abarcar situaciones de lesividad (o falta de ella, como lo sería para el delito de aborto) aún no percibidas en su integridad por la teoría de los bienes jurídicos.

Esa demanda de dominio imaginario y la reconstrucción normativa de la personalidad es una de las alternativas que se pueden explorar para desarticular la construcción liberal del bien jurídico y la dogmática que le subyace. La declarada neutralidad resulta en evidencia si a partir de ella se intenta una reconstrucción social del dominio imaginario, pues la dogmática penal no está organizada para contrarrestar la idea de subjetividades no fijas, no universales ni consensos

116 Jürgen Habermas, *Between Facts and Norms: Contribution to a Discourse Theory of Law and Democracy*, Boston MIT Press, 1997.

sobre la lesividad de comportamientos que deriven de concepciones como la de la integridad corporal propuesta por Cornell.

La integridad corporal así vista no atentaría contra una visión constitucional del derecho penal moderno, el cual se ha de legitimar también a partir de visiones pluridimensionales (mas no promocionales) de daños causados contra la integridad femenina y no avizorados a partir de visiones restringidas sobre la violencia sexual propia de la teoría clásica liberal del bien jurídico.

La protección del "otro concreto" desde la propuesta de Seyla Benhabib

Otra visión sugestiva es la propuesta desde el feminismo de la diferencia de Seyla Benhabib[117], quien tiene como punto de partida una crítica a las teorías morales universalistas del contrato social, que, desde Hobbes a Rawls —*y en este punto se podría incluir a Cornell y la base filosófica que usa para el dominio imaginario, que es la concepción de Rawls del igual valor moral y la idea de Kant de la libertad como personas morales*—, conducen, señala Benhabib, a una privatización de la experiencia de las mujeres y con ello excluyen que esta experiencia sea considerada desde un punto de vista moral. Bajo esta perspectiva, la moral universalista se limita a lo que Benhabib llama "el otro generalizado", esto es, una visión restringida del universalismo en la que la experiencia del otro se generaliza a partir de la propia. Señala que las teorías morales universalistas de la tradición occidental son sustitucionalistas puesto que el universalismo que defienden se identifica con las experiencias paradigmáticas de un grupo específico de sujetos (hombres, adultos, blancos y propietarios). Como contrapartida, el universalismo interactivo reconoce una pluralidad de seres humanos, dotando de validez moral y política a todas esas pluralidades y diferencias, y postula que las disputas normativas se pueden llevar a cabo de forma racional.

Benhabib señala que la justicia, la reciprocidad y la universalización son condiciones necesarias, constitutivas del punto de vista moral, pero también considera que la diferencia es el punto de partida para la reflexión y para la acción. Bajo una visión de la teoría moral contemporánea, estas dos visiones de las relaciones entre el yo y los otros son contrapuestas, y responden al "otro generalizado" y al "otro concreto", cuya diferenciación sirve para reflejar otras dicotomías características de la teoría política y moral, o de lo público y lo privado.

117 Seyla Benhabib, "El otro generalizado y el otro concreto", en *El ser y el otro en la ética contemporánea. Feminismo, comunitarismo y posmodernidad*, Gedisa, Barcelona, 2006.

Una visión como la presentada por esta autora supondría tener en cuenta a todos y a cada uno de los seres racionales y supondría igualmente eludir la visión de la individualidad y la identidad concreta del otro, sobre la que se ha basado la teoría penal y la concepción de los bienes jurídicos como su estrategia de legitimación, pues la relación con el otro se rige por las normas de la igualdad formal y la reciprocidad: cada cual tiene derecho a esperar y suponer de nosotros lo que nosotros podemos esperar o suponer de él o de ella. Por su parte, las categorías morales que acompañan a esta relación serán los derechos y las obligaciones, y los derechos y los sentimientos morales correspondientes son respeto, deber, mérito y dignidad. Por el contrario, asumir el "otro concreto" supondría tener en cuenta a todos y cada uno de los seres racionales teniendo en cuenta historia, identidad y constituciones afectivo-emocionales concretas.

Asumir este punto de vista podría evitar las construcciones a partir de lo común, pues la relación con el otro estaría guiada por normas de equidad y reciprocidad complementarias. Benhabib afirma que en la teoría moral y la psicología moral universalistas predomina el punto de vista del "otro generalizado", así en el caso de Kohlberg y de Rawls. Comparte con Gilligan, representante del feminismo de la diferencia, la idea de que la epistemología moral implícita en los dilemas de Kohlberg frustra a las mujeres, ya que no ven reflejada en la presentación de los dilemas hipotéticos su necesidad de contextualizar ni de tener en cuenta el punto de vista del otro concreto. Bajo esta concepción no es que se nieguen las diferencias, sino que estas resultan irrelevantes.

El procedimiento tradicional de la universalización, propio también del desarrollo teórico penal, supone que los casos semejantes deben tratarse de manera semejante, o parten del supuesto de que si yo actúo de cierta manera también de la misma manera esperaría que en esas mismas situaciones todos actuaran como yo. Debe anotarse que para esta autora el reconocimiento de la dignidad y el valor del otro generalizado es una condición necesaria, aunque no suficiente para definir el punto de vista moral en las sociedades contemporáneas[118].

El *otro* concreto es un concepto crítico que le sirve para mostrar los límites ideológicos del discurso universalista, en el cual también participa la teoría penal y las construcciones a partir de las cuales se solidifican los bienes jurídicos que se pretenden proteger. Claro, esto debe igualmente vincularse con los fines de la pena que se deberían atribuir, lo que lleva de nuevo a la pregunta y a la necesidad de incluir la legitimidad del castigo desde una visión feminista. A juicio de

[118] *Ibidem.*

Benhabib, por ejemplo, se requiere de una teoría moral que permita reconocer la dignidad del otro generalizado mediante el reconocimiento de la identidad moral del otro concreto. La imbricación moral en la justificación de la pena a partir de una visión del *otro concreto* supondría cambios radicales en la manera de justificar el castigo penal, pues las interrelaciones entre perpetrador y procesado partirían de un reconocimiento sustancial de la diferencia del otro vulnerado y podrían permitir ampliaciones en las restricciones dadas por los principios de culpabilidad o lesividad anclados en el derecho penal y sus teorías morales universalistas.

Benhabib propone la "ética comunicativa de las interpretaciones de la necesidad", que, a partir de algunas concepciones de la ética comunicativa de Habermas, otorga importancia fundamental al concepto del otro concreto. Las diferencias entre el modelo de la justicia de la posición originaria (el modelo de Rawls y de Kohlberg) y este modelo defendido por Benhabib, consisten en que, para el primero, las necesidades, la constitución afectivo-emocional y los deseos a partir de los cuales formulamos nuestros derechos y demandas son asuntos privados. Para el segundo, la naturaleza individual no es algo dado e inmutable sino que tiene una dimensión histórica y de allí que la formulación de nuestras demandas aparezca en relación con esas necesidades mutables.

De acuerdo con Benhabib, ya no es suficiente en la época contemporánea exigir la emancipación política y económica, sino que, además, y esencialmente, resulta necesario cuestionar las relaciones psicosexuales en las esferas doméstica y privada dentro de las que se ha desarrollado la vida de las mujeres. Para explicar la opresión de las mujeres se deben develar los símbolos y mitos que atrapan a los sexos en los roles de género, tales como los ideales de autonomía que persiguen concepciones propias de la culpabilidad erigida también por el derecho penal.

En esa medida, comprender que los ideales de autonomía o de libertad como bienes dignos de protección, y que subyacen las construcciones acerca de la legitimidad y los límites de intervención del derecho penal, son construcciones mutables que también pueden abrir espacio para el reconocimiento histórico de quienes han sido excluidos, y que por esa vía resultaría plausible el reconocimiento autónomo de un bien merecedor de tutela penal relacionado con el entendimiento de la violencia sexual como poder y como sexo, claro está cuando esto se presente en los grados más extremos que suponen el mismo principio de lesividad y los postulados de un derecho penal mínimo.

Estos ensayos para pensar una manera alternativa de construir o reconstruir los fundamentos teóricos que sostienen la estructura sistemática del derecho penal, en torno a la legitimidad del delito y de la pena —sea a partir o en contra de la teoría de los bienes jurídicos o la del derecho penal como mero protector de la vigencia de las normas—, suponen en todo caso volver a la pregunta —irresuelta aún— acerca de si existe compatibilidad entre la dogmática y los feminismos[119]. Con lo dicho hasta ahora se podría pensar que no existe ningún obstáculo para que esto sea así y que, por el contrario, el diálogo resulta necesario. No existe inamovilidad intrínseca en torno a la idea misma de la dogmática penal. En esa medida, asumir métodos feministas que partan de construcciones teóricas de los distintos feminismos no puede resultar un ejercicio inocuo.

Uno de los propósitos generales de esta primera parte del libro ha sido la generación de este tipo de apuestas que, desde el feminismo crítico —que en la visión que presentamos acá se contrapone al del *castigo* y al de la *regulación*—, imponen la carga de conocer los diálogos y construcciones teóricas del derecho penal a

119 Resultaría relevante, por ejemplo, poner en discusión las visiones que desde el feminismo se han construido sobre lo que significa la *opresión* como término que abarca la *explotación* o la *violencia* y cómo estas construcciones pueden dialogar y sobreponer las concepciones sobre violencia y explotación construidas por el derecho penal. Sobre este aspecto, Marylyn Frye e Iris Marion Young han presentado a partir del feminismo un importante esfuerzo sobre la opresión y su significado y comprensión. En "Oppression" (1983), Frye caracteriza la opresión como una serie sistemática de fuerzas, no ocasionales, accidentales o evitables, las cuales colectivamente inmovilizan, confinan y restringen la libertad de un grupo o categoría de personas. Explica que la opresión es sistemática e invisible y que está sutil y profundamente tejida en las estructuras sociales, políticas y económicas. Por su lado, Young explica en "Five Faces of Oppression" (1991) que en un nivel abstracto todas las personas oprimidas afrontan limitaciones de manera común, tales como su libertad. Sin embargo, como las mujeres son un grupo heterogéneo, no se puede ofrecer una definición estricta de opresión. De allí que Young presente cinco "caras" o formas de opresión: explotación, marginalidad, falta de poder, imperialismo cultural y violencia. Aunque varias han sido las críticas contra estas categorías, por ejemplo, por resultar incompletas (Sandra Bartky afirma en "Psychological Oppression" que no tienen en cuenta la parte psicológica), lo cierto es que son un aporte importante para desentrañar conceptos que permitan una visión diferente a la construida por el derecho penal, en especial para los casos de violencia y explotación. Marilyn Frye, "Oppression", en *The Politics of Reality: Essays in Feminist Theory*, Crossing Press, 1983; Iris Young, "Five Faces of Oppression", en *Justice and the Politics of Difference* (1990). Otro aspecto sobre el cual debe haber comunicación entre feminismo y dogmática penal es en el de los conceptos de sexo y sexualidad. Para autoras feministas como Kate Millet ("Theory of Sexual Politics" [1970], en *Feminist Theory. A Philosophical Anthology*, Ann Cudd y Robin Andreasen [eds.] 2005), el sexo es una categoría con implicaciones políticas: la dominación sexual tiene la más perversa ideología de nuestra cultura y prevé su más fundamental concepto de poder. La relación de la sexualidad con la política implica una ruptura conceptual con la dogmática del derecho penal. La negativa del derecho penal a aceptar la ausencia de neutralidad intrínseca de la sistemática penal le impide ver que la vulneración a la sexualidad ocurre en más ocasiones que la dogmática tiene constituida. La vulneración a la integridad sexual supondría, a partir de estas visiones feministas, una reconstrucción de lo que el feminismo espera le proteja el derecho penal en torno a sus visiones sobre sexo y sexualidad.

fin de comenzar a presentar opciones plausibles de legitimación feminista acerca de las maneras de cómo, por qué y cuándo castigar[120].

A continuación se presentará la perspectiva de la criminología crítica, sus principales fundamentos y la manera en que a partir de esta visión puede el feminismo crítico optar por cuestionar los fundamentos esenciales de la teoría y del sistema penal.

[120] Estas discusiones resultan importantes a fin de analizar los efectos legitimadores de normas penales como aquellas que desde el norte global se han expandido hasta nuestro continente y relacionadas con el actual y ya habitual nombre de leyes contra la violencia de género. En España, por ejemplo, se encuentra la Ley Orgánica 1/2004 de Medidas de Protección Integral contra la Violencia de Género que terminó por equiparar el concepto de violencia de género con la especie violencia intrafamiliar (Copello, 2005). Dentro de esta normatividad se impuso como pena obligatoria accesoria la del alejamiento a todos los condenados por un delito de violencia doméstica, con independencia de la gravedad del hecho cometido y de la peligrosidad del autor. Negando cualquier agencia a las mujeres maltratadas, este tipo de castigos supone la pérdida de cualquier función preventivo-especial y en esa medida podría inferirse que su legitimidad está fundada en una pura retribución o un ideal de prevención general.

EL RETO DE LA CRIMINOLOGÍA CRÍTICA PARA LOS FEMINISMOS

De acuerdo con Rene Van Swaaningen, aun cuando uno acepte que el crimen no es una categoría que refleje una realidad ontológica, en todo caso permanece como una realidad sociológica e histórica que también debe analizarse y cuestionarse. En la medida en que los problemas sociales son criminalizados, el crimen subsiste como una construcción social que merece una atención de investigación concreta[121].

De allí que desde posturas abolicionistas y neoabolicionistas se busque ver en el crimen una realidad sociológica e histórica en la que la investigación dé acento mayor a los factores socioeconómicos y no únicamente al conflicto entre víctimas y delincuentes (Van Swaaningen, 1997:202). Esta idea fue uno de los aspectos fundamentales que impuso el giro epistémico entre la criminología tradicional y la llamada nueva criminología o criminología crítica, la cual, integrando teorías como la del *labelling approach* con lecturas marxistas de enfoque histórico-materialista, buscó centrar la atención hacia las conexiones entre sistema penal y la estructura de la objetividad social. A continuación se presentará una descripción de este giro epistemológico.

De la criminología tradicional a la criminología crítica

No puede afirmarse que exista una criminología crítica sino que esta se encuentra bifurcada en varias tendencias que tienen elementos en común, pero que al mismo tiempo presentan variados desacuerdos[122]. De esta manera, se

121 Rene Van Swaaningen (1997), *Critical Criminology - Visions from Europe*, Sage Publications, p. 131.

122 Rene Van Swaaningen define así el objeto de la criminología crítica:

> En 1960, una joven generación de criminólogos comenzó a cuestionar las tradiciones dominantes de la disciplina que describían el problema de la criminalidad como un problema causado por individuos crueles. Bajo esta criminología ortodoxa, el crimen es visto como un acto que deriva o de la libre elección del ofensor o como un producto de defectos patológicos. La retribución o la corrección del individuo son las reacciones lógicas. Académicos críticos consideran a esta visión como sociológicamente mal informada. Señalan que la mayor parte del problema del crimen consiste en ofensas contra la propiedad, que no tienen casi nada que ver con defectos patológicos y son solo una opción racional en tanto que son formas latentes de resistencia a un orden social injusto. Una pregunta importante para estos criminólogos críticos fue por qué el sistema de justicia penal se centró en problemas marginales dejando prácticamente sin tocar conductas mucho mas peligrosas para la sociedad,

distingue entre criminología crítica, criminología radical, criminología marxista —fundada en los trabajos de Chambliss (1975) y Quinney (1977)—, así como también el realismo de izquierda liderado por Young (1986), o incluso se podría incluir el garantismo penal en Italia liderado por Ferrajoli. También se suele encontrar otras designaciones como criminología del conflicto, haciendo alusión a los trabajos de Richard Quinney. La naciente criminología posmoderna puede también entenderse como un derivado de la criminología crítica (Arrigo y Bernard, 1997). Sin embargo, la característica común de la vertiente crítica criminológica es la forma diferente de definir el objeto y los términos del delito. El paradigma etiológico, que tenía como paralelo indagar por las causas del delito y que fue determinante para caracterizar a la criminología positiva del siglo XIX, se constituyó en la base para definir a toda la criminología de enfoque tradicional, o por lo menos no crítica. Las explicaciones de las causas de delito, desde la perspectiva tradicional, partieron y han partido de respuestas diferentes, desde aquellas de origen antropológico o patológico hasta aquellas de origen funcionalista, ecológico o multifactorial. El paradigma etiológico, sobre el que, como se verá más adelante, parten los feminismos del castigo y de la regulación, supone una noción ontológica de la criminalidad, entendida como una premisa preconstituida a las definiciones así como a la reacción social, sea esta institucional o no, quedando por fuera de estas visiones las normas jurídicas o sociales, así como la reacción social y el accionar de las instituciones oficiales (Baratta, 1984). A juicio de Smart, este paradigma criminológico resulta problemático en sus presunciones básicas relacionadas con que el conocimiento verificable o las verdades sobre el crimen puedan ser establecidas una vez hallamos trabajado las causas, para luego, inexactamente, abrogar el derecho a la universalización de una teoría.

El paradigma etiológico excluye, bajo la visión crítica criminológica, el lente analítico sobre políticas socioeconómicas, lo cual conlleva a una separación y fragmentación de fenómenos sociales que impiden entender las asimétricas distribuciones de poder y de los recursos del sistema penal, el cual intrínsecamente

---

> incluyendo muchos de los llamados crímenes de los poderosos. Por ello, los criminólogos críticos asocian los estudios empíricos con teorías sociales y políticas. En esta perspectiva, se constituye en un elemento central de la criminología crítica el estudio de los "empresarios morales" como mecanismos de influencia en la manera como ciertas categorías de problemas sociales son definidos como "crímenes", mientras otros son controlados de manera diferente, o simplemente ignorados. A la criminología crítica se le atribuye tener como objetivos comunes de investigación delitos de cuello blanco, crímenes corporativos, violencia sexual o violaciones de derechos humanos por parte del Estado. (*Traducción propia.*)

Rene Van Swaaningen, "Critical Criminology on the European Continent: Its History, Rise, Fall and Resurrection", en *European Journal of Crime, Criminal Law and Criminal Justice*, Vol. 6, n.º, 1998, p. 42.

sirve para reproducir esa inequidad. Esta distribución asimétrica entre distribución de poder y de recursos es lo que Jaramillo Sierra (2008) denomina una operación de compartimentación, con implicaciones tales como la constitución de hábitos de pensamiento jurídico que generan que ciertas reglas tengan mayor prelación que otras o que se oculten arbitrariamente de otras[123].

La introducción en la criminología de la teoría del etiquetamiento o *labelling approach*, que tuvo su auge debido a la fuerte influencia de corrientes sociológicas como el interaccionismo simbólico (Becker, 1963) y etnometodológico, fue una contribución determinante para comenzar a construir el cambio del paradigma etiológico al de reacción social, o también conocido como "paradigma de la definición", a partir del cual surgió un desplazamiento desde lo causal del comportamiento criminal hasta las condiciones a partir de las cuales, en una determinada sociedad, las etiquetas de la criminalidad y el estatus criminal son atribuidos a ciertos comportamientos y a determinados sujetos, así como hacia el funcionamiento de la reacción social informal e institucional, o proceso de criminalización[124].

Este nuevo paradigma implicó, por tanto, un análisis de la desigual distribución del poder de definición y reacción social (Sack, 1981). Luego del auge de estas perspectivas en América del Norte durante la década de los sesenta, estas visiones comenzaron a ser cuestionadas por su desatención a la desviación primaria (esto es, a las causas que conducen al comportamiento desviado) y fue tachada de determinista en la medida en que se señalaba que la etiqueta siempre conducía a la desviación y con ello se ignoraba que la desviación podía ser una opción para el sujeto. Autoras como Elena Larrauri también señalan que aun cuando los teóricos del etiquetamiento mencionaron el poder, este análisis no se desarrolló ulteriormente, ni se indicó qué es ni cómo opera este.

123 Uno de los fenómenos de la construcción del pensamiento dogmático penal moderno y su construcción teórica del delito y la pena es la ocurrencia de ese fenómeno de compartimentación y de allí la importancia de una visión que desde la criminología crítica permita derribar ciertas ideologías masculinas del derecho penal y del castigo. Esta visión permitirá descartar la reificación de la criminalidad producida por la criminología de rasgo etiológico, la cual construye su teoría de la criminalidad observando únicamente una porción de los fenómenos, fenómenos seleccionados de manera selectiva ya por los mecanismos institucionales, por la criminología tradicional o por las mismas feministas del castigo y la regulación en sus relaciones con el delito y la pena.

124 Howard Becker, *Outsiders: Studies of the Sociology of Deviance*, 1963, pp. 9-10. De acuerdo con este autor, la desviación no es una cualidad del acto cometido por la persona sino la consecuencia de la aplicación por parte de otros de reglas y sanciones. El desviado es alguien a quien la etiqueta le ha sido aplicada con éxito y el comportamiento desviado es el que la gente ha establecido o etiquetado como tal. La conducta desviada entonces es el momento en que la sociedad establece reglas que definen qué comportamiento es aceptado y cuál no lo es.

El enfoque macrosociológico del comportamiento desviado fue desplazado en la criminología crítica por un enfoque también macro pero dirigido hacia los mecanismos de control social del desviado y más específicamente al proceso de criminalización. El avance desde las teorías del etiquetamiento hacia las teorías críticas criminológicas supuso comprender cómo en esta nueva visión de pensamiento la política criminal y el cuestionamiento hacia el propio sistema penal no podrían ser ya considerados como simples apéndices del derecho penal ni de la criminología oficial tradicional, sino como su objeto central de cuestionamiento[125].

Debe resaltarse, sin embargo, que, de acuerdo con Rene Van Swaaningen (1998), los orígenes de la criminología crítica tuvieron diferentes matices. En Gran Bretaña, por ejemplo, emergió como un contradiscurso a la criminología utilitarista administrativa, que era la que, en términos generales, buscaba dar apoyo a la política del sistema penal. En el continente europeo, en ausencia de una criminología administrativa y de una menor influencia de las ciencias sociales en la disciplina, cuando la criminología crítica emergió como un nuevo paradigma en los comienzos de los años setenta, los criminólogos críticos dirigieron sus críticas contra abogados y psiquiatras, que eran los que dominaban el campo criminológico[126]. Adicionalmente, mientras que en Gran Bretaña el término criminología crítica tenía una fuerte connotación marxista, en el continente el término fue usado como un concepto sombrilla de una criminología que incluía una crítica al sistema de justicia criminal, en el que tanto materialistas como criminólogos interaccionistas encontraban refugio (Van Swaaningen, 1998:42)[127].

125 Rene Van Swaaningen, "Critical Criminology on the European Continent: Its History, Rise, Fall and Resurrection", en *European Journal of Crime. Criminal Law and Criminal Justice*, Vol. 6, n.º 1, 1998, pp. 41-54.

126 La criminología crítica que se desarrolló en Italia en la segunda mitad de los años setenta fue producto del encuentro de dos tradiciones distintas: la sociología de la desviación inspirada en la visión británica y alemana de la criminología crítica y otra más local, de naturaleza jurídico-filosófica, inspirada en una crítica al derecho y que, de acuerdo con Darío Melossi, tenía sus propias raíces en un giro hacia la izquierda de la sociedad italiana y en el resurgimiento del marxismo, al que se adhirió por algún tiempo. Autores como Massimo Pavarini también fueron impulsores de este pensamiento crítico y partían de una visión crítica del derecho visto como política: "[...] el derecho era política, era siempre política, porque es instrumento de dominio de clase..." (Pavarini, 1984:120). Fue esta una nueva criminología que nació en la búsqueda de un derecho penal de transición al socialismo y que en esa medida hiciera factible, a su vez, un diálogo con el mundo de los penalistas. Pavarini Massimo, "Por qué una criminología crítica como crítica de la ley penal? Las particularidades del caso italiano", en *Revista Criminología Crítica*, Universidad de Medellín, agosto de 1984, pp. 199-129.

127 Sobre esta diferenciación entre la criminología del continente europeo y la de origen anglosajón, Van Swaaningen agrega:

> [...] Otra tendencia típica europea en la criminología crítica es la orientación hacia la reforma penal y la política penal, con la consiguiente investigación empírica. En cierto sentido es la

La criminología crítica que con mayor fuerza operaba en Latinoamérica en los años setenta y ochenta estaba centrada en un modelo integrado de ciencia penal y política criminal, en el que se le daba un nuevo papel a la dogmática jurídico-penal[128]. Resultó importante su influencia por cuanto sirvió como apalancamiento en la deslegitimación de las principales categorías de la dogmática, llamada progresista y democrática, tales como la responsabilidad penal, el concepto de culpabilidad o el mito de la resocialización[129].

Esta tendencia resultó importante porque sirvió como mecanismo de deslegitimación cultural y uso alternativo del derecho penal, pese a que posteriormente, como se verá a continuación, la trataron de neutralizar las fuerzas del realismo de derecha que se posicionaron en el mundo occidental como reacción ante el crecimiento desmesurado de la delincuencia y la imposibilidad de aproximaciones como estas, vistas como ingenuas para hacer frente a esa nueva realidad social. Sin embargo, como se señalará más adelante, los fundamentos centrales a partir de los cuales la criminología crítica pretende cuestionar el sistema penal

contraparte de la aproximación legal teórica del garantismo penal. Particularmente en democracias jóvenes, como la española o la de Grecia, el activismo penal, por prisioneros y simpatizantes académicos, ha sido el incentivo actual de la emergencia de la criminología crítica. En Francia, donde señalamos una orientación hacia la criminología positivista, se puede pensar en el "Groupe d'Information sur les Prisons", donde Michael Foucault jugó un rol importante, el consecutivo "Comiti d'Action des Prisonniers" de Serge Livrozets, o el último, más orientado hacia el derecho, la Coordination Syndicale Pinale. Aunque movimientos reformistas penales, o de prisioneros, pueden encontrarse en prácticamente todos los países europeos, las más famosas elaboraciones de esas iniciativas se pueden encontrar en los trabajos de Thomas Mathiesen. (*Traducción propia.*)
Op. cit., p. 46.

128 Las ideas de autores como Alessandro Baratta, Massimo Pavarini o Dario Melossi fueron ampliamente difundidas en América Latina a mediados de los años setenta y de allí se generó una fuerte comunicación académica con autores como Roberto Bergalli, Lolita Aniyar de Castro, Raúl Zafffaroni, Emilio García Méndez y Emilio Sandoval Huertas y tantos otros, insertados todos bajo el rótulo de criminólogos críticos por compartir las ideas de desviación y criminalidad no como cualidades ontológicas de comportamientos y de personas, sino cualidades atribuidas por medio de procesos de definición y de reacción social.

129 La criminología crítica latinoamericana de los años ochenta estuvo activamente empeñada en la construcción de una teoría del control social con sus propios paradigmas. Esta perspectiva integral del fenómeno social del delito fue impulsada en Colombia por académicos como Alfonso Reyes Echandía, quien fue determinante en convertir al país durante esa época en centro de gravitación de los países de América Latina en la consolidación de esta perspectiva crítica. De la misma manera, Emiro Sandoval Huertas fue también uno de los académicos colombianos que durante la década de los ochenta abanderó con más fuerza la criminología crítica como manera de cuestionar el sistema penal colombiano. Este autor entendía por sistema penal: "[...] el conjunto de instituciones (y a sus actividades) que intervienen en la creación, aplicación y ejecución de normas penales, concebidas éstas en su sentido más amplio, es decir, tanto disposiciones sustantivas como procedimentales y administrativas (o penitenciarias) [...] además [...] el análisis del sistema penal hace referencia tanto a su plano teórico, esto es, aquel en el cual está indicado cómo deben ser los procesos de creación, aplicación y ejecución de las normas penales, como a su plano fáctico o práctico, en el que se atiende a cómo son dichos procesos". Emiro Sandoval Huertas, *Sistema penal y criminología crítica*, Temis, Bogotá, 1989; y Emiro Sandoval Huertas, "El sistema penal colombiano desde la perspectiva de la criminología crítica", en *Revista Criminología Crítica*, Universidad de Medellín, Medellín, agosto de 1984, pp. 133 a 161.

siguen aún vigentes y con la fuerza suficiente para denunciar las incoherencias internas del sistema[130].

Principales cuestionamientos a la criminología crítica: entre estructuralismo y agencia

Las críticas se centraron básicamente en haberse concentrado en desplegar reclamos sobre las inequidades sociales, la explotación y la continua reiteración de la propia ideología estructuralista de la criminología crítica (Van Swaaningen, 1998:49). Fue su determinismo sobre el origen de la delincuencia y el sistema económico el elemento que se convirtió en su principal punto de discusión, habiendo abundado ataques, como los expresados por Rene Van Swaanigen (1997), que consistían en que el concepto de control social daba mucha importancia al rol represivo del Estado, dejando de lado construcciones controladoras dispersas y no necesariamente provenientes de un centro único de poder[131]. El carácter determinista sobre el cual terminó siendo cuestionada la criminología crítica se alimentó de señalamientos tales como que sus posturas no podían ya dar cuenta de los reales problemas delictivos en las ciudades y de la existencia de un aumento incesante de crímenes que siempre terminaban por afectar a la población más vulnerable. Comenzó a resultar bastante problemático para la criminología crítica restarle importancia al crimen en las comunidades únicamente bajo el continuo señalamiento, poco relativizado, contra la intervención policial como represivo, racista o sesgado contra las clases económicas más bajas. Aun cuando no puede negarse la actuación sesgada de la Policía contra ciertos sectores poblacionales, una de las críticas centrales era que el pensamiento crítico criminológico abandonó el continuo impulso empírico que debía seguir alimentando para no quedar relegado a una incesante queja sin mayores aportes a lo que en realidad estaba ocurriendo en la calle, con crímenes y delitos que no necesariamente tenían que ver con aquellos relacionados contra la propiedad privada.

El movimiento feminista, que fue determinante para configurar la *criminología feminista*, puso de presente, por ejemplo, la manera en que las mujeres sufrían

[130] Los esfuerzos de la criminología crítica continuaron en Latinoamérica con autoras como Rosa del Olmo y sus trabajos críticos contra el sistema penal, dedicando sus esfuerzos a cuestionar el sistema penitenciario para las mujeres, así como contra políticas como las de la seguridad ciudadana y el expansionismo penal fundado tanto en la criminalidad que existe y la percepción que de ella se tiene. Rosa del Olmo, "¿Por qué el actual silencio carcelario?", en *Violencia, sociedad y justicia en América Latina*, CLACSO, Buenos Aires, 2002.

[131] Rene Van Swaaningen, *Critical Criminology-Visions from Europe*, Sage Publications, 1997.

agresiones físicas y sexuales y eran discriminadas en los aspectos laboral, profesional y académico, sin que tales conductas tuvieran siempre que ver con los intereses de los poderosos y sus intereses económicos[132]. Argumentos como estos pusieron a cuestionar fuertemente la solidez del estructuralismo de clase en la determinación del castigo penal. La criminología tradicional tildó a la nueva criminología como un modernismo más político que científico. "[...] Después de haber sido un símbolo de progreso durante algunos años, la criminología crítica es ahora simplemente descrita como un academicismo diletante, testigo de una moral difusa y política descabellada"[133]. (*Traducción propia.*)

Esa visión romántica y exagerada con que se comenzó a ver a la criminología crítica terminó por fraccionarla en corrientes como el abolicionismo, el garantismo penal o el neorrealismo de izquierda[134]. El garantismo legal o derecho penal mínimo retomó la idea del rol protectivo y constructivo del derecho, finalmente desplazado por la visión idealista de los académicos críticos criminológicos. El abolicionismo, por su parte, contribuyó a superar la inercia producida por el pesimismo del "nada funciona" ("nothing works") de la criminología crítica, aun cuando sin abandonar las críticas incisivas al castigo. Tanto el garantismo

132 La criminología feminista apareció para desafiar la visión androcéntrica de la criminología tradicional apuntalando las razones de la continua desfiguración de las mujeres y niñas en la teoría criminológica. La investigación en la criminología por parte del pensamiento feminista durante los años setenta fue importante porque comenzó a retar el carácter androcéntrico de la disciplina centrándose específicamente en investigaciones empíricas concretas y basadas en el punto de vista femenino. El establecimiento de la criminología feminista puede fijarse en el año de 1976, con la publicación de *Women, Crime and Criminology: A Feminist Critique* de Carol Smart. Aunque ya se habían producido con anterioridad unos cuantos estudios preliminares sobre la mujer y el crimen, la obra de Smart fue decisiva pues presentó de manera sistemática la crítica al tratamiento, o falta de él, de las mujeres en la criminología tradicional, así como también se concentró en el estudio de las mujeres como víctimas, e hizo un esfuerzo trascendental en establecer algunas direcciones principales para iniciar este nuevo campo de investigación. A la par con Smart, otras criminólogas como Heidenshon en Inglaterra (1968) o Marie Andree Bertrand en Canadá (1969) también "despertaron a la criminología de su sueño androcéntrico" (Hanna-Moffat y Shaw, 2000). A juicio de Carol Smart, una consecuencia negativa de las ciencias sociales de rasgo positivista es que habían negado cualquier relación entre las teorías sociales de la criminalidad, las concepciones del sentido común acerca de la mujer delincuente, las políticas sociales y el tratamiento de las ofensoras. Carol Smart, *Women, Crime and Criminology. A Feminist Critique*, Routledge & Kegan Paul, Londres, 1976, p. 108.

133 Rene Van Swaaningen, *Critical Criminology-Visions from Europe*, Sage Publications, 1997, p. 48.

134 De acuerdo con Rosa del Olmo, a comienzos de los años noventa se presentó un enfrentamiento entre los tres paradigmas originados en realidades socioculturales muy distintas: el abolicionismo, proveniente de los países bajos y escandinavos, el realismo de izquierda de Gran Bretaña, Canadá y Estados Unidos, y el garantismo penal de Italia, España y Latinoamérica. De la misma manera, afirma Del Olmo que hay una serie de criminólogos procedentes de la criminología crítica inicial (Cohen, Larrauri, Melossi, Fritz, Sack, Shumann, Del Olmo, Van Swannigen, Smart, Tamar Pitch, Ruggero, entre otros) que no se identifican con ninguno de esos tres paradigmas y que, preocupados ante el estado del arte de la criminología, plantean revaluar la situación, conscientes de que el proyecto inicial de la criminología crítica no encaja ya en el mundo después de 1984. Rosa del Olmo, *La criminología en la cuarta época: del saber al poder*, en http://biblio.juridicas.unam.mx/libros/1/117/29.pdf.

como el abolicionismo contribuyeron a introducir modificaciones renovadas al discurso crítico criminológico y ofrecieron una crítica "contra-fáctica" en la que la visión alternativa, aun cuando continúa siendo crítica, es desarrollada en una relación dialéctica con la realidad empírica (Cohen, 1994)[135]. El neorrealismo de izquierda empezó a configurarse en 1984 cuando John Lea y Jock Young —este último coautor de la *La nueva criminología* (1973), la obra fundante de la criminología crítica— publicaron *What´s to be done about Laws an Order.* El propósito de Lea y Young fue el de confrontar a la derecha inglesa, que planteaba como solución al aumento del crimen unas medidas policivas más eficaces, menos que la inclinación por más castigos draconianos (Young, 1975:318). Lea y Young recomendaron entonces volver a ocuparse de las causas del delito (paradigma etiológico), justificando la involución de su pensamiento en la necesidad de oponerse a la criminología administrativa (o neorrealismo de derecha), así como a la crítica, por considerar que lo importante es "tomar medidas contra el delito" y no conocer las causas que lo originan[136].

En su nueva visión, Lea y Young reconocieron que la delincuencia es un flagelo para la sociedad y que la mayoría de las víctimas —así como los delincuentes— proceden de los estratos más bajos de la sociedad. Concluyeron que el delito no podía ser catalogado —como exigían los criminólogos críticos— como una abstracción carente de base ontológica, sino que, por el contrario, era algo real, tangible y necesitado de medidas concretas y pragmáticas. Jock Young, apartándose de sus antiguas posiciones, recomendó reabrir la cuestión de las causas del delito[137]. Estas pretensiones podían coincidir con las pretensiones de derecha de la criminología administrativa en torno a la necesidad de prevenir y reprimir la delincuencia o con propuestas como la de la *seguridad ciudadana*[138] o la de

135 St. Cohen, "Social Control and the Politics of Reconstruction", en D. Nelken (ed.), *The Futures of Criminology*, Londres, 1994, p. 72.

136 Jock Young (2002), *Critical Criminology in the Twenty-first Century. Critique, Irony and the always Unfinished*, en www.malcomread.co.uk.

137 Jock Young (1975), "Searching for a new Criminology of Every Day Life: A Review of the Culture of Control", en *British Journal of Criminology*, 43 (1), pp. 228-243. Señala Joung sobre la naturaleza del realismo de izquierda que su propósito central es reflejar la realidad del crimen, en sus orígenes, su naturaleza y su impacto. Esto, afirma, rechaza aquellas tendencias a romantizar el crimen o a volverlo una patología o a analizarlo únicamente a partir del punto de vista de la administración o del criminal, pues todo esto lleva a subestimar o a exagerar el delito.

138 La naturaleza de esta criminología se tornó exclusivamente en preventiva y represora y abandonó el interés por buscar las causas del delito. Un sobresaliente representante de esta vertiente criminológica, James Q. Wilson (1982), afirmaba que aun en la hipótesis de que el delito fuere causado por factores endógenos o exógenos, la mejora de las condiciones sociales poco podría hacer para contrarrestarlas, ya que el mejoramiento de las condiciones sociales antes que reducir la tasa criminal la incrementaba, y que si bien resultaba verdad que los pobres delinquen más que los ricos, también lo es que solo una pequeña minoría de pobres se desvía. Según Wilson, el delincuente antes de actuar realiza una elección moral —a veces influida por circunstancias exógenas—, pero en la mayoría de los casos por una decisión razonada, nacida de la convicción

la *sociedad del riesgo*[139]. En todo caso, no abandonaron la idea de que se deben reducir las desigualdades para contrarrestar la delincuencia en la sociedad; tampoco abandonaron en esencia el rótulo de criminólogos críticos, sino que su visión frente al crimen intentó superar los reclamos que los acorralaban[140]:

> [...] El realismo de izquierda no debe ni sucumbir a la histeria ni recaer en una denegación crítica de la severidad del crimen como un problema. Debe ser ferozmente escéptico de las estadísticas oficiales y el control de las instituciones, sin tomar la postura de una denegación absoluta de todas estas figuras o de la misma posibilidad de reformas. El realismo necesita una acertada victimología. Debe contraponer esto a aquellas criminologías liberales e idealistas, que, por un lado, minimizan las víctimas o incluso afirman que la "verdadera" víctima es el ofensor y, por el otro lado, aquellos conservadores que celebran el pánico moral y ven la violencia y los hurtos como algo omnipresente en nuestras calles. Para estos fines debe hacerse una cartografía sobre quiénes estén riesgo y sobre los efectos precisos que tiene el crimen en sus vidas. Esto va más allá de la invocación de las tasas de riesgo global del ciudadano medio. Con demasiada frecuencia esto sirve para ocultar la severidad real del delito entre sectores significativos de la población, mientras que proporciona un escenario estadístico falso para la discusión de los temores "irracionales" (Jock Young, 2003:318)[141]. (*Traducción propia.*)

Estos intentos por superar los estigmas iniciales de la criminología crítica conllevaron a dispersiones en el ámbito de la criminología crítica, en las que además del realismo de izquierda confluyeron tendencias como la misma criminología feminista, la criminología posmoderna y la criminología de la pacificación,

---

de que el delito es la "mejor" solución a su problema, sea este económico o personal. James Q. Wilson, *Thinking about Crime*, Basic Books, Nueva York, 1983. De la misma manera, James Q. Wilson y George L. Kelling, "Broken Windows. The Police and Neighborhood Safety", en *Delito y Sociedad-Revista de Ciencias Sociales*, n.º 15-16, 2001, pp. 67-79.

139 Esta visión, con su sustrato maxipunitivista, aparece como uno de los nuevos paradigmas de legitimación del derecho penal de la violencia del mundo contemporáneo. Estas tendencias no son ajenas a ciertos discursos feministas del castigo y la regulación en los que el miedo aparece como el supuesto básico de legitimación para la intervención penal: Sobre este punto véase Rene Van Swaaningen, *Critical Criminology-Visions from Europe*, Sage Publications, 1997, p. 48.

140 Los esfuerzos de la criminología crítica continuaron en Latinoamérica con autoras como Rosa del Olmo y sus trabajos críticos contra el sistema penal, dedicando sus esfuerzos a cuestionar el sistema penitenciario de las mujeres, así como políticas como las de la seguridad ciudadana y el expansionismo penal fundado tanto en la criminalidad que existe y la percepción que de ella se tiene. Rosa del Olmo, "¿Por qué el actual silencio carcelario?", en *Violencia, sociedad y justicia en América Latina*, CLACSO, Buenos Aires, 2002.

141 Jock Young, "The Need for a Radical Realism", en *Criminological Perspectives, Essential Readings*, 2.ª edición, Eugene McLaughlin, John Muncie y Gordon Hughes (eds.), Sage Publications, Londres, 2003, p. 318.

llamadas por Maclean y Milanovic (1991) como las nuevas direcciones de la criminología crítica.

La dispersión entre vertientes críticas no supone, en todo caso, que los impulsos críticos contra el sistema penal que alentaron los inicios de la criminología crítica hayan desaparecido. Estas se han recubierto bajo nuevos rótulos y techos disciplinares y han permitido mantener conscientes las críticas contra el carácter selectivo del derecho penal y el expansionismo penal, avalado por visiones como la criminología administrativa o el realismo de derecha. Como se señalará más adelante, las críticas en nuestro medio contra esas inmanencias propias del sistema penal las han retomado diferentes actores que tienden a convertirse de manera progresiva en elementos de apalancamiento dentro de la dinámica crítica que corresponde mantener contra el sistema penal[142].

Autores como Stuart y Milanovic (1996) han apostado por una aproximación posmodernista de "construcción y reconstrucción" del concepto de control social. De allí que prefieran denominar a su visión como una *criminología constructiva* que parte de una mixtura de conceptos de la criminología crítica y el giro realista dado a esta[143]. Stuart y Milanovic afirman que contrario a tratar de identificar factores que causan el crimen, la criminología constructiva busca examinar la coproducción del crimen por sujetos humanos y por las estructuras organizacionales y sociales que estos desarrollan. Las implicaciones de esta visión apuntan a dos direcciones complementarias. La primera, a que la noción de crimen ha de ser deconstruida y vista como un proceso discursivo recurrente. La segunda, a que esos intentos conscientes de deconstrucción deben realizarse como forma de reconstrucción, con una visión de prevención y de

142 Un ejemplo de esto es el papel que la Corte Constitucional ha tenido en torno al reconocimiento del carácter estructural de discriminación y violencia de género existente en el país contra las mujeres. Así, en el Auto 098/13, por medio del que se hace seguimiento a las acciones adelantadas por el Gobierno Nacional en materia de prevención y protección de los derechos a la vida, integridad y seguridad personal de las mujeres líderes desplazadas y de las mujeres que trabajan a favor de la población desplazada por el conflicto armado, en el marco del seguimiento a la sentencia T-025 del 2004 y a los autos 200 del 2007 y 092 del 2008, se estableció que la violencia contra las mujeres líderes desplazadas y las mujeres que apoyan a víctimas del conflicto armado interno tiene propósitos ejemplarizantes en tanto se trata de una expresión de la violencia y discriminación estructural de género existente en el país y un tipo de violencia sociopolítica dirigida y especializada contra estas mujeres por la labor que desempeñan. Este tipo de reconocimiento derivado del intérprete constitucional es trascendental por cuanto establece las bases constitucionales del reconocimiento de situaciones de violencia y discriminación estructural contra ciertas mujeres, lo que claramente debe tener incidencia en el sistema penal y su obligatoriedad de acoplarse a la manera en que se amplía el marco conceptual de violencia contra las mujeres.

143 Stuart Henry y Dragan Milovanovic, *Constitutive Criminology: Beyond Postmodernism*, Sage Publications, Londres, 1996.

evitar la recurrencia del crimen. Unos "discursos de reemplazo" que alimenten posibles construcciones sociales (por ejemplo, las múltiples resistencias)[144].

A juicio de Henry y Milanovic, esta visión superaría las visiones marxistas de la criminología crítica o funcionalistas como las de Merton, o incluso algunas versiones feministas que tienen a la estructura como la característica central de los análisis causales. Por el contrario, la criminología constructiva vincularía agencia con estructura, en una "co-producción de la realidad" (1996). Con fundamento en una visión posmoderna que cuestiona la presunción moderna acerca de la ley y del poder que tiene para legitimar órdenes sociales, o el poder para minimizar el conflicto, incluso el poder que tendría la ley para resistir, la criminología constructiva partiría de la ley como una construcción social que, por fuera del mito que la envuelve, no tendría existencia y donde no habría parámetros de legitimidad o ilegitimidad. De esta manera, para esta visión, el crimen no sería tampoco visto de manera esencialista y sus causas son vistas no a partir de eventos o factores, sino como parte inherente de procesos discursivos (Stuart Henry y Dragan Milovanovic, 1996:179). Otro ejemplo que permite rescatar el sustrato crítico criminológico es el expuesto por Nicolas Carrier (2011), quien hace una apuesta por acercar perspectivas como la criminología crítica y el constructivismo radical, frecuentemente tildadas como un par imposible o "esquizofrénico". Esta imposibilidad teórica se produce por el abandono por parte del constructivismo radical de las metanarrativas (Lyotard, 1979) y el desvanecimiento de diferencias clásicas como la ontología y la epistemología. Para Carrier, el constructivismo radical puede servir de catalizador de la criminología crítica y seguir impulsando y repensando conceptos como los de control social y los usos del poder y la fuerza en la producción de la criminalidad y teniendo en claro la imposibilidad de encontrar una legitimidad terminada y concluida sobre la base del derecho a prohibir y castigar[145]. A partir de una epistemología luhmanniana de la teoría de los sistemas sociales, una criminología crítica radical constructivista refutaría cualquier proyecto que pretenda descubrir las causas del crimen y se inclinaría más por un análisis del trabajo social de los discursos y prácticas criminalizantes (Carrier, 2011:334). Pensar en el control social en

144 Otra apuesta sobre el crimen y el castigo, que pretende superar las críticas estructuralistas a las que se vio enfrentada la criminología crítica, es la visión presentada por David Garland. Para Garland, cualquier cambio en las prácticas penales, para ser efectiva, debe comenzar por transformar la cultura penal, esto es, el conjunto de términos, categorías y símbolos por medio de los cuales los actores del campo penal interpretan e interactúan dentro de su medio. David Garland, *Crimen y castigo en la Modernidad tardía*, Nuevo Pensamiento Jurídico, España, 2007.

145 Nicolas Carrier, *Critical Criminology Meets Radical Constructivism Critical Criminology*, Vol. 19, n.º 4, 2011, pp. 331-350.

términos lingüísticos o comunicacionales, acercándose a los discursos como los sitios de mayor conflicto en las sociedades contemporáneas, impondría repensar la idea de control social basada solo en términos de la creación del crimen y de la desviación. Esto puede conllevar a la construcción de sustratos teóricos que permitan modificar las concepciones clásicas del bien jurídico y la manera como la práctica punitiva, inserta en la dogmática que la legitima, ha dado lectura a la violencia contra la mujer. Análisis críticos como los presentados por Aponte Cardona contra corrientes como la denominada derecho penal de enemigo son también muestras de la contundencia de las herramientas analíticas presentadas por la criminología crítica para analizar contemporáneamente ciertos efectos perversos del sistema penal[146]. Trasladando la discusión al ámbito colombiano, Aponte Cardona utiliza las principales categorías de la criminología crítica, como el poder de definición o su carácter selectivo, para poner de presente cómo el denominado "derecho penal de emergencia", desencadenado a partir del conflicto armado interno, terminó convertido en un derecho penal eficientista, un derecho penal de enemigo, sin límite alguno en las garantías constitucionales que deben guiar la legitimación del sistema punitivo.

Otros autores, como Mauricio Martínez (2008), mantienen igualmente vigente el carácter necesario de la criminología como herramienta crítica al sistema penal, presentando cuestionamientos, por ejemplo, a la forma en que se ha asentado la manipulación, por parte del Estado, del miedo de la población frente al delito, permitiéndose con esto la exasperada persecución de los crímenes de mayor impacto en la población, aumentando desproporcionadamente las penas[147]. Este autor también presenta abiertos cuestionamientos en contra del lenguaje contemporáneo del derecho penal de enemigo, asumido por la legislación antidroga y antiterrorista: "impulsado por el funcionalismo y el decisionismo, se trataría de una minoría autoexcluida como no persona, que ha declarado una supuesta guerra contra la gran mayoría de los incluidos, los sujetos-persona por ser fieles al sistema normativo" (2008:191). A juicio de Martínez, solo un derecho penal es legítimo cuando defiende a inmensos grupos minoritarios que representan a la persona humana seleccionada por el sistema penal, y en el

146 Alejandro Aponte Cardona, *Guerra y derecho penal de enemigo. Reflexión crítica sobre el eficientismo penal de enemigo*, Editorial Ibáñez, Bogotá, 2009. Así mismo, en *¿Derecho penal de enemigo o derecho penal de ciudadano?*, Temis, Bogotá, 2005, este autor cuestiona la manera en que continuas tendencias punitivistas se caracterizan por privilegiar la prevención y la persecución discriminatoria de individuos definidos y construidos socialmente como peligrosos, tales como los "terroristas", "barones de la droga", "guerrilleros", etc.

147 Mauricio Martínez, *Populismo punitivo, mayorías y víctimas*, Nomos, Universidad de Viña del Mar, n.º 2, 2008, pp. 183-199.

que son los derechos fundamentales los únicos que constituyen el eje cardinal del modelo teórico penal.

Aun cuando sin rotularse a sí mismo como criminólogo crítico, se podría señalar también que autores como Uprimny (2012) han puesto de presente el uso desproporcionado del derecho penal como estrategia para fenómenos como el de "la lucha contra las drogas". En uno de sus estudios, Uprimny evidencia la desproporción de las políticas de drogas en América Latina, en las cuales la represión, comparada frente a otros delitos considerados socialmente como de mayor gravedad y que generan daños mucho más severos, concretos y directos en bienes jurídicos como la vida, la respuesta punitiva del Estado frente a los delitos de drogas tiende a ser igual o más severa que la dispuesta para los delitos de homicidio, acceso carnal violento y hurto agravado sobre la persona[148].

Otro ejemplo de visiones críticas contra el sistema punitivo es la presentada por Silva García (2011), quien reconoce, siguiendo a feministas como Susan Brownmiller (2001), que, en general, los delitos sexuales son de poder, así como que la vulnerabilidad femenina a los delitos se incrementa en los subgrupos con menos poder. Esta autora también se refiere al acoso sexual como representación de la problemática del poder, "donde más que la satisfacción por alguna ventaja sexual, lo que se busca es subordinar a la mujer victimizada, lo que además produce también placer" (2008:261).

Todos estos esfuerzos teóricos por contener y cuestionar la capacidad de la criminología crítica permiten advertir que su base ideológica continúa aún vigente. Los cuestionamientos en torno a su carácter disciplinar o a su extremo estructuralista en la concepción del derecho penal no alcanzan a suprimir la capacidad que contiene para reivindicarse como una herramienta fructífera para cuestionar la raíz de la ideología penal y de las construcciones conceptuales que la sostienen, intentando respuestas renovadas en torno a la necesidad de redefinir conceptos como los de la violencia sexual en el ámbito punitivo[149].

148 Rodrigo Uprimny Yepes, Diana Ester Guzmán y Jorge Parra Norato, *La adicción punitiva. La desproporción de leyes de drogas en América Latina*, Centro de Estudios de Derecho, Justicia y Sociedad (Dejusticia). Este texto puede descargarse gratuitamente en http://www.dejusticia.org

149 Ferrajoli (2013), desde una posición criminológica crítica, reivindica cómo una criminología crítica contemporánea, que pueda dar respuesta a nuevos fenómenos criminales como el genocidio o los crímenes de guerra, debe realizar dos funciones, una descriptiva y otra prescriptiva. La descriptiva efectuaría un análisis conceptual de los diversos tipos de crímenes del poder y una investigación empírica sobre su variedad fenomenológica, mientras que en la función prescriptiva promocionaría una serie de políticas y medidas para la reformulación de la jerarquía de los bienes jurídicos merecedores de tutela penal. Luigi Ferrajoli, "Criminología, crímenes globales y derecho penal: el debate epistemológico en la criminología contemporánea" (2013), en *Revista Crítica Penal y Poder*, n.º 4, Observatorio del Sistema Penal y los Derechos Humanos, Universidad de Barcelona, 2013.

El contrapeso que la crítica feminista requiere para desarmar creencias —como la absoluta necesariedad del castigo ante la violencia sexual (que como se señalará más adelante es la posición central de la categorización que acá se hace de los feminismos del castigo), la realidad del crimen o la imposibilidad de agencia femenina— necesita del margen de acción ya otorgado por la criminología crítica. Por el contrario, la fuerza de posiciones como la de la criminología administrativa (y el aval a estas tendencias por parte de los feminismos de la regulación y el castigo) contribuyen a reificar visiones estáticas sobre la violencia sexual y la mayor intervención penal. Se necesita de una postura que revalúe constantemente las tendencias contemporáneas generadoras de violencia sexual contra hombres, mujeres, niños y niñas con implicaciones diferentes, relacionadas con ubicación geográfica, contextual, racial o de edad que no pueden pasar por asumirse de manera apriorística y con discursos globalizantes sobre el castigo.

Se requiere de un paso decidido por parte de los feminismos que les permita salir del dilema más derecho penal/menos derecho penal, el cual puede encontrarse a partir de las herramientas elaboradas por la crítica criminológica en sus relaciones con el derecho penal. A partir de esta criminología, fortalecida con una visión feminista crítica, se puede contribuir a presentar nuevas apuestas, tanto normativas como prescriptivas, sobre cuál clase de derecho penal, qué medida de derecho penal, contra quiénes y cuáles serían sus efectos distributivos. La supuesta neutralidad de la teoría penal, construida a partir de una ideología masculina, puede aún ser resistida por nuevas posibilidades de justificar el castigo a partir de visiones feministas que intervengan en la formulación de ámbitos de protección penal que excedan las visiones limitadas de conceptos como los del bien jurídico y la manera como el derecho penal construye la concepción de la violencia sexual.

Lo anterior, se reitera, como un balance entre la capacidad de agencia de la mujer y las tendencias estructurales patriarcales que aún permean al sistema penal. Una criminología crítica feminista debe encontrar el punto de equilibrio que le permita superar ideas relacionadas con la esencialidad de la categoría mujer o de partir de determinismos pétreos en torno a la concepción de la violencia y la sexualidad.

Categorías principales de la criminología crítica como ejes centrales para un feminismo crítico

Rene Van Swaaningen (1997) reasume con fuerza el proyecto crítico criminológico presentando cuatro importantes argumentos para continuar con este proyecto, los cuales resultan transversales al propósito del feminismo en sus relaciones con el sistema penal. El primero es que los antiguos problemas de desempleo, clase o discriminación por raza y género provenientes de los poderosos no han desaparecido y de esa manera se necesita aún de una crítica criminológica que aborde estas cuestiones macrosociológicas, así como los factores contextuales de los problemas de delincuencia. Los riesgos de reducir el problema de la criminalidad a ciertas "categorías de riesgo" (por ejemplo, como se verá en la segunda parte de este libro, la construida por las feministas del castigo y la regulación sobre las categorías de riegos de violencia sexual a las que *siempre* están expuestas las mujeres) necesita de más cuestionamiento y de la utilización de herramientas de análisis como aquellas que permiten entender en concreto los procesos de criminalización. Esta apuesta, señala Van Swaaningen, es una poderosa manera de retar la idea dominante de que el crimen difiere sustancialmente de otros problemas sociales y que, de manera subsecuente, los criminales "son" una clase específica de sujetos que necesariamente imponen la necesidad del castigo (1998:53).

El segundo de los argumentos que Van Swaaningen presenta consiste en que el contexto económico en que la justicia actuarial ha emergido se remonta a la antigua ideología "pre-welfariana", para lo cual las diversas teorías críticas aún pueden servir como herramientas analíticas. La exclusión social permanece como un *basso continuo* en las causas sociales del crimen y de allí la necesidad de marcos analíticos que cuestionen el "pánico moral" en contra de categorías como los "mods", los "rockers" o los "ladrones" y la construcción de los usuarios de drogas como "enemigos adecuados" o "nuevas clases peligrosas" (1998:51). Sin pretender caer en la ingenuidad de desechar la categoría del violador y reemplazarla por una de un títere de las estructuras patriarcales sin posibilidad de elección, la criminología crítica feminista también debe partir de análisis contextuales que indaguen y cuestionen cuáles y por qué son sus "enemigos", en qué contextos y situaciones, evitando caer en universalismos que difícilmente les sirven de herramienta para legitimar y asumir un sistema penal legítimo y que compagine con los clamores en torno a la violencia sexual proclamados por el feminismo.

El tercer argumento es la necesidad de contrarrestar las tendencias "totalitarias" de las actuales políticas criminales instrumentistas que son consecuencia de visiones monopolísticas de la realidad:

> [...] Enfoques contrafácticos de perspectivas como el abolicionismo, el garantismo penal o el feminismo podrían ser particularmente valiosos a este respecto. Especialmente ahora que estamos ante movimientos de aplicación dura de la ley, cuyo centro es la ampliación de la Policía, el desarrollo de perfiles de riesgo para ciertos tipos de delincuentes o los programas de prevención del delito en la lucha contra pequeñas molestias, oscureciendo verdaderas "incivilidades" y el crimen, más allá de sus clásicos límites legales. Es entonces crucial seguir pendiente de la creciente expansión del sistema de justicia penal, así como la ampliación, muy crítica, de los diversos sistemas de control por parte del sector privado... (1998:53). (*Traducción propia.*)

El cuarto argumento es que el impuso normativo y teórico de la criminología crítica debe también compensar los casi exclusivos impulsos empíricos del neopositivismo, carentes de elaboraciones analíticas y teóricas acerca de los hallazgos empíricos. La tan mencionada crisis en la Policía y en la esfera judicial tornan fundamental la necesidad de una perspectiva alternativa del problema social del crimen y el castigo (1998:54).

Estas visiones resultan importantes para una visión feminista del derecho penal y del sistema penal por cuanto permiten introducir marcos analíticos para repensar la plausibilidad de legitimar el castigo de una manera más próxima a lo que el feminismo entiende por daño y por violencia. De allí que resulte fundamental recoger esas categorías centrales que ha impulsado la criminología crítica como ejes centrales para una propuesta renovada, a partir de la cual el feminismo puede optar por caminos más plausibles en sus relaciones con el sistema penal.

La primera categoría fundamental aportada por la criminología crítica y que sirve a los intentos del feminismo (crítico) por denunciar el carácter ideológico del sistema penal es la de la *asimetría de las distribuciones del poder y de recursos* como determinantes del derecho penal para reproducir inequidades[150]. Como

[150] Autores como Barratta (1982) se centraron en cuestionar el carácter ideológico inherente a la estructura y a la forma de funcionamiento del sistema penal. Para Baratta, el elemento ideológico no es contingente sino que es inherente a la estructura y a la forma de funcionamiento del sistema penal y, de la misma manera, el sistema penal es también inherente a la estructura y al funcionamiento del derecho abstracto. De esa manera, la criminología tradicional encuentra un límite natural cuando intenta resolver las contradicciones del sistema, encontrando como irracional la contradicción entre los efectos deseados y no deseados del sistema y, en esa medida, y siguiendo a Baratta, esta no se encuentra en posición sino de estudiar estos últimos efectos pero

ya se señaló, estas distribuciones asimétricas generan operaciones de compartimentación que, en lo que se corresponde con la práctica penal, imponen hábitos de pensamiento insertos en la dogmática penal, que le impiden visualizar daños o vulneraciones, o esconderlas bajo rótulos como los de ausencia de lesividad. Ejemplo de esto, la manera en que habitualmente el sistema penal y sus operadores leen conductas como el acoso sexual, en el que el ejercicio del poder resulta extraño a una adecuación típica de la conducta en relación con el bien jurídico libertad e integridad sexual. La segunda categoría fundamental son los *procesos de definición* o procesos de criminalización, que se constituyen en los dispositivos previstos para seleccionar aquellos comportamientos que serán reprochables. A partir de esta posición, nada ni nadie es intrínsecamente criminal, sino que la criminalidad es una definición aplicada por individuos con el poder de denominarlos. Howard Becker (1971), por ejemplo, describía cómo los grupos sociales crean la desviación al hacer las reglas cuya infracción constituye la desviación, y al aplicar dichas reglas a ciertas personas en particular y calificarlas de marginales. En esa medida, la desviación no es una cualidad intrínseca, sino más bien una consecuencia de la aplicación que hacen los otros de las normas y sanciones[151]. Debe resaltarse que el elemento de poder es determinante para concretar los procesos de criminalización, poder que no se entiende como proveniente de un ente abstracto, el Estado, sino que más bien resulta difuso y que reside en distintos segmentos sociales, y con diferentes grados de poder. Un ejemplo del poder de definición puede observarse en el marco de la redefinición de la violencia intrafamiliar, antes considerada como legítima en el ámbito de la esfera privada, pero que a partir de la denuncia de movimientos feministas puso de presente la necesidad de sancionar penalmente ese tipo de conductas. La redefinición del enemigo violador, de un único sujeto construido como producto de un estructuralismo extremo patriarcal, también puede llegar a constituir un ejemplo del poder de definición que ciertos grupos feministas pueden llegar a concretar con consecuencias no todavía del todo estudiadas en torno a lo que tales extremismos pueden llegar a constituir. Se conecta con este poder de definición *el carácter selectivo del sistema penal*. La selectividad implica escoger unos comportamientos y sujetos para atribuirles la calidad de criminales o ya excluir otros para atribuirles la calidad de delincuentes. La selección a nivel de la creación de las normas se desarrolla a partir de la incor-

permaneciendo en el interior de la ideología penal. Alessandro Baratta, *Criminología crítica y crítica del derecho penal. Introducción a la sociología jurídico-penal*, Siglo xxi Editores, México, 1986.

151 Becker Howard, Los extraños. *Sociología de la desviación*, Tiempo Contemporáneo, Buenos Aires, 1971.

poración de ciertos intereses jurídicos, a la sobreprotección de algunos o a la desprotección. En cuanto a la ejecución de las normas, la selectividad opera con la desigual aplicación de las normas frente a distintas clases de individuos o grupos sociales[152].

A partir de estas categorías fundamentales es que el ejercicio de deslegitimación de las principales categorías de la dogmática, y de los actores del sistema penal que las realizan, se puede poner en práctica por parte de un feminismo crítico. Un ejemplo de tal ejercicio de deslegitimación fue el realizado por Sandoval Huertas cuando ponía de presente la manera selectiva y clasista de elección de bienes jurídicos o la fragmentación con que han sido escogidos otros por el legislador. A manera de ejemplo señalaba la insuficiencia de protección en la actividad de quienes pagan salarios que por su exigüidad conducen a que el trabajador o sus familiares sufran de grave desnutrición permanente o fallezcan por esa causa. Para casos como este, Sandoval Huertas también cuestionaba criterios como los de autoría, según la cual, afirmaba, la inclusión de conductas en las normas penales, las facilidades para el procedimiento y la severidad de las sanciones, antes que directamente vinculadas a la eventual dañosidad social de los comportamientos, están inversamente relacionadas con las posibilidades concretas que los grupos sociales dominantes tengan de realizar las conductas en cuestión:

> Es decir, que mientras dichos sectores sociales más cerca estén efectivamente de la comisión de esos hechos, éstos menos estarán descritos en las disposiciones penales, pero si lo están, menores serán las viabilidades para su procesamiento y la dureza de las sanciones; y viceversa: suelen ser las actividades al alcance de los grupos sociales subordinados, las que más frecuentemente estén descritas en los tipos penales, más fácilmente se pretende procesar y más severamente se reprimen (Sandoval Huertas, 1980:141).

Por otro lado, Sandoval Huertas criticaba la exageración del respaldo penal dado a ciertos intereses particulares como la inclusión del tipo penal mediante el cual se reprime a quien "emita o transfiera cheque sin tener suficiente provisión de fondos o [...] luego de emitirlo diere orden injustificada de no pagarlo", lo que constituye un simple caso de incumplimiento contractual y resulta

152 Señala Silva García (2011) que cuando la prostitución fue de nuevo criminalizada en los años setenta y ochenta en Estados Unidos, más mujeres que hombres fueron acusados, en una relación de siete a uno, lo cual implicaba una clara desproporción entre las mujeres que ofrecían sus servicios y los hombres que los demandaban, así como también las condenas contra las mujeres eran más severas que las expedidas contra los clientes.

desconocedor de la condición de *ultima ratio* del sistema penal, "[...] y con ello, el legislador ha convertido a los demás agentes del sistema penal en cobradores de sumas de dinero y ejecutores de contratos insatisfechos" (Sandoval Huertas, 1980:142). Así mismo, cuestionaba la ausencia de normas que establecieran la responsabilidad penal de las personas jurídicas:

> Estas y especialmente las que de ellas desarrollan actividades a nivel transnacional, no sobra recordarlo, constituyen la más característica expresión de la fase contemporánea del capitalismo y en tal medida frecuentemente desarrollan actividades de mucha mayor dañosidad social que las de los comportamientos tradicionalmente descritos en las normas penales. Pero el sistema penal, en el punto como en otros varios, sigue aferrado a la concepción individualista de las acciones, como si la historia de la humanidad se hubiera detenido en el siglo XIX (Sandoval Huertas, 1980:145).

De esta manera ponía en tela de juicio el principio de culpabilidad, conceptualizado de tal manera que impide teóricamente que a las personas jurídicas se les imponga responsabilidad penal. En este sentido podría ser útil repensar desde esta arena crítica criminológica los limitantes a aspectos tales como la responsabilidad individual en torno a temas como las violaciones masivas, sistemáticas y generalizadas, caracterizadas por la convergencia de un hecho individual inmerso dentro de la acción de una estructura delictiva que es la que realiza un acto total violatorio masivo discriminatorio contra algunas, no todas, las mujeres[153].

Esta perspectiva crítica es entendida por Juan Bustos Ramírez como:

> [...] la capacidad de la criminología de superar un puro planteamiento conceptual-valorativo (dogmático en sentido estricto) e ir a una indagación de los presupuestos políticos de tales "selecciones" conceptuales. Es decir, se ha puesto el acento en el aspecto político-criminal o mejor penal, no desde una óptica puramente técnica

153 Contra la idea de que la violencia sexual es empleada en la guerra como instrumento y es universal e inevitable, Karen Engle afirma: "[...] Todos los hombres (pero especialmente los serbios) eran vistos como potenciales perpetradores sexuales y la posibilidad de relaciones sexuales consensuales entre los que estaban en lados opuestos de la guerra parecía inconcebible. En una serie de decisiones generalmente consideradas progresistas, la ICTY encontró que la violación era un crimen de guerra y en un caso, un crimen contra la humanidad. Sin embargo, estas decisiones sirvieron para reproducir muchos supuestos sobre la falta de agencia de las mujeres. A través de sus reglas sobre la evidencia del consentimiento y la relación de la violación con la tortura, la ICTY esencialmente creó una jurisprudencia en la cual gran parte del sexo entre lados opuestos en la guerra se criminalizó". Karen Engle, "El juicio del sexo en la guerra", en Michigan Law Review, vol. 106, pág. 941. (*Traducción propia*). En este sentido, una visión criminológica feminista crítica asumiría una visión no esencialista que, como lo asumen las feministas del castigo y de la regulación, conllevan a la necesariedad de la relación entre violencia y crimen.

de configuración de la *ratio* legislativa del precepto, sino desde la perspectiva de la inserción del derecho penal dentro de la política general del Estado. Luego se trata de una revisión de esa política concreta pero también entonces de la política general (así por ejemplo la tendencia del Estado, en el último tiempo, a la doctrina de la seguridad nacional) (Bustos Ramírez, 1984:166).

La posición crítica asume al derecho penal como una especificación de la política y del estado de cosas existentes y de allí la insistencia a señalar que el problema o el proceso criminal no se pueden atomizar o etiologizar, como cuando se habla de derecho penal, criminología y política criminal de manera separada (Bustos Ramírez, 1984:166). Esta labor crítica supondrá, siguiendo a Bustos Ramírez, indagar por los siguientes planos como objetivos centrales de cuestionamiento:

1. *La teoría de la pena.* En este sentido afirma que la pena no es sino una autoconstatación del Estado en el que se confirma su propio sistema y el tejido de relaciones sociales que ha fijado y seleccionado a través de los bienes jurídicos (como vida, salud, propiedad, etc.). La labor del feminismo crítico también debe abarcar, por tanto, desde el sentido y legitimación de la pena hasta su aplicación.

2. *La teoría del injusto.* En este sentido se asumen críticas a construcciones conceptuales como la del bien jurídico, que, parafraseando a Bustos Ramírez, es una "síntesis concreta normativa de una relación social determinada y dialéctica" (1982). En ese sentido, Bustos Ramírez apuesta por indagar si los bienes jurídicos surgen de la participación real de los sujetos en sociedad, o si son un proceso meramente ideológico externo o interno; propone indagar si los bienes jurídicos están concebidos para todos los ciudadanos en general o solo para una parte de ellos, no bastando señalar que, por ejemplo, la vida, la salud y la propiedad están protegidos y que tales bienes pertenecen a todos, pues pueden estar solo en relación a determinados grupos o parte de la población. Y esto es un supuesto que recae sobre la concepción general sobre delitos contra la integridad sexual concebida de manera relacional a partir de las construcciones sexuales masculinas. Una revisión crítica feminista del derecho penal desde el ámbito criminológico implicaría igualmente un análisis desde la misma base de sustentación del injusto (Bustos Ramírez, 1984:172). Esta sustentación debe ser relacional no solo a partir de realidades concretas, como los sistemas socio-económico-políticos, sino a partir de ciertas tendencias patriarcales que los tienden a

limitar y a modificar. Bustos Ramírez también apela a que el análisis del injusto debe indagar si realmente se trata de bienes jurídicos como expresión de una relación social o si más bien son producto de la protección de ideas de alguien, con exclusión de otras. El concepto de integridad corporal expuesto por Cornell, señalado en páginas anteriores, corresponde a un buen ejemplo de la exclusión de participación equitativa en la construcción teórica del injusto penal. Una adicional perspectiva que Bustos Ramírez propone a la teoría del injusto es la indagación por el alcance de su protección, es decir, qué bienes requieren urgentemente una protección y qué bienes han de descriminalizarse. La urgencia del control social que fundamenta la necesariedad del castigo penal quedaría relevada para los casos de aborto y podría cuestionarse, por ejemplo, para casos como el acoso sexual cuando, a partir de un análisis criminológico crítico, se pueda deducir que resulta más dañina su tipificación por los efectos distributivos que está produciendo, más que la misma ausencia de tipificación. De la misma manera, las constantes apuestas por parte de feministas del castigo o de la regulación, como las que apuntan por la ampliación de tipos penales y la inclusión de nuevas figuras penales autónomas como la desnudez forzada, la planificación reproductiva forzada, la mutilación sexual, el embarazo forzado o el contagio de infecciones, propuestas como injustos típicos propios de la violencia sexual, deben analizarse críticamente y no bajo una restringida concepción entre violencia necesariedad del castigo, que es el supuesto del que parten estos feminismos para suponer la legitimidad de la pena en esos eventos[154]. Con lo anterior no se está descartando de plano la necesidad de protección punitiva para estas conductas. Lo que se quiere señalar más bien es que las propuestas de modificación de delitos no pueden dejarse al azar de la mera necesariedad de pena y únicamente bajo la legitimidad de los mandatos internacionales. Como ya se ha dicho reiteradamente, la justificación de la pena y la concepción de los bienes jurídicos que se pretenden regular necesitan un esfuerzo más profundo acerca del cuándo, cómo y por qué castigar, que neutralice los efectos perversos que el sistema penal produce dada su naturaleza intrínseca selectiva.

3. *Crítica a la culpabilidad, reprochabilidad o el sujeto responsable.* En su criterio, los conocimientos proporcionados por la sociología de las subculturas y de la antisiquiatría permitirían revisar no solo la imputabilidad sino también la

[154] Estas apuestas de ampliación punitiva de delitos de violencia sexual se pueden ver, por ejemplo, en el documento "Lineamientos de política criminal para la protección del derecho humano de las mujeres a una vida libre de violencia sexual", Corporación Sisma Mujer, Nomos, Bogotá, 2013.

culpabilidad como reproche; no es posible, afirma, plantearse sin más un juicio valorativo absoluto respecto del sujeto, pues hay que analizar la capacidad de respuesta del sujeto (responsabilidad) frente a sus propias concepciones culturales:

> No hay una responsabilidad individual sino colectiva, no se puede plantear una división entre buenos y malos, sino que es necesario hacer una determinación de las circunstancias de conflictividad. Por eso la llamada exigibilidad de la conducta, como aspecto del sujeto responsable, que ha sido en general rechazada en Europa o aceptada muy restringidamente, adquiere en Latinoamérica una dimensión precisa y amplia. En definitiva, desde la criminología crítica se ha de poner en revisión el axioma que culpabilidad es reprochabilidad, que es un juicio de reproche sobre un ente abstracto, dotado de libre albedrío [...] Culpabilidad es en verdad responsabilidad y ésta supone a un ser responsable, por tanto no como una culpa ética, sino como una determinada conciencia social, y por ello, con una determinada capacidad de respuesta conforme a ella (Bustos Ramírez, 1984:173).

Considerable camino le queda al feminismo crítico por cuestionar desde una perspectiva de identidades múltiples y no fijas la raíz de la responsabilidad penal masculina y la exigibilidad de determinadas conductas sociales dentro de un marco en el que lo masculino también ha sido determinado por tendencias patriarcales. La justificación feminista de protección del ámbito sexual como bien jurídico cuya transgresión culpable merece pena, no puede caer en la misma trampa de ilegitimidad de partir de juicios valorativos absolutos respecto de un sujeto universal masculino[155]. Estos impulsos de indagación acerca de los supuestos teóricos ideológicos de los constructos que sostienen la teoría del delito y de la pena, y, por supuesto su legitimidad, resultan importantes a efectos de presentar cuestionamientos más profundos entre las relaciones de violencia y castigo y las diferentes aristas que las atraviesan.

[155] Autores como Messerschmidt (1993) han iniciado un llamado por comenzar la conexidad de los estudios de la criminología feminista con los de masculinidad y crimen. Para este autor es claro que para algunos hombres que carecen de las posibilidades de acceder a recursos por medios legítimos, el crimen les sirve como alternativa de significado para reafirmar su masculinidad. James W. Messerschmidt, *Masculinities and Crime: Critique and Reconceptualization of Theory*, Ed. Rowan & Littlefield Publishers, Inc., 1993; James W. Messerschmidt, *Crime as Structured Action: Gender, Race, Class and Crime in the Making*, Sage Publications, 1997.
Newburn y Stanko (1994) han hecho esfuerzos también por entrelazar los contextos en los cuales estos usos del crimen se utilizan como refuerzo de la masculinidad. Tim Newburn y Elizabeth Stanko (eds.), *Just Boys Doing Business? Men, Masculinities and Crime*, Ed. Peter Moore Bookseller, 1994. Por otro lado, Bob Connel y Jonh Lee señalan en "Toward a New Sociology of Masculinity", en *Theory and Society*, Vol. 14, n.º 5, Springer, 1985, pp. 551-604, que la violencia en las relaciones de género no es parte de la esencia de la masculinidad, como lo sostienen las feministas radicales.

El siguiente apartado esboza el marco feminista crítico que, a partir de estos supuestos fundamentales de la criminología crítica, permita abarcar estas cuestiones.

Propuesta criminológica, crítica feminista

La perspectiva crítica feminista que en este estudio se sostiene continúa consciente de las contradicciones mismas del sistema penal y, aún sin considerarlas susceptibles de ser resueltas, sigue intentando ejercicios constantes de legitimación/deslegitimación, en los que el sistema jurídico penal es el objeto de conocimiento.

El propósito es presentar la plausibilidad de partir de la criminología crítica como instrumento conductor para un cuestionamiento del derecho penal y sus maneras de entender la violencia sexual. La propuesta es la de utilizar este campo disciplinario como escenario provechoso de aproximación crítica feminista a las maneras en que contemporáneamente puede justificarse el uso del derecho penal como un instrumento legítimo de intervención contra ciertas expresiones de esa violencia. Las diversas maneras en las que los feminismos comprenden y hacen uso del derecho penal pueden encontrar un espacio bajo los supuestos de una visión criminológica crítica que tenga como propósito principal el cuestionamiento por la manera de legitimar el derecho penal.

Con lo dicho no se pretende afirmar que sea la criminología crítica el único escenario que legitima el derecho penal, pues se parte de la idea de que una legitimación absoluta y finiquitada de la pregunta por las razones de cuándo, cómo y por qué castigar difícilmente puedan quedar zanjadas en términos absolutos y permanentes por campo alguno del saber. La pregunta por la legitimidad del castigo, y en concreto por la legitimidad del castigo desde una visión feminista, es un asunto que lo máximo que impone es un continuo ejercicio que dé razones de las maneras más válidas para afrontar, de manera no necesaria ni automática, las formas que se deban dar a las respuestas punitivas generadas por determinados actos de violencia sexual. Y la propuesta es que una visión renovada de una criminología crítica feminista es la que puede enmarcar ese espacio de discusión[156]. La criminología feminista debe centrarse críticamente sobre el

[156] Debe resaltarse cómo la criminología feminista, desarrollada principalmente en el mundo anglosajón, es un campo en el que se encuentran posiciones encontradas respecto de aspectos tales como sus límites epistemológicos, la esencialidad de la mujer y el crimen visto a partir de una visión ontológica, o sobre si la criminología debe centrarse en determinar las causas del crimen femenino y sus interrelaciones con el masculino, o más bien si la criminología debe concentrarse

sistema penal, suponiendo una transformación de las relaciones hegemónicas masculinizadas que han en muchos casos legitimado la teoría jurídico penal[157]. La criminología crítica feminista se aparta de aquellas visiones puramente etiológicas, e intenta una reconstrucción alternativa del delito y de la pena, con miras a intervenciones institucionales y sociales más adecuadas a los intereses de sujetos históricamente discriminados. Esto tampoco significa que se asuma una visión de simpatía por los "desviados", con la que se apoyaron visiones criminológicas que se preocuparon por el estudio de las subculturas desviadas y marginalizadas (Goildner, 1970). La perspectiva de la que acá se parte supone el conocimiento de los mecanismos selectivos y de las funciones reales del sistema vinculadas con la desigual distribución del "bien negativo" (Sack, 1968) o de la criminalidad como construcción social. Esta desigualdad impone también entender qué conceptos tradicionales de la teoría jurídico penal, como el de bien jurídico, traducen en una fragmentación, o en palabras de Jaramillo Sierra, una compartimentación de ámbitos susceptibles de ser ofendidos (integridad corporal) y de situaciones de ofensa a intereses o valores importantes negados por la también estrategia de huida a la forma (Jaramillo Sierra, 2008:202). Parte de la propuesta reconstructiva de esta criminología crítica feminista supone considerar los efectos nocivos y sociales de la pena, evaluados a la luz de un fundado control empírico y su efectividad (Smart, 1989; Snider, 1995; Faith y Currie, 1993; Comack, 1993)[158]. Esto es, la criminología crítica que pretenda entrar a cuestionar la legitimidad del castigo y la pena, así como reformular las concepciones dogmáticas que hoy en día fundan esos conceptos, requiere esfuerzos investigativos y analíticos que permitan otorgar conclusiones razonadas sobre la violencia y el castigo. Con esto no se quiere manifestar que es a través del trabajo empírico que se puede efectuar una "comprobación" de la efectividad de funciones de la pena, como la de prevención general o negativa, pues esto resulta una tarea inalcanzable. El punto es continuar con los impulsos que permitan mantener críticas concretas y

---

en cuestionar la esencia misma del derecho penal y sus instituciones, pues es allí precisamente donde se define el crimen. Sin embargo, la gran mayoría de trabajos desarrollados bajo el rótulo de criminología feminista se han concentrado en determinar las causas de la violencia sexual o el papel de la víctima en el delito, resultando minoritarias las visiones que desde el feminismo se centran en cuestionar los supuestos teóricos del sistema penal como eje de deslegitimación. En el ámbito latinoamericano, la criminología crítica no ha tenido mucho reconocimiento ni ha ocupado espacios importantes de exploración, fuera de algunos estudios relacionados con la mujer y la prisión.

157 Por ejemplo, Danielle Laberge (1991), Karlene Faith (1993) o Carol Smart (1995) cuestionan categorías como las de "delitos contra la vida", "delitos contra la propiedad" o las ofensas que atacan el orden público, a las que tachan de ser construcciones legales que representan una sola visión de orden de la vida social.

158 Pese a las críticas posmodernas contra el trabajo empírico, autoras como Smart no niegan la posibilidad de trabajar en una visión posmoderna criminológica a partir de investigaciones empíricas.

situadas sobre los efectos nocivos de determinados castigos. Carol Smart señala que la criminología tradicional no crítica permanece como un cuerpo técnico de conocimiento que evita juicios de valor y que deja la asignación de responsabilidad y culpa a los campos de lo jurídico y lo ético, pese a que sus discursos se encuentren repletos de desviaciones falocéntricas, eurocéntricas y occidentales (Howe, 1998). La criminología crítica, por su lado, puede ofrecer al feminismo una serie amplia de ideas desafiantes que, como señala Eileen Leonard (1982), puede ser aplicada al estudio de la mujer y su relación con el delito: "[...] Como quiera que la criminología crítica busca contribuir a la liberación y luchar contra las fuerzas de la opresión, debería ser cuidadosa en distinguir entre la opresión de los hombres y las mujeres, así como el rol del crimen y el derecho en este sentido"[159]. (*Traducción propia.*)

Parte de la propuesta que acá se presenta es que la criminología crítica feminista se instituya como una defensa del derecho penal en el sentido de seguir manteniendo un rol garantista en contra de intervenciones abusivas o perversas. De la misma manera que intenta romper las dicotomías masculino/femenino como categorías universales y repensar espacios donde la violencia contra la mujer pueda ser analizada y controlada por fuera de los *feminismos estructuralistas paranoicos* a los que Halley se refiere[160].

Esta propuesta no es una invención novedosa ni mucho menos. Es simplemente un llamado a retomar propuestas inclusivas críticas que tomen por objeto de estudio el derecho penal y que permitan una posibilidad concreta de intervención feminista en la construcción social de la violencia y de las consecuencias que a ella le queremos atribuir en el discurso penal. Por ejemplo, Naffine (1996), en su crítica al concepto del consentimiento en el derecho penal, señala que:

> [...] Si analizamos más cuidadosamente el significado usualmente dado al "consentimiento" en el delito de violación podemos ver la continua objetivación de una de las partes: la persona a quien le es propuesto el acto sexual. Para nosotros, el "consentimiento" para tener sexo, para los propósitos de los delitos sexuales, no supone el libre consentimiento. Ese término no supone una transacción mutua o una negociación en términos igualitarios. La interpretación legal del consentimiento para propósitos sexuales en los delitos sexuales, tanto judicial como académica, sigue revelando que la sexualidad presupone la obligación coercitiva tradicional de la sexualidad masculina [...] la moderna concepción de la violación refleja la cultura

159 Eileen Leonard, *Women, Crime and Society*, Longman, Nueva York-Londres,1982, p. 181.
160 Janet Halley, *How and Why to Take a Break from Feminism*, Princeton University Press, 2006.

contemporánea en la que aún el hombre es el esperado agente sexual. (Naffine, 1996:122). (*Traducción propia.*)

La crítica de Naffine del consentimiento como coerción ejemplifica la crítica a que se refiere el párrafo anterior. Una visión criminológica feminista, señala Naffine, no solo consiste en reportar el fenómeno del crimen, sino que debe construir positivamente todo ese cuerpo de conocimiento y a partir de allí realizar un ejercicio de legitimación o deslegitimación del sistema penal[161]. Para autores como Baratta, una criminología feminista solo podría desarrollarse de modo científicamente oportuno desde la perspectiva epistemológica de la criminología crítica. Estudiar a la mujer en el sistema de justicia criminal de modo "científicamente correcto" significa, para este autor, afrontar al mismo tiempo la cuestión femenina y la cuestión criminal, ambas en el contexto de la sociología: la criminología crítica y el feminismo no podrían ser dos cosas distintas. Con Gerlinda Smauss comparte la idea de que la introducción del paradigma de la reacción social en la criminología fue contemporánea a la aparición del feminismo, pero que ninguno de los dos aprovechó mucho del otro[162]. De esta manera, Baratta cuestiona a criminólogas feministas como Maureen Cain, a quien señala de reintroducir el paradigma etiológico, faltándole a esta autora, y a otras como Daly, Chesney-Lind, Heidenshon, el cuestionamiento por el sistema penal en sí mismo. En efecto, es el sistema penal, y no la criminalidad —que depende de las definiciones de aquel—, el tema central de una criminología crítica: "[...] solo una consistente teoría sociológica del derecho penal, como la brindada por la criminología crítica, asociada a un uso correcto del paradigma de género puede permitir la comprensión de las 'ventajas' y desventajas de las mujeres, en cuanto objeto de control y de protección por parte del sistema de la justicia criminal" (2000:15). Una criminología crítica feminista cuestiona los elementos de poder y saber que se alojan en construcciones aparentemente neutrales de la criminología para, a partir de allí,

161 Debe insistirse en que no se parte de conceptos absolutamente deterministas y aunque se ha reconocido la influencia en la configuración del sistema penal, y la dogmática que lo sostiene, de una marcada influencia masculina en la construcción de la identidad femenina, de esto no se sigue una inamovilidad en la configuración de nuevas apuestas que apunten a configurar una legitimidad aceptable en torno al castigo para la violencia sexual. En este sentido, Hanna-Moffat (2001) señala que el patriarcado no resultaría un término analítico útil en la medida en que tiende a centrarse en los análisis de poder en torno a la opresión de los hombres hacia las mujeres, limitando la capacidad de entendimiento de la complejidad de las relaciones de poder en un espacio determinado, así como impide examinar las relaciones de poder entre las mujeres. Kelly Hanna-Moffat, *Punishment in Disguise-Penal Governance and Federal Imprisonment of Women in Canada*. Universidad de Toronto Press, 2001.

162 Alessandro Baratta, "El paradigma de género: de la cuestión criminal a la cuestión humana", en *Las trampas del poder punitivo*. Haydee Birgin (comp.), Buenos Aires, 2000.

suponer legítimas ciertas intervenciones penales[163]. Dejando de lado los cuestionamientos sobre si la criminología crítica es o no una disciplina, la apuesta se centraría, entonces, en considerarla más bien una esfera o un campo de cuestionamiento discursivo en contra del pensamiento conservador y liberal de la criminología contemporánea (Young, 2002)[164], el cual ponga en duda la legitimidad intrínseca del sistema penal y las respuestas contemporáneas al crimen, incluyendo las ofrecidas por las feministas del castigo y de la regulación, como se verá en la segunda parte de este libro[165]. Un análisis distributivo de las consecuencias del control social derivado de las normas punitivas también hace parte de esta visión crítica[166]. La visión crítica feminista recorre la franja entre estructura y agencia, sin adoptar determinismos ni esencialismos en la concepción del sistema penal. Por ejemplo, Snyder (1998) señala cómo estructuras como el capitalismo y el patriarcado no han sido propuestas para generar un único significado, un comportamiento inevitable o una consecuencia institucional o ideológica inevitable. En todo caso, Snyder señala que los eventos que resultan de las relaciones sociales de producción o reproducción no pueden ser interpretados como ocurrencias accidentales. Hablar de sistemas económicos capita-

163 En este sentido, la propuesta que acá se presenta refuerza la idea de que en todo caso la criminología tradicional, incluyendo incluso algunas perspectivas criminológicas críticas, también pueden carecer de visiones que desde el feminismo han cuestionado el carácter sesgado en la manera en que se ha estudiado el delito y su relación con las mujeres, ya sea como víctimas o victimarias. Por ejemplo, Chesney-Lind (2009) señala cómo la criminología asume erradamente que los instrumentos de valoración del riesgo para las mujeres criminales son iguales a los de los hombres, dejando de lado variables específicas de género. Esto conlleva a formulación de políticas criminales aparentemente construidas en términos legítimos (la producción de riesgos actuariales) que amplían el poder de intromisión del derecho penal en la vida de hombres y mujeres. Meda Chesney-Lind y Janet Davidson (2009), "Discounting Women: Context Matter in Risk and Need Assessment", en *Critical Criminology*, Vol. 17, n.º 4, pp. 221-245.

164 Young acusa a ciertos criminólogos contemporáneos, dentro de los que incluye a Garland, a Felson y a los criminólogos culturales, de neoliberales. La apuesta, señala, debe ser por la inclusión de políticas de distribución y reconocimiento (Nancy Fraser) y una intervención sobre lo material y lo simbólico. Jock Young, *Critical Criminology in the Twenty-first Century. Critique, Irony and the always Unfinished*, en www.malcomread.co.uk, 2002.

165 Naffine (1996) apuesta por trascender los límites tradicionales de la criminología y, aunque reconoce la insuficiencia de la visión deconstructivista, apuesta a hacer uso de ella en sus trabajos sobre mujeres y crimen y la naturalización de ciertos conceptos como la sexualidad expresada en el delito de violación. Esta autora señala que la violación es un constructo cultural, un constructo masculino que puede ser deconstruido y a la vez reconstruido. Con ello no quiere decir que la violación no sea real, pero sí que ella toma forma real a partir de significados culturales que se pueden comenzar a ver bajo nuevas maneras a fin de reducir la vulnerabilidad de las mujeres (1996:327).

166 Resulta importante resaltar trabajos de criminólogas feministas como Gillian Balfour y Elizabeth Comack (2006), quienes se esfuerzan por dibujar conexiones entre las experiencias de marginalidad de las mujeres, su victimización y su involucramiento en el crimen. Sus trabajos relatan cómo los gobiernos neoliberales están dispuestos a apropiarse del conocimiento del discurso feminista para construir a una mujer como perjudicada y como necesitada de terapia más que de un aprovisionamiento de vivienda o empleo para terminar el ciclo de violencia. Gillian Balfour y Elizabeth Comack (eds.), *Criminalizing Women. Gender and (in)justice in Neoliberalism Times*, Fernwood Publishing-Hailfax, 2006.

listas o relaciones patriarcales significa que ciertas identidades de género, roles, lenguajes, ideologías o maneras de conocer son reforzadas y reinterpretadas de manera diferente, siendo algunas de ellas marginalizadas (Smart, 1992; Howe, 1994; Butler, 1990).

En esa medida, conceptos y estructuras, sean estos sistemas de justicia criminal o sistemas patriarcales, no serán considerados ni entidades monolíticas que "causan" cierto comportamiento (interpretación determinista), ni tampoco serán zonas de actores cuyos intereses y construcción de la realidad tienen puras implicaciones idiosincráticas (interpretación pluralista/posmoderna)[167]. Siguiendo a Snider, se debe prestar más atención al hábito que a las realidades estructurales que configuran el "sentido común", en donde las preguntas deben ser no simplemente qué conocimientos son desarrollados por quién y cómo, sino también cómo y por qué ciertos reclamos son celebrados mientras otros son ignorados:

> [...] ¿Por qué en el último siglo de repente resultó "sensible" asumir que hombres y mujeres son igualmente violentos? ¿De qué manera las realidades estructurales —las colosales y crecientes inequidades económicas, políticas, ideológicas y culturales— moldean lo que llega a ser "el sentido común"? En el frente político, ¿cómo

167 Laureen Snider, "Toward Safer Societies. Punishment, Masculinities and Violence Against Women", en *Oxford Journals Law & Social Sciences British Journal of Criminology*, Vol. 38, n.º 1, 1998, pp. 1-39:

> En un nivel micro, este entendimiento de fuerzas estructurales es consistente con la verdad sociológicamente aceptada y comúnmente acreditada a Mead: "todo es una interpretación y no una cosa en sí misma" (Winter, 1992:793). Las estructuras son reales en el sentido de que ellas proveen individuos con recursos y significados y con gente construyendo identidades alrededor de ellos (Giddens, 1981). Raza, clase y género direccionan —pero ninguno de ellos de manera determinante— los significados individuales dados a las estructuras. Las identidades que las personas construyen a partir de esos significados son mediados por la interacción social y el lenguaje. Como Boyle ha señalado, "la genuina subjetividad es alineada por sí misma por estructuras reificadas y mitos colectivos de nuestra sociedad", pero allí permanece "una necesaria dialéctica entre fenomenologías personales y teorías estructurales de ideología" (Boyle, 1985:757). En últimas, entre una variedad posible de identidades que pueden ser construidas, únicamente aquellas que son validadas públicamente en un sistema social son la que más posibilidades tienen de ocurrir. En consecuencia, si una sociedad determinada diferencia entre sus miembros usando categorías basadas en edad, piel, color, sexo, clase, lenguaje, religión y orientación sexual (o usando el color de los ojos, habilidades matemáticas o la habilidad de comunicarse con seres extrasensoriales), las identidades más comúnmente adoptadas reflejarán (pero no como un espejo) esas identidades. La gama de estas validaciones públicas, infinitas en teoría, varía en la práctica de acuerdo con los recursos sociales y culturales disponibles. Las personas actúan y son actuadas, son sujetos y objetos, opresores y oprimidos. El contexto social del individuo provee referencias discursivas, semióticas y lingüísticas que permiten a las identidades formarse, mientras que los recursos culturales y estructurales proveen los bloques de construcción (Oyserman y Saltz, 1993). Esta conceptualización de estructura y agencia cuenta, y predice, una amplia gama de diferencias entre las personas que ocupan idénticas categorías sociales (como raza, género y clase). (*Traducción propia.*)

podemos hacer que se dificulte la apropiación de agendas que promueven el castigo y la desigualdad? ¿Qué estrategias debemos alcanzar más allá de los terrenos limitados de la justicia penal y las batallas por la "igualdad" y ofrecer potencial para un verdadero cambio? ¿Qué tipos de conocimiento mejor se resisten a la cooptación? Estas, debemos decir, son las preguntas que vale la pena hacerse (Snider, 1994:34). (*Traducción propia.*)

Una visión feminista crítica inserta en la criminología crítica deberá ampliar el concepto del control social, que, tal y como ha sido usado por los criminólogos críticos, se ha centrado demasiado en el Estado[168]. Esta falta de teorización del control social por parte de un feminismo crítico ha conllevado a que feministas del castigo, por ejemplo, identifiquen erróneamente penalidad como sinónimo de control social y supongan al castigo o las instituciones dirigidas al control formal como los únicos elementos necesarios para lograr control social formal[169].

Una visión feminista crítica inserta en la criminología crítica también deberá cuestionar y poner en duda cómo las nuevas estrategias penales dan por hecho ideales liberales sobre la autonomía, la igualdad y la decisión sobre los cuales se basa el derecho penal para legitimar el castigo. Asimismo, pondrá en duda los análisis centrados en el estudio de la mujer en prisión (*woman-centered prison*)

168 De acuerdo con Foucault, el aumento del poder disciplinario y subsecuentemente de la regulación como modo de gobernanza, así como el decline de castigos espectaculares desplegados por el soberano, no significa que la disciplina o la regulación hayan reemplazado a la soberanía y al castigo. En realidad, Foucault argumenta que la soberanía no ha desparecido y en cambio ha sido subsumida por nuevas manifestaciones del poder disciplinario: "[...] yo no diría exactamente que el viejo derecho a la soberanía —tomar la vida o dejar vivir— haya sido reemplazado, pero vino a ser complementado por un nuevo derecho que no borra el viejo derecho pero lo penetra, lo permea". Para Foucault, el castigo puede no ser un sistema predominante de gobernanza, aunque está presente en una forma cambiante, subsumida por el régimen de la regulación. Michel Foucault, *Historia de la sexualidad, la voluntad de saber*, Vol. 1, Siglo XXI Editores, 2002. Como ejemplos de feministas criminólogas que trabajan con base en las ideas de Foucault se pueden señalar a Anne Worrall, quien en su libro *Offending Women: Female Lawbreakers and The Criminal Justice System* (1990) muestra las varias maneras en las que los agentes de justicia (jueces, médicos, etc.) controlan a las mujeres ofensoras clasificándolas y definiéndolas y, de esa manera, domesticando su comportamiento, y a Kerry Carrington, quien en *Offending Girls: Sex, Youth, and Justice* (1993) emplea los conceptos de saber/poder para explicar cómo ciertas niñas llegan a ser oficialmente definidas como delincuentes.

169 Se ha considerado el control social como uno de los legados de la criminología crítica, que lo concebía como reacción a la desviación y describía toda actividad estatal en clave de represión, opresión, control y siempre dirigida por el Estado y funcional a él. Sin embargo, el control social no siempre se puede considerar como negativo y, de nuevo siguiendo a Foucault, se ha de tener en cuenta que el poder no solo prohíbe y reprime sino que también crea nuevas realidades. En esa medida, el control social no puede ser percibido como lineal, multicausal, sino que resulta influenciado por varios factores, no necesariamente estatales. En esa medida, el feminismo crítico abandona la idea conspirativa de un patriarcado determinista y resulta consciente de las pugnas de poder entre, por ejemplo, fiscales y jueces o entre comisarios de familia y abogados y demás actores del sistema penal, que se mantienen en un constante juego de poder y a partir del cual se reconfigura constantemente el derecho penal que ellos terminan produciendo.

como manifestación de una paradoja en la que, a pesar de que se sabe que las mujeres sufren injusticias a causa de su sexo, falla en reconocer que ciertas visiones feministas de la justicia y del castigo pueden reproducir involuntariamente las diferentes clases de injusticias al adoptar la visión de la experiencia de las mujeres como si fuera un grupo homogéneo (Hanna-Moffat, 2001)[170]. Señala Kelly Hanna-Moffat que la gobernanza de las mujeres por mujeres puede ser tan problemática como la gobernanza de las mujeres por los hombres, especialmente cuando las relaciones entre "cuidadoras" y "cuidadas" se construyen en la institucionalidad del encarcelamiento.

Elizabeth Stanko (2001), en su estudio sobre la manera en que a la Policía le resulta difícil definir la violencia doméstica como un crimen de odio, señala que es esencial retar el estudio de la violencia a partir de la refutación de su significado dentro del marco del Código Penal[171]. Este es un ejemplo de cómo desde el ámbito de la criminología crítica se puede de manera plausible dar cuenta de que el daño construido por el ámbito penal está localizado a partir de parámetros de un daño físico que descansa por fuera del contexto social y que, se presume, es juzgado como si tuviera las mismas consecuencias para todas las víctimas. Mejor dicho, es concebido como un daño en términos puramente objetivos. Stanko propone que resultaría más útil conceptualizar los daños derivados de la violencia doméstica, el racismo o la homofobia a partir de una idea de "violencia focalizada", que sea relacional y contextualizada. Esta propuesta permitiría, por ejemplo, comprender en el derecho penal construcciones como

[170] En este sentido, Hanna-Moffat (1994), quien, en torno a los estudios de las mujeres en prisión, rechaza todas aquellas visiones de algunas criminólogas feministas que tienden a describir a las mujeres en prisión como las víctimas a quienes se les concede poca o nula agencia. Para Hanna-Moffat se debe examinar la complejidad de la gobernanza basada en riesgos, o la manera en que las mujeres en prisión no están simplemente siempre en riesgo o causándose un daño. Cuestiona que no se profundice en el ámbito de la gobernanza penal y en verificar cómo los estudios de las prisiones están unidos a más amplios procesos de gobernanza, no necesariamente disciplinarios: la reducción del castigo, a su juicio, a un análisis funcionalista (sobre el control social o el ámbito de lo represivo) revela muy poco sobre los procesos de reforma y asume una coherencia en los procesos de poder que parece no existir. De allí la insistencia de Hanna-Moffat en la relación entre varias formas de poder (poder pastoral, soberano, disciplina, gobernanza) y varias formas de conocimiento: "[...] la gobernanza penal descansa en expresiones múltiples y formas de poder que son tanto productivas como represivas y envuelven diferentes tipos de agencia y conocimiento" (2001:14). Las preguntas que hay que plantear, agrega Hanna-Moffat, deben por tanto centrarse en aspectos tales como la manera en que está gobernada la mujer prisionera, o cómo los varios saberes dan forma o autoridad a varias técnicas y prácticas en los centros de reclusión. Así mismo, deben estudiar la manera en que las mujeres prisioneras aparecen gobernadas por los reformadores y por el Estado. Esta autora analiza tecnologías de gobierno que culminan en particulares reformas penales, tales como estrategias de maternidad, estrategias terapéuticas basadas en el bienestar, estrategias de autogobernanza y estrategias pastorales. Kelly Hanna-Moffat, *Punishment in Disguise-Penal Governance and Federal Imprisonment of Women in Canada*, Universidad de Toronto Press, 2001.

[171] Elizabeth Stanko, "Re-conceptualizing the Policing of Hatred: Confessions and Worrying Dilemmas of a Consultant", en *Law as a Critique*, Vol. 12, n.º 3, 2001, pp. 309-329.

las del feminicidio, cuya dificultad radica en entender la violencia contra la mujer a partir de la categorización de "mujer" como categoría o grupo[172]. En suma, la propuesta que acá se pretende defender se centra en cuestionar el sistema penal y el derecho penal que lo legitima. Es una llamada a la criminología y en especial a la criminología crítica para volver los ojos hacia categorías dogmáticas que no han permitido a las feministas que sus reclamos en torno a la violencia, a la violencia sexual, al daño y al castigo puedan ser acomodados en un sistema construido con una imagen masculina y con una identidad específica femenina. Hacer del derecho penal el objeto de estudio de la criminología crítica supone que los centros de indagación, más que por la apelación hacia la diferencia de comportamientos criminales o victimizados entre hombres y mujeres, o por las preguntas de por qué unos delinquen más que los otros, quede superpuesta por la idea principal de cuestionar la legitimidad que le permite al derecho penal ejercer la facultad del castigo. Es un llamado a que el feminismo vuelva sus ojos hacia las viejas cuestiones que desde la dogmática penal se han intentado para justificar y limitar la sanción de comportamientos no deseables. Aun cuando se pueda afirmar la imposibilidad total de intentos de justificación del castigo, por lo menos esto se torna en un propósito plausible de representación feminista en las estructuras jurídicas que revisten al campo penal. Solo una crítica a la formación de categorías como la sexualidad, la reproducción, la maternidad o la capacidad de elección permitirán a un feminismo crítico saltar de las relaciones automáticas entre hechos de violencia y consecuencias punitivas y lograr ámbitos de representación más fructíferos al presentar alternativas sobre el qué, el cómo y el cuándo castigar.

Principales aportes de la criminología feminista. Retos y desafíos para una visión feminista crítica

Este apartado se concentrará en esbozar una descripción general de lo que ha sido y cómo se generó el ámbito de la criminología feminista. El propósito es doble. Primero, servirá para señalar cómo también en el ámbito de la criminología feminista se producen diversas tendencias y posiciones en cuanto a la concepción de la mujer y su relación con el sistema penal. El segundo, que es el principal, para contextualizar la posición que se sostiene en este estudio, y que

[172] Se presenta una asunción al pensar la violencia interpersonal como si esta solo se pudiera producir a partir de una mujer individual violada por hombres individualizables.

es la de apelar al contexto de la criminología crítica a partir de una visión de la categoría que acá se denomina *feminismo crítico*[173].

Criminología feminista. Concepto y evolución

Las teorías criminológicas raramente estuvieron interesadas en el análisis de la criminalidad femenina. Por lo general, la criminología se contentó, y se ha contentado, o bien en subsumir acríticamente la discusión de los estudios de la mujer a la luz de las teorías generales, o bien se han aproximado a la criminalidad femenina como una categoría marginal y excepcional. Una de las razones fundamentales ofrecidas para esta falta de interés en la construcción teórica de la criminalidad femenina es el hecho de que las estadísticas arrojan a las mujeres constituyendo una pequeña proporción comparada a la de los hombres delincuentes[174]. Con excepción de la comisión de delitos como hurtos menores o actos relacionados con la prostitución, o más recientemente el tráfico de estupefacientes, ninguna cifra arroja a las mujeres por encima de los hombres

173 Debe resaltarse que no se propone un unilateralismo esencialista derivado de aquella criminología feminista que considera que cualquier construcción teórica no feminista resulta incapaz de percibir los reclamos feministas en torno al carácter sesgado del sistema penal y la dogmática. En este sentido, Pat Carlen (1990) sostiene que una criminología feminista no debe caer en la visión de muchos feminismos en sus intentos de intentar un foco exclusivo para entender el comportamiento criminal femenino, pues esto presume que la mujer rompe la ley por razones esencialmente diferentes a los hombres. Para esta autora, esta situación refleja un reduccionismo y esencialismo similar al adoptado por las posiciones biológicas positivistas de la criminología: "[…] Cuando son examinados los contextos específicos históricos y sociales de los comportamientos de hombres y mujeres ofensores, los conceptos explicatorios que rápidamente emergen se mezclan con temas de racismo, clase e imperialismo, en vez de la idea del género 'per se'". Pat Carlen, "Women, Crime, Feminism, and Realism. Social Justice", Vol. 17, n.º 4 (42), en *Ideology and Penal Reform in the 1990s*, pp. 106-123. (*Traducción propia.*)

174 De acuerdo con estadísticas oficiales del año 2006, en las cárceles El Buen Pastor o Distrital de Bogotá, 42 de cada cien mujeres purgan condenas por delitos menores de narcotráfico. Por el contrario, de cada cien hombres en prisión en la ciudad, solo doce están por ese delito. La ecuación se invierte en relación con los homicidios: la mujer comete homicidio en el 6,9 % de los casos, mientras que el hombre lo es en el restante 93,1 %. *Rompiendo el silencio. mujer víctima y victimaria.* Alcaldía Mayor, Secretaría Distrital de Gobierno, Rubén Darío Ramírez, Observatorio de Convivencia y Seguridad Ciudadana, Rodolfo Escobedo, Alcaldía Mayor. Observatorio de Convivencia y Seguridad Ciudadana, 2007. Las mujeres representan un porcentaje que en promedio no supera el 10 % del total de la población penitenciaria en el mundo y, de acuerdo con la Procuraduría General de la Nación, en Colombia, para agosto del 2006 había un total de 3593 mujeres privadas de libertad, que representaban el 5,8 % del total de la población presa. *Mujeres y prisión en Colombia: un análisis desde una perspectiva de derechos humanos y género*, Marcela Briceño-Donn, consultora, Bogotá, octubre del 2006. Disponible en http://www.procuraduria.gov.co/portal/media/file/descargas/publicaciones/mujeresyprisionencolombia.pdf. De acuerdo con cifras del Inpec del año 2012, el 7,53 % de la población reclusa en Colombia corresponde a mujeres, de las cuales 5824 son condenadas y 2086 están en condición de sindicadas, e igualmente solo 75 pagan alguna pena superior a los 36 años de prisión. Los delitos por los que más son detenidas las mujeres en el país son tráfico, fabricación o porte de estupefacientes (3916 internas), hurto (1205 internas), homicidio (879 internas) y concierto para delinquir (609 internas). Por actos sexuales con menor de catorce años aparecían 37 internas, por acceso carnal abusivo con menor de catorce años, 33 internas, y por acceso carnal violento, doce internas. (Estas cifras sobre población reclusa de mujeres se mantiene en los mismos términos porcentuales, de acuerdo con cifras actualizadas del Inpec al año 2017.)

cometiendo delitos. Como un círculo vicioso sobre la supuesta innecesaridad de estudiar la relación de las mujeres con el sistema criminal, precisamente por su supuesta excepcionalidad y la irrelevancia de los delitos cometidos, las agencias oficiales, las políticas públicas y la propia criminología han partido de supuestos ideológicos sexistas sobre la mujer[175], arrojando visiones equívocas e irreflexivas en torno al papel de la mujer, ya como autora de delitos o ya como su víctima. Este ha sido el papel trascendental de la criminología feminista y su propósito fundamental de visibilizar la manera acrítica en que la criminología tradicional ha entendido el fenómeno criminal de las mujeres ya sea como víctimas o como victimarias.

Las escasas investigaciones sobre la criminalidad femenina partieron de estereotipos sobre la mujer, distorsionando la realidad e impidiendo acercamientos teóricos del feminismo. La criminología dominante, esto es, aquella que abarca marcos teóricos y metodológicos dedicados a entender la etiología del crimen, continuó su camino de la mano de las ciencias sociales hegemónicas y con una visión androcéntrica sobre las mujeres delincuentes. El crimen y la "desviación" de mujeres y niñas fueron explicados más a menudo por factores biológicos que por factores sociales o económicos, y los criminólogos, en su absoluta mayoría hombres, que se propusieron entender el fenómeno lo hicieron con una limitada comprensión del mundo social de las mujeres que investigaban (Daly y Chesney-Lind, 1988).

Las innumerables estadísticas arrojadas por los científicos sociales a partir de los años veinte, indicativas de la diferenciación entre hombres y mujeres en las tasas de arrestos, fueron traducidas y simplificadas por la criminología dominante bajo el supuesto de que las mujeres no cometen delitos, y cuando lo hacen es un hecho excepcional atribuido a su "naturaleza anormal".

Los trabajos de Lombroso (1895) y otros más contemporáneos como los de Pollak (1950) y Cowie y Cowie (1968) siguen influyendo el imaginario contemporáneo de las mujeres criminales y de allí la escasa trascendencia por estudiar y comprender, desde una visión no androcéntrica, la situación de las mujeres, tanto en su condición de víctimas como de victimarías. No resultaron extrañas las creencias populares —luego instauradas como políticas públicas criminales y basadas a su vez en teorizaciones como las de Lombroso— sobre la condición enfermiza de las mujeres criminales y la necesidad de proveerlas de tratamiento psiquiátrico en reclusión. El control social de estas situaciones —que ni para

[175] Lombroso, 1895; Pollak, 1950; Cowie, Cowie y Slater, 1968.

la teoría del derecho penal ni para las políticas públicas criminales tradicionales alcanzó a constituir en todo caso un problema social que ameritara mayores estudios—, fue abordado a partir de "tratamientos" individuales por parte de las políticas penales. Así lo señala Carol Smart:

> [...] una consecuencia de adoptar la errónea analogía sobre lo definido como motivación criminal, es el ejemplo que se tiene de la transformación del hospital psiquiátrico Holloway en el cual las mujeres reciben tratamiento psiquiátrico más relacionado con sus percibidas "necesidades" psicológicas que con la ofensa cometida (Faulkner, 1971). La premisa que se asume bajo esta política es que desviarse criminalmente es "prueba" de algún tipo de desequilibrio mental en las mujeres. Esta posición es muy consistente con otras ideas sobre la inestabilidad mental de las mujeres utilizadas para explicar las estadísticas sobre salud mental que indican que estas sufren de manera más frecuente que los hombres de enfermedades mentales [...] Las mujeres en este hospital mental no podían trabajar, excepto en trabajos domésticos o terapéuticos. No se les daba la oportunidad de aprender habilidades que les permitieran mejorar su nivel de vida, no solo porque la estadía en Halloway era muy corta sino también porque no era el fin principal de la pena. De hecho, su estado típicamente dependiente era acentuado y su capacidad de controlar o posiblemente cambiar su estilo de vida más disminuido. La política penal para las mujeres ofensoras estaba orientado a preservar el rol típicamente femenino y hacer que las mujeres y las niñas se adaptaran a su papel social pasivo, predeterminado por la idea de que ellas no tienen comportamientos desviados (Smart: 1976:12). (*Traducción propia.*)

En 1895, Lombroso publicó un texto denominado *The Female Offender*, que fue trascendental en la asunción de la criminalidad femenina y sus raíces biológicas. Pese al posterior rechazo de las bases biológicas de la delincuencia masculina por parte de la criminología, no ocurrió lo mismo con las explicaciones ofrecidas sobre la mujer, y se continuaron recreando las mismas ideas en torno a la mujer criminal. Los trabajos de Cowie y Cowie y Slater (1968) pueden citarse como ejemplos de cómo ha continuado la teoría de que las mujeres tienen una predisposición biológica para cometer delitos menores o crímenes menos violentos[176]. Estos autores sostienen que los factores biológicos representan el mayor determinante al momento de entender la diferencia en la naturaleza y frecuencia de los delitos cometidos por mujeres.

[176] John Cowie, Valerie Cowie y Eliot Slater (1968), "Delinquency in Girls", en *Cambridge Studies in Criminology*, Vol. 23, Radzinowicz, Londres.

Los trabajos de Pollak (1950) presentaron algunas variaciones frente a los de Lombroso o Cowie y Cowie, pero también fueron importantes para alimentar el sentido común hacia la mujer delincuente como enferma y marginal. Pollak no compartía la idea de que las mujeres cometieran menos delitos que los hombres. Por el contrario, creía que las mujeres eran más propensas, tanto biológicamente como socialmente, para engañar y mentir, y que, por lo tanto, cometen crímenes más graves, pero son menos aprehendidas por el sistema judicial pues este asume una posición caballerosa o condescendiente frente a ellas, precisamente por su mirada de inferioridad hacia las pocas mujeres aprehendidas: "Una de las más extraordinarias inequidades entre los sexos es la idea de la caballerosidad y la actitud protectora de los hombres hacia las mujeres [...] Los hombres detestan hacer acusaciones contra las mujeres y enviarlas a prisión, a los oficiales de policía no les gusta arrestarlas, tampoco a los fiscales procesarlas ni a los jueces ni a los jurados encontrarlas culpables, etc." (Pollak, 1950:151).

W. I. Thomas (1967), representante de una visión liberal de la criminología de los años setenta, en su libro *The Unadjusted Girl* compartió la idea de las diferencias físicas entre los sexos como fuente de las variaciones del comportamiento social de hombres y mujeres, haciendo especial énfasis en el instinto maternal de la mujer. Sus análisis sobre comportamientos sociales basados en "deseos", derivados de instintos biológicos, pero que debían ser redirigidos a través de los apropiados canales de socialización, los correlacionó con las "necesidades" de las mujeres de sentir afecto y de allí se explicaría su inclinación a la comisión de delitos como la prostitución. Análisis sobre las estructuras de clase, la posición subordinada de la mujer en la sociedad y los conceptos de poder y control fueron desconocidos en los trabajos de Thomas, los cuales atribuyeron a la sexualidad femenina la fuente fundamental de su criminalidad o ausencia de ella. También se proporcionaron explicaciones exclusivamente sociológicas que pretendían dejar a un lado cualquier explicación de carácter biológico. En 1924, por ejemplo, ya Sutherland sostuvo que las diferencias entre la criminalidad femenina y la masculina podían explicarse mejor a partir de las diferencias en la equidad de género a través del tiempo y entre los diversos grupos sociales. Así, a su juicio, la brecha de género sería menor en sociedades donde la equidad de género sea mayor: será menor en sociedades desarrolladas comparadas con sociedades en desarrollo, será menor en ciudades que en el campo, será menor en sociedades en tiempo de paz que en sociedades en conflicto y será menor en grupos sociales con mayores tasas de edad[177]. La importancia de estos aportes fue oscurecida después por la literatura y academia criminológica que concentró su mirada en una mirada neutral no feminista de la teoría de la asociación diferencial aportada por Sutherland, consistente básicamente en la idea de que el individuo lejos de nacer delincuente o heredar o imitar comportamientos socialmente reprochables, aprende a ser criminal. La criminología tradicional terminó construyendo teorías que mezclaban características sexuales con la construcción social del género. Sugerencias tales como que las mujeres eran más tímidas o tenían menos impulso para iniciar grandes empresas delictivas eran claras muestras de la poca atención que prestaron en sus investigaciones al estudio antropológico, sociológico o histórico que explicaba la inacción de las mujeres sometidas y restringidas por décadas a discriminaciones de carácter sexista. Muchas de las explicaciones basadas en la diferenciación de roles de género fueron posteriormente compartidas en los años setenta por ciertos trabajos feministas que sugirieron que los incrementos en los arrestos de las mujeres podían ser atribuidos a las ganancias de la equidad de género logradas como resultado de los movimientos de mujeres (Adler, 1975; Simon, 1975). Estas ideas, conocidas como la "teoría de la emancipación", fueron pronto absorbidas por los medios y la opinión pública que comenzaron a expandir la amenaza del "lado oscuro" de la "liberación femenina".

Los estudios de Freda Adler y Rita James Simons aparecieron en 1975, en sus libros, respectivamente, *Sisters in Crime: The Rise of the New Female Criminal*[178] y *Women and Crime*[179]. Se argumentaba en estos que las bajas tasas de participación de mujeres en el crimen podrían ser explicadas por su confinamiento a los roles domésticos y por la discriminación que disminuía sus posibilidades de participación. La llegada del movimiento de mujeres, se señalaba, implicaría cambios en esa situación.

Los trabajos de las feministas liberales Adler y Simons fueron, sin embargo, luego cuestionados por los de feministas radicales y culturales que negaron esta hipótesis por su falta de comprobación y por determinar que la participación de las mujeres en todos los ámbitos de la vida pública, a pesar de su aumento considerable, no había modificado la brecha de género en el estudio de la criminalidad femenina (Chesney-Lind y Pasko, 2004). Aun cuando las tasas

177 Citado por Darrel Steffensmeier y Emile Allan, "Gender and Crime: Toward a Gendered Theory of Female Offending", en *Annu. Rev. Sociol.* 1996.

178 Freda Adler, *Sisters in Crime: The Rise of the New Female Criminal*, McGraw-Hill Companies, 1976.

179 Rita James Simon, *Women and Crime*, Lexington Books, 1975.

de las mujeres que participan en crímenes violentos fue aumentando considerablemente, esto mismo no ocurrió frente a su comparación con la de los hombres, puesto que, en todo caso, la participación de las mujeres continúa siendo definitivamente minoritaria (Steffensmeier, 1995). La criminología feminista, en sus intentos de explicar la criminalidad de las mujeres desde una óptica diferente, tuvo un espacio limitado en los albores de la nueva criminología, la criminología crítica o la radical. Las criminologías de la subcultura prestaron, por ejemplo, mínima atención al comportamiento de las niñas y adolescentes en pandillas. Estas visiones no incluyeron una visión feminista o una consideración mucho más seria de las ofensoras criminales. Eileen Lonard (1982) explica cómo autores como Merton no hicieron esfuerzos por aplicar tipologías como las de la anomia a las mujeres, o que si se refirieron a ellas lo hicieron de una manera superficial intentando suponer el bajo etiquetamiento por la única y circular causa de la baja tasa de criminalidad de las mujeres. Teorías que frecuentemente fueron aclamadas como exploratorias del comportamiento humano de hecho fueron siempre discusiones sobre el comportamiento de los hombres. A juicio de Leonard (1982:181), esta situación no puede remediarse simplemente aplicando teorías tradicionales a una visión teórica feminista del crimen, en la medida en que estas ya se encuentran parcializadas y llenas de presunciones[180]. La criminología también nació como un campo masculinizado (Britton, 2000) y sus razones descansan, en parte, como se ha dicho, en el hecho de que aparece en posesión de uno de los hallazgos consistentemente más demostrados en las ciencias sociales: todas las estadísticas recogidas han revelado que los hombres están involucrados con mayor probabilidad en actividades definidas como delito. En ese sentido, señala Britton, la idea de "criminología feminista" suena un tanto extraña. Sin embargo, esa intensa sobrerepresentación del hombre como criminal sirvió a su vez como punto de partida para comenzar a considerar a las mujeres y su relación con el sistema criminal.

Eileen Leonard (1982) explicó la insuficiencia de teorías como la del etiquetamiento o *labelling aproach*, o también llamada de la reacción social, para explicar la criminalidad femenina[181]. De acuerdo con Leonard, el hecho de que las mujeres

[180] Eileen Leonard, *Women, Crime and Society*, Longman, Nueva York-Londres, 1982, p. 184.

[181] La teoría del etiquetamiento surgió como reacción a las concepciones positivistas criminológicas, centradas en el desviado o el antisocial, a quien se le concebía como una suerte de "entidad patológica" ante la cual la sociedad debía actuar a fin de encontrar las razones de la enfermedad y aplicar el remedio. Los estudios sociológicos comenzaron a poner en duda esas ideas al otorgar preeminencia a los mecanismos de control de la sociedad como los auténticos creadores de la conducta antisocial, oponiéndose de esta manera al positivismo imperante que no solo no tomaba en cuenta el significado del control social, sino que tampoco cuestionaba las definiciones otorgadas por las normas, ni criticaba el funcionamiento del sistema ni la aplicación normativa a la

aparezcan con menores tasas de criminalidad en las estadísticas oficiales se da porque ellas resultan menos inclinadas a ser etiquetadas y conducidas en carreras criminales. Las teorías del etiquetamiento resultaron insuficientes para explicar estos fenómenos y obviaron discusiones profundas sobre la mujer y su relación con el crimen. Esto también aplicaría para el aumento de las tasas del crimen entre mujeres, en la medida en que también puede significar una propensión mayor por etiquetar a las mujeres de cierta manera y no un simple reflejo de su mayor disposición de involucramiento en actividades criminales (Leonard, 1982:85).

Puede señalarse que también resultaron insuficientes, desde una perspectiva feminista crítica, los estudios posteriores criminológicos centrados en la teoría de la asociación diferencial derivados de Sutherland, en los que se comenzó a reconocer al conflicto y a la desorganización social como elementos estructurales de la delincuencia, pero, por sobre todo, los patrones de aprendizaje como determinantes para explicar la conducta desviada. A juicio de Leonard, esta teoría tampoco logró finalmente, pese a los iniciales esfuerzos de Sutherland, explicar por qué la situación de hombres y mujeres variaba tan profundamente, y continuó asumiendo de manera simplista la posición de la mujer en relación con su baja incidencia en el crimen, pero sin llegar a cuestionar el por qué de esa situación. Teorías de las subculturas sociales (Cohen) sexualizaron el comportamiento femenino y se rehusaron a reexaminar las asunciones simplistas sobre la conducta de la mujer en el crimen. La aplicación de la teoría de la subcultura apareció también abiertamente excluyente del comportamiento femenino, dejando la impresión de que el crimen es enteramente un dominio de los pobres y, por supuesto, del género masculino.

Naffine (1996) cuestiona cómo el realismo de izquierda, en su insistente preocupación por analizar el crimen en la esfera pública, dejó de lado delitos contra las mujeres en especial la violencia doméstica[182]. De allí que Smart propusiera que ante tales silencios la salida podría dirigirse hacia una formulación criminológica

---

realidad social (Becker, 1963). El objeto central del análisis del fenómeno criminal bajo esa nueva visión fue el estudio concreto del control social, su comportamiento selectivo y su impacto en el individuo sobre el que actúa. La conducta delictiva sería así el resultado del proceso de "rotulación" o "etiquetamiento" que efectúa la misma sociedad y no ya una enfermedad: la desviación no es una cualidad del acto cometido por la persona; es, más bien, una consecuencia de la aplicación por parte de otros de las reglas y sanciones a este ofensor. El desviado es alguien a quien esta etiqueta le ha sido aplicada con éxito, el comportamiento desviado es el que la gente ha establecido o "etiquetado" como tal (Cooley, 1909; Mead, 1934; Lemert).

182 Ngaire Naffine, *Feminist and Criminology*, Temple University Press, 1996.

feminista, o sociología feminista, orientada a elaborar propuestas alternativas en las que muchos habían fallado anteriormente.

La importancia de incluir visiones feministas en la criminología comenzó a considerarse como herramienta importante por parte de varias académicas feministas, entre quienes Smart ocupó un lugar importante. Así resalta Smart su propuesta:

> Al prestar atención a la pregunta por la criminalidad femenina y la desviación de las mujeres, nuestra comprensión de las prácticas sociales existentes dentro de los sistemas jurídicos y penales se verá reforzada y entonces será posible avanzar hacia la formulación de propuestas para reformar radicalmente nuestro sistema de justicia. La criminología y la sociología de la desviación deben convertirse en algo más que el estudio de los hombres y del crimen si quieren jugar un papel importante en el desarrollo de nuestra comprensión del crimen, el derecho y los procesos penales, así como jugar un rol en la transformación de las prácticas sociales existentes, la criminología y la sociología de la desviación deben convertirse en algo más que el estudio de los hombres y del crimen (Smart, 1976:185). (*Traducción propia.*)

La criminología feminista surgió, entonces, como manera de resistir las tendencias androcéntricas. Los aportes de autoras como Smart o Heidenshon fueron fundamentales para modificar la comprensión y las actitudes hacia las mujeres criminales y de allí que, desde finales de los años sesenta, los setenta y recién entrados los ochenta, el propósito feminista se concentrara en trasladar a las mujeres y a las niñas dentro del marco criminológico y preguntarse dónde se las podría ubicar en las teorías del crimen, de la victimización y la justicia[183]. Muchos de los puntos de la nueva agenda se traslaparon entre las perspectivas feministas en la criminología y aquellas de la criminología feminista (Stubbs, 2008; Anthony y Cunneen, 2008). Los años sesenta y setenta fueron la emergencia, afirma Daly, del impacto significativo de un movimiento social de jóvenes estudiantes e investigadoras que emergió en los ochenta y que compartieron intereses para presentar los discursos dominantes del crimen (Anthony y Cunneen, 2008:2), así como para identificar alternativas para el cambio social, existiendo una gran afinidad y convergencia entre perspectivas feministas en la criminología y aquellas llamadas críticas, centradas en visiones multiétnicas, antiracistas o en la criminología cultural[184]. Para los años noventa, algunas feministas dieron

183 Kathleen Daly (1997), "Different Ways of Conceptualizing Sex/Gender in Feminist Theory and their Implications for Criminology", en *Theoretical Criminology*, vol. 1, n.º 1, pp. 25-51.

184 Keith Hayward, representante de esta vertiente, trabaja sobre los modos en que las dinámicas culturales se articulan con las prácticas del delito y el control del delito en la sociedad contemporánea.

un giro hacia el discurso y la construcción de la mujer en la criminología. Este "giro discursivo", en todo caso, pretendía, además de analizar las diferencias entre las mujeres en términos lingüísticos o discursivos, valorar la investigación empírica social científica y reconocerla tan radical y subversiva como lo podía ser la apuesta deconstructiva (Daly, 1997:47). Feministas posmodernas cuestionaron la generalización del término *mujer* y pusieron de presente el "blanco solapsismo" (Rich, 1979:229) y la "heterosexualidad compulsoria" (Rich, 1980) del feminismo y la idea única de asumir un singular punto de vista en torno a la mujer. Los trabajos de Daly, por ejemplo, adoptaron una visión de *inequidades múltiples*, esto es, una manera de conceptualizar inequidades contingentes tanto de clase, como de género y raza[185]. La contribución de esta visión de múltiples inequidades en la criminología ha consistido en la insistencia en que todas las personas están localizadas en una matriz de múltiples relaciones sociales y que la raza y el género son tan apreciables para un análisis de un hombre blanco como lo son para los de una mujer de raza negra. Con un énfasis en la contingencia, se puede explorar así una variedad de posiciones, como, por ejemplo, la de una mujer negra como ofensora y como víctima, así como también la de madre o esposa del ofensor o de la víctima[186]. La falta de estudios empíricos sobre la mujer delincuente y los procesos de criminalización fue también otro de los aspectos centrales que impulsaron visiones feministas en la criminología. El interés también se concentraría en describir y politizar la violencia cotidiana en la vida de las mujeres (Kelly, 1988; Rafter y Stanko, 1982; Stanko, 1990). En todo caso, esa época dio concentración a la manera en que se podían reflejar y analizar las diferencias entre niñas y mujeres, particularmente en aspectos como identidades étnicas y subjetividades[187]. Esto teniendo en cuenta las críticas provenientes de las mujeres de color que abogaban por análisis más complejos de las relaciones de raza y posicionamientos entre hombres y mujeres[188].

Se apunta a abordar al delito y la desviación en el contexto de la cultura, considerando al crimen y a las agencias e instituciones de control del crimen como productos culturales y como construcciones creativas. La criminología cultural se interesa, además, por la constante producción de significados en torno a la interacción: creación de reglas, ruptura de reglas, un constante intercambio entre emprendimiento moral, innovación política y transgresión. Keith Hayward, *Framing Crime: Cultural Criminology and the Image* (2008) y *City Limits: Crime, Consumer Culture and the Urban Experience* (2004).

185 También Milanovic y Schwaertz.

186 Kathleen Daly y Meda Chesney-Lind, "Feminism and Criminology", en *Justice Quarterly*, Vol. 5, n.º 4, Academy of Criminal Justice Science, diciembre de 1988.

187 Kathleen Daly, *Feminist Perspectives in Criminology: A Review with Gen Y in Mind*, 2008, p. 10.

188 En este último sentido hay importantes trabajos como los de Gillian Balfour (2008), quien explora la práctica del derecho penal como un ámbito de retrocesos y apropiaciones del feminismo. Recurriendo a estudios críticos de raza y justicia restaurativa en el contexto de la violencia de género, examina cómo el continuum entre victimización y criminalización no ha sido reconocido plenamente por la justicia restaurativa. En sus estudios de caso encuentra cómo estrategias no

Criminólogas feministas, como Lisa Maher (1997), han hecho investigaciones importantes dirigidas a resaltar la agencia de la mujer en su participación en el crimen y evitar su construcción como simple víctima. Esta autora hizo un importante trabajo etnográfico de las mujeres envueltas en los mercados callejeros del comercio sexual y las drogas. Aun cuando pudo establecer que no eran los grandes "capos" de la droga, también encontró que tampoco eran esclavas cándidas o inconscientes deseosas de colmar sus adicciones. El trabajo de campo mostró cómo participaban activamente bajo las limitaciones de la economía informal dominada por los hombres. Susan Brownmiller (1993) hizo un importante estudio desde la criminología tradicional, pero con una visión desde el feminismo radical que ve la violación como el eje central del control masculino hacia las mujeres[189]. Esta clase de investigaciones fueron importantes porque permitieron abrir los ojos, incluso para la criminología radical o crítica tradicional, en la que únicamente se veía al crimen como una forma de resistencia a la clase y a la dominación de raza y al ofensor como el "hombre pícaro" que luchaba contra un sistema injusto (Taylor, Walton y Young). De acuerdo con Britton (2000), la criminología radical, o nueva criminología como se le conocía por entonces, fue sorprendida con los "pantalones abajo" ante los reclamos del feminismo radical y la manera en que visibilizó la manera diferencial y desproporcional en que las mujeres experimentaban la violencia. Mathews y Jock Young (1973) tuvieron que admitir que las investigaciones feministas fueron determinantes para hacerles ver los límites de su versión romántica del crimen y el criminal (Britton, 2000:67). En esa medida, la criminología radical realizó un importante giro "realista" en el que buscó ponerse a tono con los términos de la victimización de las mujeres, así como con el hecho de que los pobres y las clases trabajadoras son de manera desproporcionada mayormente víctimas del crimen. Trabajos como los de Elizabeth Stanko (1990) también fueron importantes para la consolidación de la criminología feminista porque revelaron cómo mucha de la victimización de las mujeres aparece disimulada en las estadísticas oficiales, que rutinizan y legitiman la violencia contra las mujeres, así como la creencia de que estas tienen muchas más razones para expresar miedo al crimen (Madriz, 1997). Aun así, la criminología tradicional ha tendido a permanecer reacia a aceptar las implicaciones del feminismo radical y sus

feministas dirigidas a criminalizar y denunciar la violencia marital han apuntalado al encarcelamiento de mujeres aborígenes, incluso en sitios donde se ha implementado el paradigma de la justicia restaurativa. Gillian Balfour, (2008), "Falling between the Cracks of Retributive and Restorative Justice. The Victimization and Punishment of Aboriginal Women", en *Feminist Criminology*, Vol. 3, n.º 2.

189 Susan Brownmiller, *Against Our Will: Men, Women, and Rape*, Random House Publishing Group, 1993.

llamados para que se preste atención a la premisa de que las categorías legales estándares son incapaces de ver la violencia contra las mujeres de una manera diferencial. El trabajo realizado por Adrian Howe (2008) plantea la pregunta sobre cómo debería ser enmarcada la violencia de los hombres. A partir de la "pregunta por el hombre" (*The Man Question*), presta atención al lugar discursivo ocupado por los hombres en sus propias explicaciones sobre la violencia contra la mujer[190]. Howes explora lo que sucede cuando el sexo, la violencia y el crimen, y de manera más particular la violencia contra la mujer, son posicionados en la agenda criminológica y política y la manera en que son puestos como discurso en una visión foucaltiana[191]. Señala Howe que la nominación "crímenes sexuales" (*sexed crime*) no solo problematiza el término "sexo" de los crímenes violentos, sino que también reconoce que las mujeres no son el único de los sexos. El sentido común sobre los crímenes sexuales podría evocar no solo la imagen de un cuerpo femenino mutilado o abusado, sino que también determinaría la idea de que los hombres también tienen cuerpos sexuados. En esa medida, presenta una definición amplia de los crímenes sexuales, que abarca todas las formas de violencia en las cuales el género del perpetrador o de la víctima son relevantes en relación con el acto violento[192]. Howe afirma que la mayor parte de la criminología, en la que incluye aquella autodefinida como "crítica", ha impedido traer a la mesa perspectivas feministas posmodernas. Por esto señala que los dominios de lo femenino en lo criminológico han permanecido sin explorar por académicas del feminismo posestructuralista y en esa medida no se ha encontrado la audiencia apropiada para rebatir las críticas contra los paradigmas criminológicos que esta disciplina se rehúsa a escuchar (Howe, 2008:9)[193]. De ahí el porqué muchas criminólogas feministas han preferido

190 Adrian Howe, *Sex-violence and Crime. Foucault and the "Man" Question*, Roudlege, Estados Unidos, Canadá, 2008.

191 Kerry Carrington (1993) también ha enfatizado su trabajo a partir de una visión foucaultiana de poder-saber, a fin de explorar cómo ciertas niñas y adolescentes han terminado por ser definidas oficialmente como delincuentes. En el mismo sentido, Anne Worral (1990) adoptó una aproximación foucaultiana para indagar sobre las condiciones bajo las cuales los agentes legales, incluyendo los médicos y el Estado de bienestar, reclamaban poseer conocimiento sobre la "mujer criminal", así como sobre los procesos por los cuales tales reclamos se trasladan a prácticas que clasifican, definen y, por lo tanto, domestican el comportamiento de las mujeres.

192 Por ejemplo, a delitos como la violencia doméstica los preferiría llamar violencia sexuada (*sexed violence*).

193 En contra de aquellas feministas que han desplegado teorías posmodernas en contra de la criminología y han sucumbido al "miedo de ser contaminadas" por el referente empírico criminológico, Adrian Howe trabaja bajo el signo de la criminología feminista y presenta el sexo, la violencia y el crimen en un marco posmoderno foucaltiano. Afirma que Foucault la ayuda a escaparse de paradigmas criminológicos modernos y la provee de metodologías tales como los análisis de discurso. Howe se concentra en la construcción discursiva de la violencia masculina contra las mujeres, sobre la que ya existe una gran cantidad de investigación empírica, y la provee con una crítica gramsciana y foucaultiana sobre cómo se habla sobre la violencia de los hombres en la cultura

abandonar la disciplina criminológica, como es el caso de Maureen Cain y su propuesta criminológica feminista transgresiva, en búsqueda de nuevos paradigmas en los que se inicie el análisis por fuera de los límites discusivos de las corrientes principales criminológicas. En contraste con esta posición, Alison Young (1996) insiste en que las conversaciones del feminismo con la criminología comienzan dentro de sus bordes disciplinarios. A juicio de Young, no hay necesidad de demandar la abolición o abandono de la criminología y por eso se distancia de la posición de autoras como Carol Smart cuando sugieren que el feminismo debe abandonar la criminología[194].

Podría señalarse que el feminismo posmoderno ha tenido cierta influencia en la criminología feminista en el sentido de no interesarse por explicar las causas por las cuales las mujeres delinquen, sino más bien realizar preguntas sobre cómo las mujeres y niñas han sido constituidas o definidas por discursos profesionales y por específicas técnicas de gobernanza, o sobre la manera en que se despliega el uso del lenguaje por parte de criminólogos y oficiales del sistema de justicia penal[195].

Estos aportes desde el feminismo posmoderno a la criminología feminista contemporánea han resultado valiosos en la medida en que han permitido reforzar una visión mucho más significativa de lo que supone la utilización del

occidental contemporánea. Explorando sitios potenciales de resistencia, de dolor y privilegio, asume una visión crítica sobre el concepto de violencia sexual.

194 Todo el cúmulo de investigaciones criminológicas producidas bajo el lente de la criminología feminista han desembocado en la pregunta sobre cuáles son los límites epistemológicos de la disciplina, si debe ser una disciplina autónoma o cuáles son sus relaciones con la criminología tradicional. En relación con estos cuestionamientos, Kathleen Daly y Lisa Maher (1998) han divido la criminología feminista en dos principales tendencias. La primera, concentrada en completar y criticar los vacíos dejados por la criminología tradicional en torno a la mujer delincuente y con un mínimo conocimiento sobre las mujeres delincuentes, las víctimas y las mujeres que laboran en el sector justicia y, la segunda, aquella que trastoca los límites propios de la criminología y que Maureen Cain (1990) denomina "criminología transgresiva". Autoras como Daly y Cain (1990) comparten esta segunda tendencia, que corresponde a la idea de una empresa "transgresiva" y "transformadora" en el campo de la criminología. Cain señala que los enfoques tradicionales utilizados en la criminología feminista son menos útiles que una aproximación transgresiva, que puede ser desarrollada como agenda tanto por hombres como por mujeres. Los enfoques tradicionales basados en la búsqueda de la igualdad de tratamiento, la naturaleza de la criminalidad femenina y la mujer como víctima contrastan con esta versión de una criminología transgresiva que trasciende los enfoques tradicionales tanto de la criminología como de la criminología feminista. Cain apuesta por tres estrategias que en conjunto pueden construir una criminología transgresiva, y señala que ellas son reflexividad, deconstrucción y reconstrucción. Su análisis también sugiere una inclusión no solo de los estudios de las mujeres en su criminalidad sino un enfoque en la globalidad de las vidas de las mujeres.

195 Naffine (1996), por ejemplo, critica visiones como el *empirismo feminista* (Harding) y el *standpoint feminism* (Haraway), que apuntan hacia la esencialidad de la categoría mujer. Cuestiona que criminólogas feministas como Maureen Cain, a quien le refuta su visión de aproximación diferencial, termine objetivizando las identidades que se constituyen a partir de los particulares puntos de vista del investigador. Ngaire Naffine, *Feminist and Criminology*, Temple University Press, 1996.

sistema penal. En esa medida han permitido un salto de explicaciones deterministas en torno a la violencia sexual hacia una visión más reflexiva en cuanto a la manera en que los diferentes actores, incluyendo las mujeres y su posibilidad de agencia, producen significados y transforman el accionar rutinario de la justicia penal. Esto refuerza el sustrato esencial de la criminología crítica y en esa medida se considera que resulta un esfuerzo improductivo construir argumentos para pretender abandonar los límites epistemológicos producidos allí, cuando son esas categorías fundantes de la criminología crítica las que le sirven al feminismo crítico para cuestionar la esencia misma del sistema penal.

En todo caso, como se señalará a continuación, los aportes de la criminología feminista, desde sus distintas vertientes, se constituyen en ejes fundamentales, cuyas categorías centrales ha de recoger la visión crítica que acá se sostiene, como ejes necesarios para una aproximación más sopesada sobre la manera en que el delito y la pena operan en torno a la violencia central. A continuación se expondrán esas categorías centrales aportadas por la criminología feminista.

Categorías centrales de la criminología feminista

En términos generales, se podrían señalar cinco objetos centrales en los que la criminología feminista se enfoca y adquiere su estatus disciplinar relevante. El primero es la búsqueda de los tipos de ofensas cometidos por mujeres y niñas y la manera en que esa participación en la criminalidad toma forma. Como se señaló, por mucho tiempo se había asumido que las mujeres únicamente comenten ofensas "femeninas" (por ejemplo, el robo de cosas menores o la prostitución) y que su involucramiento con el delito o en pandillas y subculturas resultaba esencial y absolutamente pasivo. Sin embargo, esas asunciones pueden ser producto, señala Smart, de las reflexiones de los mismos investigadores hombres y sus contactos con las culturas masculinas que investigan, más que de una acertada reflexión de las actividades de mujeres y niñas. El segundo es la investigación de las actitudes de policías, oficiales encargados de verificar los periodos de prueba y trabajadores sociales hacia las niñas y mujeres delincuentes. Se ha asumido que es una actitud benevolente la que profesan esos agentes hacia ellas. Sin embargo, análisis más críticos desarrollados en el Reino Unido y Estados Unidos han puesto de presente que la benevolencia es aparente o que por lo menos ha sido exagerada. El tercero es la interacción social entre jueces, abogados, fiscales y víctimas. En este sentido, la apuesta es por la búsqueda de un análisis comparativo de las sentencias recibidas por hombres y mujeres en términos tanto del tipo de ofensa o delito, así como de los récords previos de delincuencia. El cuarto, las investigaciones sobre el tratamiento de mujeres en prisiones, centros comunitarios y hogares de paso, así como cualquier otra institución penal o cuasipenal de tipo represivo[196]. En este sentido, señala Smart que hay suficiente investigación sobre las relaciones entre internas, pero que, sin embargo, hay ausencia de análisis de las políticas individuales de las instituciones, especialmente cuando ellas perpetúan los roles tradicionales femeninos.

Y el quinto lugar consiste en analizar la estructura y propósitos de las leyes penales. Se puede afirmar que en ese punto se confluye con el propósito central de la criminología crítica acá expuesta. En relación con esta última categoría se ha de señalar que, sin embargo, los clamores de la criminología feminista han quedado a lo largo de este tiempo concentrados en cuestionar el carácter sexista de quienes aplican las leyes penales, por un lado, y por el otro, por la propuesta y modificación de normas penales y regulaciones, pero sin que se haya intentado aún un esfuerzo permanente y más estructurado que asuma críticamente los fundamentos teóricos del derecho a castigar, como en este texto se propone. Por esto se ha mostrado la relevancia de todos aquellos intentos dirigidos a cuestionar la estructura misma de instituciones como las del daño, el bien jurídico o la pena, pues, a partir de ahí es que podrán los distintos feminismos traducir todas sus construcciones teóricas acerca de la discriminación de la mujer a una teoría del delito, así como las consecuencias o los significados que operan en el accionar propio del sistema penal una vez puesto en funcionamiento.

Así las cosas, pese a las preguntas sobre si debe o no hablarse del estudio de la mujer de manera separada del estudio del hombre, o si debe haber una sociología o criminología de la mujer o más bien estudiar a los hombres y a las mujeres de forma conjunta (Smart, 1976:178)[197], lo relevante es advertir que

196 Los estudios por parte de feministas criminólogas en Latinoamérica se han concentrado básicamente en las mujeres en prisión. Autoras como Carmen Anthony García y Yolanda Ballesteros en Chile, Adelina Tineo en Venezuela, Elena Azaola en México y María Cristina Dorado en Colombia han realizado importantes esfuerzos en presentar la situación de las cárceles en la región. Rosa del Olmo puso en evidencia, en todo caso, la ausencia de mayores debates en torno a la disciplina criminológica feminista en la región y recalcó la necesidad de construir historias locales que reduzcan el puro trasplante de otras realidades teóricas (1998).

197 Smart señala que si se toma el primer camino hay tanto ventajas como desventajas. Una ventaja es que se hacen visibles las mujeres en las ciencias sociales y aumentan las posibilidades de construir proyectos de investigación realmente interesados en comprender el mundo y los intereses de las mujeres. Sin embargo, afirma que también puede existir el riesgo de crear lo que llama un efecto "ghetto" que termine segregando los estudios de la mujer de las corrientes principales de las ciencias sociales, los cuales usualmente resultan siendo clasificados como aislados "trabajos sobre mujeres". Ejemplo de esto han sido los ahora bien conocidos "asuntos de género" que atraviesan aisladamente algunas políticas públicas en nuestro país. Adicionalmente, las mujeres que se animen a realizar estudios de mujeres serán consideradas en un estatus inferior y recibirán

las visiones críticas que toman como objeto central de cuestionamiento la esencia misma del sistema penal —sean las producidas por criminólogas feministas o desde la criminología crítica— se constituyen en un mismo e indiferenciado eje de apalancamiento examinador en contra de construcciones y producción de significados que han coadyuvado a mantener formas de discriminación contra la identidad femenina. En esa medida, más que una huida de la criminología crítica, lo que acá se propone es una noción inclusiva de visiones críticas feministas y de criminología crítica como camino fructífero hacia la deconstrucción misma del sistema penal.

Hacia una criminología crítica feminista incluyente

Los cuestionamientos sobre los límites epistemológicos de la criminología feminista siguen en todo caso siendo un asunto controvertido. Las preguntas por si ese campo de acción debe desprenderse de manera absoluta de las construcciones acerca del crimen y del castigo elaboradas por la criminología tradicional, en cualquiera de sus vertientes, o si resulta plausible adoptar ciertas visiones criminológicas y reacomodar construcciones teóricas feministas para lograr avanzar en las concepciones discriminatorias acerca de lo femenino continúan aún sin resolverse, y son constantes los cuestionamientos sobre ese punto en los trabajos feministas criminológicos.

Elieen Leonard (1982) afirma, por ejemplo, que la apuesta no es por una "criminología de mujeres" a manera de un capítulo añadido a los textos de criminología tradicional, pues esto termina por dejar la visión sexista intacta. Propone una "ciencia unitaria", que exige cantidad considerable de investigación en la que se incorpore un entendimiento tanto del comportamiento

---

en esa medida un soporte menor de la comunidad social científica dominada por ideas masculinas. Por el otro lado, Smart señala que un efecto aún peor que puede desprenderse de esto es que los científicos sociales orientados hacia lo masculino, y que tienen pocos intereses hacia el feminismo, resultan "apropiándose" de esta "nueva" área de estudio, tratándola analíticamente de manera similar a cualquier otro campo de estudio masculino. En ese caso, los estudios de mujeres y el crimen se vuelven otra área más de las ciencias sociales, como la educación, la industria o la raza, para ser adicionados a esa lista de sujetos a estudiar, pero dejando intactas las bases de las actitudes sexistas inherentes en las inalteradas ciencias sociales (1976:178). La alternativa al enfoque separatista se plantearía para Smart en un ideal de ciencia social que adoptara una visión en la que se estudiaran el hombre y la mujer tal y como actúan en el mundo social. Hombres y mujeres no son independientes en el mundo social ni son independientes el uno del otro, pues sus interrelaciones son hechos vitales. Para que ese ideal se concrete deben haber cambios en las ideologías y prácticas sociales sobre las mujeres. Se ha de resaltar acá que en esta tesis no se sostiene un enfoque separatista sino más bien uno inclusivo entre visiones críticas feministas y de la criminología crítica, como camino fructífero hacia la deconstrucción misma del sistema penal.

masculino como femenino y en la que se impongan nuevas metodologías y teorías, y, en todo caso, no se descarten de plano teorías criminológicas existentes que provean razones plausibles para entender las causas del crimen y la criminalidad. La visión incluyente que acá se propone radica no en la visión etiológica criminológica, concentrada básicamente en comprender las causas del crimen y la criminalidad femenina, como ha sido el principal énfasis de la criminología feminista anglosajona[198], sino más bien por concentrar la atención en cuestionar la esencia misma del sistema penal y la manera en que construye las ideas del delito en relación con la mujer, sea como víctima o victimaria. Como se señaló, esta visión coincide con los enfoques críticos criminológicos de izquierda que fueron trascendentales en hacer comprender que las causas de la criminalidad no aparecían fuera del sistema mismo si no que son precisamente las mismas construcciones del sistema las que generan determinadas criminalidades. Desde una óptica crítica feminista se puede afirmar que las construcciones del crimen y la pena tuvieron inclinaciones predominantemente masculinas y es sobre ese aspecto que se debe concentrar su intervención. Por eso, como se señaló, la criminología feminista debe centrarse críticamente sobre el sistema penal, suponiendo una transformación de las relaciones hegemónicas masculinizadas que han legitimado en muchos casos la teoría jurídico penal. La idea es, entonces, continuar conscientes de las contradicciones mismas del sistema penal y, aún sin considerarlas susceptibles de ser resueltas, continuar intentando ejercicios de legitimación/deslegitimación. En suma y retomando lo dicho, la finalidad es presentar la importancia de partir de la criminología crítica como instrumento guía para un cuestionamiento del sistema penal y sus maneras de entender la violencia sexual. La propuesta es la de utilizar sus categorías básicas, incluyendo las aportadas por la criminología feminista, como escenario provechoso para justificar el uso del derecho penal como un instrumento legítimo de intervención contra ciertas expresiones de violencia sexual. El propósito de la segunda parte de este libro, a continuación,

198 Si bien subsisten vertientes que incorporan perspectivas marxistas, críticas o interaccionistas, la corriente principal de la criminología feminista anglosajona se ha concentrado en entender la etiología del crimen (una categoría tomada como dada) y a partir de allí se han propuesto métodos de controlar el crimen. De acuerdo con Britton, esta manera de entender la criminología ha estado comúnmente ligada a las formas sociales de control y su alianza con el Estado como el principal proveedor de fondos para investigar en estas áreas y de ahí la continua marginalización de la teoría feminista que persiste en el campo. Las aproximaciones a la criminología por parte del feminismo han dejado por fuera preguntas sobre los procesos de criminalización de algunos hechos y sobre el inherente carácter justo o injusto del sistema penal, que es el aspecto que considero medular para hablar de una criminología feminista crítica, a fin de que tenga trascendentales efectos en la práctica misma punitiva y en las maneras en que las feministas nos aproximamos al derecho penal.

es presentar una caracterización centrada en los distintos feminismos y la manera en que se han relacionado con el derecho penal. Esa caracterización tiene dos propósitos, primero, seguir mostrando la manera en que el sistema penal y los feminismos se han encontrado y desencontrado y, el segundo, moldear la idea de cómo el feminismo crítico podría intervenir en los diálogos teóricos del delito y de la pena, teniendo como base la criminología crítica.

SEGUNDA PARTE

FEMINISMOS DEL CASTIGO, DE LA REGULACIÓN Y CRÍTICO: PROPUESTA DE UNA NUEVA CATEGORIZACIÓN[199]

[199] Las categorizaciones son claramente construcciones para entender realidades y como tales no tienen límites precisos ni se corresponden con una verdad absoluta. Dicho esto, con el ejercicio que propongo pretendo simplemente situar el debate, criticarlo y a partir de allí generar nuevas propuestas de conocimiento en cuanto a la manera feminista de entender el castigo.

INTRODUCCIÓN

La constante principal de la teoría feminista en sus distintas vertientes ha sido la de dotar de un contenido intelectual y crítico a la subordinación de la mujer al hombre. Estos intentos han sido analizados desde una multiplicidad de campos del saber y a partir de lo que se conoce como la primera ola del feminismo, generalmente remontada a la publicación, en 1792, del libro *A Vindication of the Rights of Woman* de Mary Wollstonecraft, seguida por la segunda y tercera olas feministas, y han determinado, producido y reproducido importantes teorizaciones explicativas de la subordinación y las maneras de superarlas[200]. Estas construcciones feministas han producido realidades y estas, a su vez, han reproducido conocimiento[201]. Estas interrelaciones de reconstrucción y reproducción de la realidad han supuesto, por un lado y como se detalló en la primera parte de este libro, una naturalización de lo femenino desde el derecho penal y sus respuestas para controlar y castigar la violencia, y, por el otro, una identificación de la sistematizada y generalizada situación de discriminación y opresión de la mujer desde los distintos feminismos y las maneras de expresar que debe existir una consecuencia jurídica por esto.

El propósito de esta segunda parte del libro es doble. El primero es intentar una categorización de esas diferentes aproximaciones de los distintos feminismos al derecho penal, con el fin de mostrar fortalezas y debilidades que cada una de ellas pueden ofrecer en torno a la pregunta por la legitimidad del castigo. El segundo es presentar de manera más detallada la perspectiva que se sostiene en este estudio y que, como se ha ya dicho, es la apuesta desde el feminismo

200 Aunque no existe una definición unívoca sobre qué es el feminismo y, por el contrario, existen resistencias contra la idea de agrupar a los distintos movimientos de mujeres bajo una empresa común y esencialista, desconocedora de distintas variables como raza o ubicación geopolítica, se puede señalar, sin embargo, que "es el conjunto de personas, acciones y teorías que asumen un compromiso político con la idea de que dentro de las sociedades contemporáneas las mujeres son las perdedoras en el juego social, o lo que es lo mismo, el compromiso con la idea de que nuestras sociedades son patriarcales, es decir, aquellas en las que existe una supremacía de lo masculino" (Jaramillo Sierra, 2000:33).

201 Alicia Ruiz (Birgin, 2000:20) señala que para resignificar a las mujeres resulta necesario detenerse en el derecho como discurso social performador de sujetos. No se puede reducir el derecho a lo presentado como puramente normativo, sino que desde la teoría crítica se lo definirá como práctica discursiva, social y también productora de sentidos diferentes a los construidos por otros discursos.

crítico como el camino más plausible para una intervención en el sistema penal, que dé cuenta de los espacios de ilegitimidad y de legitimidad posibles en torno a la violencia sexual y la manera en que el derecho penal la construye. Se pretende que a partir de estas categorizaciones se pueda presentar una visión renovada para entender las relaciones del feminismo con el derecho penal, más allá de los generalizados reproches acerca de la ineficacia de las normas para proteger a las mujeres, del carácter machista de interpretación judicial, de la inconveniencia del énfasis simbólico que otorgan algunos feminismos cuando intervienen en el sistema punitivo, o simplemente de la afirmación de que el derecho penal no sirve al feminismo. Creo que este tipo de censuras resultan agotadas e insuficientes en torno a la necesariedad de justificar y legitimar el castigo en la sociedad contemporánea. El feminismo, sea cual sea la perspectiva que se asuma, no puede limitarse a impugnar constantemente la ineficacia del derecho penal sin asumir una postura que se atreva a intervenir de manera más radical en los supuestos dogmáticos, político-criminales y criminológicos que están alimentando la manera de entender la violencia, el castigo y, en general, el sistema penal contemporáneo. La primera categorización que se presenta se denomina acá *feminismo del castigo,* cuya característica central es que presenta una relación directa y necesaria entre la violencia contra la mujer y el castigo. Aquí se pueden incluir aquellos feminismos de corte punitivista que intentan luchar contra fenómenos como la impunidad a partir del derecho penal. La segunda caracterización se denomina *feminismo de la regulación*, que se identifica por mantener una relación indeterminada, equívoca y no necesaria entre violencia y castigo. Por último, la tercera categorización se denomina *feminismo crítico* porque cuestiona/niega que exista cualquier relación necesaria entre violencia y castigo.

A continuación se ampliarán estas ideas.

FEMINISMOS DEL CASTIGO, DE LA REGULACIÓN Y CRÍTICO: INTENTO DE UNA NUEVA CATEGORIZACIÓN

Las maneras de entender y atacar la subordinación de la mujer han sido asumidas desde diferentes perspectivas por las distintas tendencias teóricas dentro del feminismo. Estas diferentes visiones críticas han intervenido en distintos campos de saber y entre ellas el derecho ha ocupado un lugar trascendental de contienda política e intervención teórica. En el derecho penal, la intervención ha variado entre un apuntalamiento incuestionable hacia el uso de las estrategias del control formal hasta un escepticismo sobre su uso como herramienta de control formal contra la violencia hacia la mujer. Estas intervenciones han sido, a su vez, matizadas por las diferentes perspectivas feministas que teóricamente se han categorizado en el feminismo liberal, el radical, el cultural, el marxista o el posmoderno.

Aun cuando no se puede señalar tajantemente que estas visiones teóricas corresponden cada una a una sucesión cronológica lineal y progresiva del feminismo, ni que sus primeros supuestos de comienzos del siglo XX no coexistan hoy en día con tendencias del pensamiento contemporáneo en sus relaciones con el derecho penal, lo que sí se puede señalar es que ciertas ideas feministas provenientes de cada una de esas vertientes se caracterizaron como predominantes en ciertos periodos del tiempo y que de allí provienen clasificaciones como los feminismos de la primera, segunda y tercera olas, los cuales se describirán a continuación de manera muy sucinta[202].

Primera ola feminista y criminalización

Sin pretender profundizar sobre estas periodicidades, puesto que no es el objeto de este estudio, puede decirse que la denominada primera ola feminista apareció como corolario de las ideas ilustradas de finales del siglo XIX y se caracterizó por la pretensión de que las diferencias de las mujeres fueran reconocidas en igual valor a aquellas diferencias de los hombres, pues las libertades, los derechos y la

[202] Estas descripciones de los distintos feminismos que se desarrollarán a continuación tienen como propósito únicamente presentar una visión general de estos y sus acercamientos con el sistema punitivo, a fin precisar con posterioridad las categorías que en esta tesis se presentan.

igualdad jurídica que habían sido las grandes conquistas de las revoluciones liberales de la Ilustración no afectaron favorablemente a la mujer[203]. El movimiento de mujeres fue consciente de la diversidad entre las mujeres, pero reclamaba por su unidad como manera de generar conciencia de género (Cott, 1987)[204]. Feministas como Mary Wollstonecraft, en Inglaterra (1792), presentaron los primeros reclamos teóricos contra la exclusión de las mujeres del campo de bienes y derechos que había diseñado la teoría política rousseauniana. Como ya se dijo en la primera parte del libro, esos primeros reclamos mantuvieron en todo caso incólume la ideología penal propia de la Ilustración. La decisión sobre el reconocimiento de qué significaba legítimamente estar dentro o fuera de los límites del derecho a castigar fue un aspecto que quedó por fuera de la agenda feminista y estos feminismos de la igualdad formal; habiendo sido fundamentales en su denuncia acerca de la existencia de desequilibrios también formales en la aplicación de la ley, estuvieron en todo caso ajenos a inmiscuirse o develar la legitimidad intrínseca del derecho penal. La legitimidad del derecho a castigar permaneció inmutable a los intentos feministas por lograr la igualdad de oportunidades formales. Ya se ha visto cómo las discusiones que en el ámbito de lo penal evolucionaron en torno a dotar de un contenido racional al Estado para controlar a través del aparato punitivo a sus ciudadanos no tuvieron punto de convergencia alguno respecto de los llamados que por la igualdad formal presentaron en otros ámbitos los feminismos liberales clásicos de la primera ola. No hubo ningún punto de comparación, por ejemplo, de las ganancias de los movimientos feministas de comienzos del siglo XX que garantizaron el derecho al voto o visibilizaron las barreras que enfrentaban las mujeres en sus sitios de trabajo frente a la escasa o nula participación del movimiento feminista en el entendimiento del delito y la pena. Estos movimientos feministas de la primera ola buscaron desde criminalizar el uso del alcohol y las drogas, hasta abolir la prostitución, esterilizar a los "débiles mentales" o crear reformatorios especiales para mujeres y jóvenes, pero, se reitera, sin ninguna conexión con la construcción teórica por parte de penalistas y su lucha por modernizar el derecho penal (Rafter, 1983, 1985; Heidensohn, 1992).

203 Esta primera ola, o también conocida como "el movimiento de mujeres", surgió en Estados Unidos y en algunos países europeos en conjunción con el movimiento abolicionista de la esclavitud. Sus comienzos en Estados Unidos son marcados en la Convención de Seneka Falls, en Nueva York (1848), y sus finales por la aprobación de la enmienda 19 de la Constitución que permitió el voto femenino, junto con el desencuentro de las feministas sobre la enmienda por la igualdad de derechos propuesta a comienzos de los años veinte. En todo caso, estos datos son convencionales y cambiantes, en especial cuando muchas académicas parten de la continuidad de la conciencia y acción del pensamiento feminista (Cott 1987; Delmar, 1986; Kelly-Gadol, 1982).

204 Citado en "Feminism and Criminology", Daly y Chesney-Lind, en *Justice Quarterly*, Vol. 5, n.º 4, *Academy of Criminal Justice Science*, diciembre de 1988.

La segunda ola y la opresión sexista

Para la segunda ola feminista, desarrollada a partir de los años sesenta del siglo XX, la opresión sexista no podía estar simplemente enraizada en lo político y lo legal, sino que consideraba sus causas mucho más acentuadas y profundas en todos los aspectos de la vida social. Estas feministas, pese a las divergencias en torno al entendimiento de la manera de entender la opresión, coincidieron en que la igualdad de derechos entre hombres y mujeres no lograba eliminar la discriminación que subyace a las estructuras sociales.

Tanto las feministas liberales como las marxistas y socialistas adoptaron el concepto de patriarcado del feminismo radical[205], según el cual la inscripción de las mujeres en el ámbito público se habría producido a costa del mantenimiento de estructuras privadas de subordinación. En consecuencia, y retando la falsa dicotomía público-privado, consideraron que la igualdad exige tanto a la teoría de la justicia como a la teoría política plantearse la discriminación que es propia del sistema económico, laboral, las relaciones de familia, la sexualidad y la reproducción. El reto de repensar la discriminación, no a partir de las ideas del feminismo liberal clásico, supusieron entonces cuestionar la esencia de las estructuras sociales vigentes. Este cambio de perspectiva, en sus relaciones con el derecho penal, supuso cambios en las maneras tradicionales de entender leyes como las de la violación, posibilitando, por ejemplo, su castigo dentro del ámbito matrimonial. Si bien estas iniciativas tenían un sustento esencialmente basado en la igualdad formal, se manifestaba ya una posición crítica de estos feminismos de la segunda ola hacia el sistema legal en general y sobre el de justicia en particular. Esta crítica supuso que los movimientos de mujeres comenzaran a usar las estrategias de reforma legal punitiva para lograr propósitos más valiosos de modificación de comportamiento y de visibilización de las inequidades institucionales y sistémicas, tales como el papel secundario que se

205 El feminismo radical incluye propuestas y cuestionamientos en torno a la relevancia política de la biología reproductora humana y a la consideración de que la biología femenina es básica para la división sexual del trabajo. La teoría feminista radical acepta la importancia de factores como la clase o la raza en relación a la opresión de las mujeres, pero considera que la razón fundamental de la subordinación de las mujeres es el patriarcado, el cual controla los cuerpos, la sexualidad y los procesos reproductivos de las mujeres. Bajo esta perspectiva, la opresión de las mujeres no puede erradicarse reformando las leyes y haciendo que hombres y mujeres compartan por igual las responsabilidades que antes se adjudicaban en función del sexo, como lo afirmaría el feminismo liberal, ni compartiendo en pie de igualdad las instituciones políticas y económicas (como lo señalarían las marxistas y socialistas), sino mediante una reconstrucción radical de la sexualidad. De ahí el interés del feminismo radical en temas como la maternidad, la prostitución, el acoso o la pornografía. A juicio del feminismo radical, el feminismo liberal y el marxista habrían internalizado los valores de la cultura masculina como los valores socialmente positivos. Encarna Bodelón, *La igualdad y el movimiento de mujeres: propuestas y metodología para el estudio del género*, Universitat Autònoma de Barcelona, Barcelona, 1998.

daba a las víctimas en el proceso penal[206]. En materia de delitos sexuales se hizo manifiesta la necesidad de modificar normas sustanciales, procesales y probatorias que discriminaran a las mujeres. El trabajo del feminismo de la segunda ola fue importante en la medida en que identificó la violación no como un acto de desenfrenada sexualidad o de simple violencia, sino como con un ejercicio de poder y dominación cometido por los hombres y porque representa el último sentido de dominación sobre las mujeres. En este sentido, MacKinnon (1982) señaló que se necesita una categoría especial para entender esos delitos basados en relaciones de poder y por eso presentó la categoría de crímenes de género, entre los que incluyó no solo la violación sino también la prostitución. La importancia de esta visión de la violencia ha sido fundamental, pues ha servido para apuntalar críticas en torno a la reducción conceptual de la violencia en el derecho penal y es, como se señaló en la primera parte del libro, uno de los aspectos que no ha podido recoger aún la teoría de los bienes jurídicos tal y como está construida, ni tampoco ha sido repensada en torno a criterios como los de necesidad de pena, ineludibles para legitimar la intervención punitiva.

La prohibición de testimoniar acerca del pasado sexual de las víctimas o la remoción de la prohibición de condena si era la víctima la única testigo del delito también fueron aportes del feminismo de la segunda mitad del siglo XX. Dentro de esas estrategias también estaba la de lograr entender el juicio penal como una ocasión de curación y cerramiento del conflicto para las víctimas. Todas estas iniciativas fueron de gran ayuda porque permitieron a los feminismos comenzar a denunciar que el proceso no fuera avizorado como una simple contienda entre el Estado y el acusado, exigiendo que los jueces balancearan el derecho del acusado a defenderse y la obligatoriedad de remover cualquier imparcialidad o creencias discriminatorias en cuanto al comportamiento sexual previo de la víctima. Como se dijo en páginas anteriores, estos clamores se han concretado y han sido avalados en nuestro medio con pronunciamientos de la Corte Constitucional y de la Sala Penal de la Corte Suprema de Justicia, especialmente a partir del año 2003[207]. En el ámbito anglosajón,

206 Dianne Martin, "Retribution Revisited: A Reconsideration of Feminist Criminal Law Reforms Strategie", en *Osgoode Hall Law Journal*. Vol. 36, n.º 1, 1997.

207 Como ejemplos pueden citarse fallos de la Corte Suprema de Justicia proferidos desde el año 2005, en los que se hace eco a estas pretensiones legitimadas en el ámbito internacional de protección a los derechos humanos de las mujeres. Como ejemplos, puede citarse el Proceso n.º 21762 del 3 de marzo del 2005, M.P. Mauro Solarte Portillo, en el que se consideró la necesidad de valorar el contexto en el que ocurren los hechos de violencia sexual para determinar si la relación sexual fue consentida o no. Asimismo, en sentencia del 26 de enero del 2006, Proceso n.º 23706 del 26 de enero del 2006, M.P. Marina Pulido de Barón, la Corte señaló que resulta imperativo apreciar especialmente el testimonio de las víctimas de violencia sexual y la prueba indiciaria teniendo en cuenta el hecho reiterado de los artificios de los acusados para esconder sus delitos; la Corte

autoras de finales de los años noventa, como Dianne Martin, ya habían comenzado a advertir que estrategias de esta naturaleza parecían contradictorias frente a un sistema penal que es adversarial, que busca mantener las relaciones de poder y que está basado en la retribución individualista para la determinación de la culpa[208]. Cambios como la modificación de una pretensión retributiva propia del proceso penal a una con fundamentos restaurativos requieren una revisión teórica más pausada del sistema de justicia criminal. Las contradicciones internas que esto produce son evidentes si se parte de que la pretensión restaurativa de la pena estaría enclavada, en todo caso, en una de naturaleza puramente contenciosa. De allí que los reclamos frente a la ineficacia, si bien acertados, necesitan primero repensar los supuestos teóricos y filosóficos que descansan en una u otra visión del castigo. Tamar Pitch, por ejemplo, señaló que la denuncia de violencia en el ámbito penal no sirve porque la mayoría de los procesos por malos tratos familiares acaban en absoluciones o condenas muy leves y, en particular, terminan mucho tiempo después de presentada la denuncia, cuando la situación, de una forma o de otra, se ha modificado. Si aumentar la pena prevista resulta ser una medida bastante discutible para

señaló también que el proceso penal debe perseguir finalidades legítimas y que la práctica de pruebas orientada a desvirtuar la responsabilidad del implicado mediante la culpabilización de la víctima a través de pruebas en su contra, implicaría que el proceso penal se apartara de sus finalidades y se transformara en un mecanismo de reproducción de prejuicios sociales contra las mujeres. En el año 2007, dentro del Proceso n.º 28040, la Corte Suprema de Justicia tuvo la oportunidad de pronunciarse respecto a los cambios relativos al rol de las víctimas en el proceso penal, en el sentido de abandonar las limitaciones a su participación en cuanto a la reparación económica para trascender a garantizar derechos como "el de información, participación y protección encaminados a evitar un segundo proceso de victimización, o también llamado secundario, por razón del mismo delito, para cuya construcción fue vital el abandono de la simple función retributiva de la pena". Entre otras, también pueden citarse las sentencias 27283 del 1.º de agosto del 2007, M.P. Yesid Ramírez Bastidas, 21105 del 29 de julio del 2008, M.P. Julio Enrique Socha Salamanca, o las sentencias del 23 de septiembre del 2009, dentro del radicado 23508, en las que se resaltó la protección internacional de los derechos humanos de las mujeres y la obligación de los Estados de garantizar la igualdad entre hombres y mujeres en el goce de todos los derechos. Sobre un estudio pormenorizado de la jurisprudencia de la Corte Suprema de Justicia, Sala de Casación Penal, en materia de víctimas de violencia sexual véase el documento realizado por Sisma Mujer (2011) en http://www.sismamujer.org/Descarga/accesojusticia/estudio.jurisprudencia.de.corte.suprema.de.justicia.en.materia.de.victimas.de.violencia.sexual.pdf.

208 Sobre la abundante literatura que critica las iniciativas en el sistema punitivo veánse, entre otros, Dawn Currie, "Battered Women and the State: From the Failure of Theory to a Theory of Failure" (1990), en *J. Hum. Just.* 77; Kathleen Daly, "Men's Violence, Victim Advocacy, and Feminist Redress" (1994), en 28 *L. & Soc'y Rev.* 777; Dianne Martin, "Casualties of the Criminal Justice System: Women and Justice Under the War on Drugs" (1993), en 6 *C.J.W.L.* 305; Laura Snider, "Toward Safer Societies: Punishment, Masculinities and Violence Against Women" (1998), en 38 *Brit. J. Criminology*; Gwen Brodsky y Shelagh Day, *Canadian Charter Equality Rights for Women: One Step Forward or Two Steps Back?*, Ottawa, Canadian Advisory Council on the Status of Women, 1989; Brenda Cossman, *Dancing in the Dark: A Review of Gwen Brodsky and Shelagh Day's Canadian Charter Equality Rights for Women: One Step Forward or Two Steps Back* (1990), en 10 *Windsor Y.B. Access Just.* 223; Judy Fudge, "What do we Mean by Law and Social Transformation?" (1990), 5 *Can. J.L. & Soc'y*; y Judy Fudge, "Evaluating Rights Litigation as a Form of Transformative Feminist Politics" (1992), 7(1) *Can. J.L. & Soc'y* 153.

prevenir la violencia sexual, resulta aún más discutible en el caso específico de la violencia doméstica, que no se presenta como un acontecimiento único y concreto, aun cuando culmine en un homicidio de la mujer o de los hijos o de ambos. Para estos casos, concluye, la justicia penal es lenta y más bien ineficaz. Esto es cierto. Pero además de lenta e ineficaz, que lo es no solo para los delitos cometidos contra mujeres, también lo es que los presupuestos de la sistematicidad de la violencia dentro del hogar no han sido dogmáticamente trasladados al sistema punitivo. De nuevo acá aparece la concepción del daño, físico o psicológico, pero tangible, como única manera plausible para el derecho penal, mientras que vulneraciones a las esferas del dominio imaginario e integridad corporal, como las ya citadas de parte de Drucilla Cornell, resultan asistemáticas e impensables en la sistemática penal. Esa manera de entender las relaciones de sexualidad/violencia como una crítica al sistema patriarcal y su propósito de modificar las reglas en el juicio criminal para sustituir esas realidades fue transformando progresivamente la agenda feminista hacia un continuo e incesante análisis sobre la eficacia de la ley penal. Los cuestionamientos se comenzaron a centrar en medir o bien los éxitos o logros de los cambios legales o procesales o bien el impacto que esos clamores tuvieran en el discurso popular punitivo. Los triunfos dependían y dependen, en gran medida, del mayor número de condenados y las condenas más altas, comenzándose así a idealizar el imaginario de relacionar necesariamente el fin de la opresión con términos conceptuales como los que contiene el de impunidad. La secuencia lógica del pensamiento sobre el aparato de justicia criminal continúa midiéndose por el número de condenados o por la duración de las condenas. Los factores objetivos que legalmente el sistema penal impone al juez para decidir entre los márgenes punitivos o decidir si el procesado tiene derecho o no a la libertad condicional, que en la estructura punitiva local no tienen relación con el daño causado a la víctima, siguen siendo trasladados por algunos lenguajes feministas (si aquellos factores son ponderados por el juez a favor del procesado) como indicadores de ineficacia, de impunidad o de sesgos machistas en las leyes y su aplicación. Las contradicciones internas del sistema criminal, como, por ejemplo, el artificio de sostener que el ejercicio del control punitivo tiene como equivalente la no impunidad, no fueron objeto de análisis por parte de los feminismos de la segunda ola, pues sus análisis en torno al derecho penal parten de premisas, a su juicio incuestionables, como los de la necesidad del castigo, la realidad ontológica del delito y una idea figurada del concepto de impunidad.

La tercera ola feminista. Contradicciones para una elaboración teórica del delito y la pena

Bajo esta categorización del discurso feminista aparece contemporáneamente lo que se denomina el *feminismo de la tercera ola*[209]. Naomi Wolf (1994) impulsó en su libro *Fire with Fire: The New Female Power and How to Use It*[210] la superación de lo que denomina el "feminismo víctima" de la segunda ola y mutar más bien hacia políticas centradas en el empoderamiento de las mujeres, o lo que ella llama "feminismo del poder". Otras autoras, como Heywood y Drake (1997), presentan al feminismo contemporáneo como un proyecto de descolonización en el sentido no solo de la búsqueda de agencia de la mujeres, sino también haciendo énfasis en la diversidad de identidades y en la interseccionalidad de factores como raza, clase y heterosexismo, aspectos que ya desde antes habían sido destacados por feministas como Gloria Anzaldúa, Bell Hooks, Angela Davis, Chela Sandoval y Bárbara Smith, entre otras. Para Chris Bobel (2010:16) resultan importantes los factores que incluyan múltiples culturas, el estudio de la multiculturalidad/multiracialidad feminista, o el estudio feminista de los hombres, y el rechazo de las mujeres como víctimas oprimidas y la heterosexualidad como peligrosa[211]. Estas visiones de la tercera ola feminista armonizan con la idea central que se sostiene en este texto, que supone abandonar cualquier estructuralismo rígido que impida concebir ideas diferentes a la naturalizada idea del castigo como única vía legitima para sancionar la violencia sexual. El rasgo esencial que debe resaltarse acá es la idea central posmoderna que subyace a estas apuestas feministas y que se centra en cuestionar cualquier intento de universalidad y totalidad en el conocimiento[212]. Se señala que tiende políticamente a servir a objetivos liberadores y críticos, al deslegitimar los grandes discursos legitimadores de la opresión propios del pensamiento

209 En el mismo sentido que ya se ha dicho, la pretensión acá tampoco es efectuar un análisis detallado sobre los momentos históricos del surgimiento de lo que se ha denominado la tercera ola, pues en todo caso existen divergencias en torno a la ocurrencia precisa de su evolución y de lo que puede entenderse del mismo concepto de "tercera ola". Para profundizar sobre estas divergencias véase, entre otros, Chris Bobel, *New Blood: Third Wave Feminism and the Politics of Menstruation*, Rutgers University Press, 2010.

210 Citado por Bobel, p. 15.

211 Linda Alcoff (2005), por ejemplo, explica incluso que la teoría feminista atraviesa contemporáneamente una crisis de identidad y que el pensamiento posmoderno no solo puede eliminar la especificidad de la teoría feminista, sino que puede poner enteramente en cuestión los ideales emancipatorios mismos de los movimientos de la mujer.

212 Debe aclararse que estas discusiones entre feminismo y posmodernismo tienen múltiples matices dentro de la misma teoría feminista, mas, sin embargo, no es el objeto de este texto profundizar en las mismas. Puede consultarse al respecto el pensamiento de autoras como Amorós (2005), para quien feminismo y posmodernidad son incompatibles a nivel conceptual y político, por cuanto la posmodernidad socavaría la esencia misma del feminismo como teoría emancipatoria.

hegemónico y en esto radica su importancia cardinal como elemento fundante para una nueva apuesta contrahegemónica (Butler, 1990). En cuanto tiene que ver con sus relaciones con el derecho penal, no puede señalarse que exista una agenda en común que caracterice las ideas de la denominada tercera ola en cuanto al uso estratégico o no del castigo como forma de erradicar la violencia sexual. Sin embargo, podría señalarse que el sustrato posmoderno de la tercera ola implicaría un abandono conceptual de la Ilustración y la idea de cualquier legitimación de la ciencia moderna. El punto que debe acentuarse es que esto ya no contrastaría con la idea de una apuesta por la necesariedad de legitimar el delito y la pena en el marco de una criminología crítica feminista, como la que acá se sostiene. El punto a debatir se centra, por tanto, en determinar si existe un conflicto entre deconstrucción y las ideas de subjetividades no esenciales sino dinámicas, o de fragmentación y multiplicidad, por un lado, y, por el otro, por la necesidad de construcción de categorías o sustratos conceptuales que permitan legitimar la lucha de los feminismos por el castigo, así como la de visualizar situaciones sistemáticas de opresión en la teoría penal[213]. Lo que ha de señalarse, por ahora, es que la propuesta que acá se sostiene no implica de suyo una exclusión de la idea de la movilidad de subjetividades en la conceptualización de la teoría de los ámbitos de protección que legitiman la intervención punitiva, a partir de una visión renovada feminista de la teoría de los bienes jurídicos. La legitimidad de la intervención punitiva, para los actos de mayor trascendencia, implica comprender que tendencias sistemáticas de violencia, o el poder como uno de los elementos trascendentales en los actos de violencia sexual, no resultarán ajenos a la construcción discursiva del principio de lesividad o de necesidad de pena para aquellos supuestos evidenciados de opresión sexista. La teoría del injusto penal deberá reconocer de entrada tales supuestos, no esencialistas ni basados en una categoría estática del sujeto mujer, y en ello radicará la posibilidad de sancionar legítimamente daños que a la luz de la dogmática dominante no se han podido evidenciar ni traducir conceptualmente en sus categorías clásicas.

213 Haraway (1995), en este sentido, señala que "nuestro problema es cómo lograr simultáneamente una versión de la contingencia histórica radical para todas las afirmaciones del conocimiento y los sujetos conocedores, una práctica crítica capaz de reconocer nuestras propias 'tecnologías semióticas' para lograr significados y un compromiso con sentido que consiga versiones fidedignas del mundo 'real', que pueda ser parcialmente compartido y que sea favorable a los proyectos globales de libertad finita, de abundancia material adecuada, de modesto significado en el sufrimiento y de felicidad limitada" (1995:321). Nancy Fraser, por su parte, considera que el feminismo necesita una teoría del sujeto que posibilite una autonomía epistemológica y crítica, un análisis de la construcción de la identidad de género, la formación de un genérico y el reconocimiento como agentes sociales y políticos de cambio. En Gemma Nicolás Lazo, *La reglamentación de la prostitución en el Estado español. Genealogía jurídico-feminista de los discursos sobre prostitución y sexualidad*, Universidad de Barcelona, 2004.

LOS FEMINISMOS DE LA IGUALDAD Y DE LA DIFERENCIA

Las diferentes maneras de entender la opresión también permiten categorizaciones transversales a presentaciones cronológicas y evolutivas de la teoría y práctica feminista. Así, por un lado están aquellas que consideran que las mujeres son oprimidas porque no son tratadas de modo igual a los hombres (feminismos de la igualdad) y, por el otro, las que piensan que las mujeres son oprimidas porque no se reconoce como meritoria su diferencia en relación con los hombres (feminismos de la diferencia)[214]. De acuerdo con la distinción que efectúa Jaramillo Sierra (2000), los feminismos de la igualdad, a su vez, comprenden aquellos feminismos que parten de una igualdad de oportunidades, como los feminismos liberales clásicos de la primera y segunda ola, y que en sus relaciones con el derecho penal explicarían su conformidad con las apuestas del derecho penal liberal clásico por el establecimiento de tipos penales neutros, tales como las reformas que ha introducido el legislador en casos de delitos contra la libertad sexual[215]. Las presiones de los movimientos de mujeres especialmente en la década de los setenta fueron importantes para esa clase de modificaciones que aún permean instituciones del derecho penal. En Latinoamérica, esa presión por parte del feminismo o de movimientos de mujeres para producir reformas liberales en la ciencia penal no fue, sin embargo, tan contundente como en los países anglosajones o Europa continental. En el Código Penal colombiano de 1936 se contemplaba la figura de la legítima defensa del honor sexual, según la cual un esposo obtenía una ostensible rebaja de la pena si daba muerte a su esposa cuando la encontraba sosteniendo relaciones adúlteras. A partir de la expedición del Código de 1980 se modificó esta desigualdad en la descripción normativa por medio de la figura de la ira e intenso dolor y se generalizó para hombres y mujeres, al menos en el plano formal, la posibilidad de disminuir la punibilidad. Sin embargo, este tipo de modificaciones correspondieron más que a presiones del feminismo local a la evolución que para la época estaba teniendo el derecho penal en Latinoamérica, fruto a su vez de la recepción de un pensamiento dogmático alemán resuelto a proscribir de la ciencia penal

214 Isabel Cristina Jaramillo Sierra, "La crítica feminista al derecho, estudio preliminar", en *Género y teoría del derecho*, Robin West, Nuevo Pensamiento Jurídico, 2000, p. 40.

215 En España, por ejemplo, en 1978 fueron derogados los artículos 449 y 452 del Código Penal relativos al adulterio y al amancebamiento. El artículo 449 del Código Penal señalaba que: "El adulterio será castigado con la pena de prisión menor. Cometen adulterio la mujer casada que yace con varón que no sea su marido, y el que yace con ella, sabiendo que es casada, aunque después se declare nulo el matrimonio [...] No se impondrá pena por delito de adulterio sino en virtud del marido agraviado [...] El marido podrá en cualquier tiempo remitir la pena impuesta a su consorte". Las mujeres podían ser castigadas hasta con seis años de prisión si cometían adulterio frente a la impunidad de esa misma conducta si era cometida por un hombre.

cualquier rastro de desigualdad formal. La sistematicidad propia de la dogmática penal moderna que fue recepcionada en Latinoamérica imponía la inclusión de una pretendida neutralidad y de allí que la descripción que se hace en el tipo penal para delimitar al sujeto activo del delito como "el que" no admite para la doctrina penal continental ninguna duda en cuanto a la inclusión en él del sujeto femenino. Las críticas al feminismo liberal de la igualdad comenzaron a generalizarse en relación con la insuficiencia que suponían sus planteamientos frente a la aplicación material del derecho. Estas críticas a la igualdad formal son hoy casi totalmente pacíficas por parte de teóricas feministas del derecho, tanto radicales como socialistas[216] y culturales[217]. Estas tendencias reprochan la visión liberal de la equiparación de una igualdad formal como generadora de equidad sobre la única base de una discriminación explícita, cuando, afirman, el derecho no trata a mujeres y a hombres de forma igual (Mackinnon). Así, propuestas igualitarias en la aplicación de los tipos penales en relación, por ejemplo, con la violación, transmiten el mensaje de que "cualquiera" puede cometer ese delito de violación, con lo que se oculta que este es un delito de un género en contra de otro, propio de una sociedad en la cual existe jerarquía de géneros (Los, 1992)[218]. Estas críticas de los feminismos dirigidas a la apelación cuestionable de la neutralidad en la estructuración formal de los tipos penales derivan en todo caso de la interpretación discriminatoria que los mismos tribunales han efectuado en torno a la aplicación de "crímenes de género"[219]. Sin embargo, ha de resaltarse que estos reproches presentan un primer nivel del problema sobre el que la literatura feminista parece haber logrado un acuerdo plausible en este sentido: la neutralidad de la ley y su aplicación aparente. El segundo nivel crítico que acá se propone impone un análisis que profundice en las mismas contradicciones tradicionales que se han observado en el derecho penal y que se basan, en esencia, en la pregunta por la justificación del delito y de la pena. Por otra parte, se encuentran las propuestas feministas de la diferencia que intentan hacer contrapeso al feminismo de la igualdad y las cuales también han

[216] Acá se hace referencia al feminismo liberal social que aboga por una igualdad no ya en las oportunidades formales sino en una búsqueda de las igualdades de oportunidad material o reales. También se incluye al feminismo social para el cual la igualdad debe ser igualdad en cuanto al acceso de recursos (Jaramillo Sierra, 2000:40).

[217] Entre otras, Daniela Heim y Encarna Bodelón (coords.), *Derecho, género e igualdad. Cambios en las estructuras jurídicas androcéntricas*, Vol. 1, Grupo Antígona y Grupo Dones i Drets, Universidad de Barcelona, 2009.

[218] Maria Los, "Feminism and Rape Law Reform", en L. Gelsthorpe y A. Morris (eds.), *Feminist Perspectives in Criminology*, Milton Keynes, Open University Press, Reino Unido, 1990, pp. 160-172.

[219] En esta categorización de "crímenes de género" se incluyen tanto los delitos sexuales como aquellos como la violencia intrafamiliar o la inasistencia alimentaria. Esta categorización sería contraria a la de la dogmática penal continental, que clasifica estos últimos en los delitos que protegen el bien jurídico de la familia y no tendrían ninguna connotación sexual (Código Penal colombiano).

buscado replantear la teoría jurídica a partir de resaltar los valores femeninos[220]. Propuestas de justicia restaurativa o el fortalecimiento de instituciones procesales como la mediación tienen amplia acogida por teóricas del feminismo de la diferencia, también llamado feminismo cultural.

Esta visión del feminismo reivindica la diferencia de las mujeres y sostiene como su principal valor la ética del cuidado. Las juristas que se han identificado con las propuestas de Gilligan (1982) y las han aplicado al ámbito jurídico, parten de suponer que el derecho está marcado por el dominio masculino y que perjudica a las mujeres en la medida que ignora las diferencias de género. El dominio masculino se manifiesta en la ignorancia de las diferencias de género y el objeto, entonces, de la teoría legal feminista sería poner de manifiesto cómo el derecho excluye dichas diferencias de género. A pesar de las fuertes oposiciones de otros sectores feministas en contra del esencialismo que conlleva sostener esta clase de supuestos, autoras como Robin West (1988) han hecho importantes aportes a la teoría jurídica a partir de ideas feministas que parten del reconocimiento de la justicia[221]. En este sentido también son importantes los aportes de Kathleen Daly y la justicia restaurativa o Seyla Benhabib sobre justicia y feminismo.

West, por ejemplo, opone su "teoría de la conexión" a la teoría jurídica denominada "tesis de la separación"[222]. Según West, la teoría jurídica norteamericana está dominada por la idea de que todo ser humano está separado de los otros y por eso la tesis de la separación sería el fundamento de la teoría jurídica tradicional, tanto de la derecha liberal, como Nozick, como de algunos representantes de las teorías críticas del derecho, como Roberto Unger. Es decir, mientras que la teoría liberal celebra la separación y la autonomía y se preocupa por mantener la separación subjetiva frente al Estado, la teoría jurídica crítica contemplaría esa separación con el Estado como una alienación y un aislamiento y aspiraría a superarlas. En todo caso, el elemento común de la experiencia subjetiva masculina es la separación, mientras que la experiencia subjetiva femenina

220 El escrito más representativo de esta tendencia es el de Carol Gilligan, *In a Different Voice: Psychological Theory and Women's Development*, Harvard University Press, Cambridge, 1982.

221 En todo caso, la ética de cuidado puede interpretarse de una forma abierta como una forma de enriquecer el concepto de universalidad, o puede tener una lectura conservadora que refuerce el papel tradicional de las mujeres como cuidadoras.

222 De acuerdo con los trabajos de Gilligan y Chorodow, las mujeres razonan contextualmente y atendiendo a las conexiones, mientras que los hombres tienen un razonamiento abstracto y se centran en los individuos. La consecuencia de este tipo de razonamiento conlleva la conclusión de que mientras las mujeres perciben el mundo social como un conjunto de relaciones de las cuales ellas son parte y que merecen su atención y cuidado, los hombres perciben el mundo como compuesto por individuos cuya autonomía debe ser protegida. El principal valor de los hombres sería entonces la autonomía y su mayor temor sería entrar en conexión; para las mujeres el principal valor sería el cuidado y su mayor temor el aislamiento (Jaramillo Sierra, 2010:46).

se caracterizaría por la conexión. El trabajo de West pretende reemplazar la construcción clásica de la teoría del derecho por otra gran teoría en la que el eje central sea un sujeto femenino abstracto y ahistórico, al que se le atribuyen de forma homogénea un conjunto de valoraciones y comportamientos. Catherine MacKinnon (1982) ataca esta ética del cuidado como "subordinación" y la ha contrapuesto con su perspectiva sobre la dominación de las mujeres. La voz diferente, según MacKinnon, supondría reconocer de nuevo la imagen tradicional de la feminidad y la identificación de la mujer con una persona sumisa y cuyo rol fundamental es el cuidado de los otros[223]. MacKinnon sitúa en un mismo nivel las teorías de la igualdad y las de la diferencia. Para ella las desigualdades que afectan a las mujeres no se pueden resolver pensando que se trata de un problema de acceso a la participación social en términos de igualdad o en términos de derechos especiales, sino que es una cuestión de subordinación social y de inadecuada distribución del poder social. Una de las consecuencias más importantes de esta visión es que, a partir de esta oposición a la dicotomía igualdad/diferencia, y el énfasis en el poder que tienen los hombres sobre la sexualidad femenina, se amplía el número de problemas que pueden abordarse como problemas de discriminación y esto, a su vez, se ha constituido en la génesis de intervenciones feministas en el derecho penal para castigar conductas como el acoso sexual, la pornografía o la prostitución. El punto de quiebre de estas intervenciones dirigidas a ampliar el marco de entendimiento de los problemas de discriminación se da cuando se intenta su traducción a la dogmática penal, cuya habitualidad de pensar en lo jurídico impide aceptar una legitimidad propia del sistema penal que rechaza como injustos punibles el acoso sexual, la pornografía o la prostitución, por no corresponderse con el discurso de la naturalidad intrínseca del bien jurídico como recurso extremo que legitima la intervención penal o la ausencia de necesidad de pena que legitime el castigo, cuando con tales conductas no se ha vulnerado ningún derecho del otro[224]. Las oposiciones del feminismo radical frente a las pretensiones de la diferencia en las teorías de la justicia se han traducido de maneras confusas en la teoría jurídica penal. El reclamo contra el género como la estructura fundamental de la sociedad determinante en la distribución del poder ha generado avances trascendentales para

[223] Esta crítica resulta importante para la reflexión acerca de la idea de la diferencia en el derecho penal. La reconstrucción de categorías liberales tradicionales del delito y de la pena, tales como la autonomía, la libertad, la culpabilidad o la antijuricidad material, impondrán entrar de nuevo en este obstáculo teórico que supondría mantener, a costa de una categoría esencial "mujer", la subordinación.

[224] Debe insistirse que no se está clamando acá por una ampliación en la intervención punitiva. Lo que se quiere resaltar son, más bien, las dificultades teóricas que han supuesto las construcciones feministas en la teoría penal.

hacer comprender que ciertas conductas, como, por ejemplo, el tráfico de mujeres adultas, aún consentido, lo que pretende es distribuir o mantener las relaciones de poder entre los géneros y que por eso tales conductas, más que un problema puramente sexual, se constituyen en una lucha por mantener lo femenino en condiciones de subordinación. Cuando esta forma de opresión intenta atacarse con el derecho penal se encuentra con obvias contradicciones conceptuales sobre la manera en que está construida la sistemática penal. Esto hace que una recepción a los reclamos feministas como una vulneración al bien jurídico de protección a la sexualidad, intentándose legitimar el castigo en defensa de la autonomía sexual, termina, en últimas, distribuyendo el poder en contra de las víctimas de estas conductas al dar por sentado la ausencia de antijuridicidad material (no vulneración del bien jurídico), cuando se entiende como natural y obvio que el consentimiento de un adulto excluye el delito. Como se ve, la pregunta que persiste es si la salida supone reconstruir la dogmática conceptual del bien jurídico o si, más bien, un abandono de tal supuesto se hace necesario. La estructura supuestamente neutral de la teoría del bien jurídico sobre la cual está anclado el derecho penal moderno pareciera, paradójicamente, compartida por feminismos de corte radical, o de sus opuestos de la diferencia, en la medida que, pese a las diferentes maneras de entender la opresión, se asume de manera acrítica la construcción conceptual de la opresión en la teoría del bien jurídico y sus relaciones con la teoría de la justicia y el castigo. El intento de reformular esta categorización de los feminismos frente al derecho penal pretende mostrar de manera más comprensible las diferencias conceptuales generadas en el feminismo y en su forma de entender la violencia sexual y cuál es la relación que existe o debe existir con el castigo. Esta categorización supone un avance para salir del estancamiento evidente en torno a las relaciones con el sistema penal y se constituye en un espacio de reflexión que da un paso más allá de las conocidas lecturas que se presentan a favor del uso del derecho penal como mecanismo simbólico o de aquellas que optan por su rechazo por resultar un espacio esencialmente machista.

EL FEMINISMO DEL CASTIGO: RELACIÓN DIRECTA Y NECESARIA ENTRE LA VIOLENCIA Y EL CASTIGO

Estos feminismos son deterministas en el sentido de que cualquier acto de violencia sexual representa de manera automática la necesidad de castigo. El *feminismo del castigo* parte de que la subordinación y la violencia *son* la teoría feminista por excelencia. No se admite que exista una visión de la relación violencia-castigo por fuera del feminismo y se descarta de plano la posibilidad de entender el mundo social, la violencia y el castigo por fuera de ese universo. La categorización del feminismo del castigo supone la conjunción de los siguientes elementos: (1) es una visión que está siempre a favor de "las mujeres", es a ellas a quienes siempre se causan daños y siempre son víctimas; (2) no hay cuestionamiento por la legitimidad del sistema penal; (3) la pena se asume en su visión retributiva; y (4) el delito es real. Estos aspectos se desarrollarán a continuación.

EL FEMINISMO DEL CASTIGO Y ESENCIALISMO

Los intentos por relacionar la violencia contra la mujer con la necesidad de mayor intervención punitiva no son nuevos. Es un fenómeno que ha venido expandiéndose y ha sido intrínseco a la estructura de la teoría y práctica de los feminismos provenientes del norte global. Ha sido intrínseco incluso también para los contemporáneos feminismos antirracistas o poscoloniales del sur global. Janet Halley (2006) agrupa el carácter esencialista de estos feminismos, o *feminismos híbridos* como ella los denomina[225], criticando la superposición que hacen de la hipótesis de la superioridad de los hombres sobre las mujeres al convertirla en una afirmación estructural[226].

225 Janet Halley, *How and Why to Take a Break from Feminism*, Princeton University Press, 2006. Halley caracteriza al feminismo por su adherencia a tres proposiciones: (1) m (hombre, macho, masculino, etc.) es distinto a f (mujer, hembra, femenino, etc.); (2) m>f; y (3) hay que estar a favor de f. Para esta autora, adherirse a estas proposiciones conlleva lo que llama el "trío de la injuria": (1) las mujeres sufren daños; (2) las mujeres son inocentes; y (3) los hombres son inmunes (no sufren ningún daño). En materia de sexualidad esto supone que en el sexo las mujeres sufren daños y son inocentes, mientras que los hombres salen ilesos.

226 Brenda Cossman, Dan Danielsen, Janet Halley y Tracy Higgins, "Gender, Sexuality and Power: Is Feminist Theory Enough?", en *Columbia Journal of Gender and Law*, Vol. 12, n.º 3, 2003, pp. 601-637.

El feminismo paranoico y la exigencia moral a la convergencia a los cuales alude Halley, que suponen la permanencia de la superioridad del hombre sobre la mujer, la necesariedad de adoptar una única estrategia para superar los daños causados a la mujer, así como la suposición de que cualquier desviación dentro del feminismo es mala en un sentido moral, reproducen la naturalidad con que el feminismo del castigo mantiene la visión en torno a delitos como la violación, la pornografía o el acoso sexual. El determinismo que caracteriza a estas visiones feministas frente al castigo supone excluir matices en torno a las dinámicas concretas que revela la selectividad propia del sistema punitivo. Tal y como lo postulan las categorías centrales de la criminología crítica, el poder punitivo centrado en el proceso selectivo de criminalización se aplica no solo a quienes se pretende criminalizar al definir la conducta punible (criminalización primaria), sino también para los victimizados, o en este caso victimizadas[227]. La criminalización secundaria que se evidencia en este último aspecto supone entender que las agencias policiales que tienen a su cargo esta selección, como demás actores que intervienen en ella, resultan condicionados por el poder de otros actores o factores como los de clase, raza o estereotipos; este proceso, imperceptible para el feminismo del castigo, conlleva a que categorías universales como las de mujer-víctima, por carecer de matices y contrastes, resulten envueltas en las mismas deslegitimaciones que reproduce el actuar del sistema penal en la realidad. La generalización de una función social positiva y racional de los delitos y de las penas, no sometida a ninguna clase de cuestionamiento

[227] En relación con la criminalización primaria y secundaria, Zaffaroni afirma:

> [...] el poder punitivo criminaliza seleccionando, por regla general, a las personas que encuadran en los estereotipos criminales y que por eso son vulnerables. Por esto se sostiene que la selectividad es estructural. Y el sistema penal opera en forma de filtro. Una vertiente relativamente reciente es la administrativización banalizada del derecho penal, caracterizada por la pretensión de un uso indiscriminado del poder punitivo con el propósito de reforzar el cumplimiento de las obligaciones públicas. La selectividad estructural de la criminalización secundaria incluye a varios agentes. El poder selectivo lo ejerce la Policía y puede reducirse por acción del juez, en tanto que el legislador abre el espacio a agentes indefinidos para que hagan uso del mismo. En este sentido, el poder criminalizante es bastante escaso como para definir un modelo de control social, pues sus márgenes de operatividad se canalizan en un sistema alternativo: el del derecho penal subterráneo. Este sistema paralelo opera en forma de red, latentemente y como expresión implícita del control social punitivo. Una interesante y paradójica cuestión es que desde el momento en que el discurso penal legitima a estos sistemas paralelos penales, identificándolos negativamente con sistemas ajenos al derecho penal, termina por legitimar, reforzándolo, el orden de tal poder punitivo discrecional. La victimización responde a un proceso selectivo primario. Incluye el proceso de desnormalización del sujeto sobre el que recae y la selección por sesgada/compartimentalizada y parcial conforme a un estereotipo o por comportamiento grotesco o trágico. Se tiende a polarizar la seguridad con lo cual se crea una estratificación social de la vulnerabilidad victimizante. Se establece la correlatividad proporcional: los sectores más desfavorecidos y marginales son los más victimizados. La polinización es el proceso de selección, entrenamiento, condicionamiento institucional al que se somete al personal de operadores de las agencias policiales. Eugenio Raúl Zaffaroni, *Derecho Penal. Parte general*, Ediar, Buenos Aires, 2002.

sobre sus consecuencias concretas, carece del contraste necesario que se requiere para mostrar que el sistema penal opera con mecanismos perversos de selección tanto de víctimas como de victimarios. Y en ese sentido, el feminismo del castigo, por su apuesta a una universalización y esencialismo frente a la visión del castigo, resulta limitado en su comprensión de la dinámica propia del sistema penal. La apuesta por la legitimidad del castigo, no solo en su fase normativa o prescriptiva, supone advertir ese tipo de particularidades, que la criminología crítica, a partir de la categoría de la selectividad, tanto ha denunciado. En la tercera parte del libro se concretará esta idea en torno a la operatividad de delitos como el de tráfico de personas.

El feminismo del castigo y efectos simbólicos

Esta relación automática y necesaria con el castigo conlleva a su vez una visión propia acerca de los efectos simbólicos del derecho penal. Se asume que a partir de la utilización del derecho penal se trasmitirán discursivamente valores en la conciencia de los ciudadanos, atándose este ideal a la condición de que tal trasmisión de valores ocurrirá solo si la instrumentalización del derecho penal opera en la realidad efectivamente rechazando actos de violencia contra la mujer. Sin embargo, como las decisiones penales giran en direcciones incontrolables a los efectos simbólicos que se creen transmitidos, pues no hay correlación entre esas dos variables, se culpa al sistema penal "en acción" de su incapacidad transformadora. Las propuestas del feminismo del castigo sobre esta discordancia radican en dos aspectos fundamentales. Primero, se cuestiona el carácter patriarcal del derecho penal y, segundo, se focaliza en encontrar la mejor modificación legal que traspase la ineficacia[228]. Sin embargo, las críticas deben ir más allá de las acusaciones de algunas posiciones feministas acerca de los límites que supone utilizar al derecho penal como herramienta de control social simbólico y su correspondiente desfase instrumental. El supuesto de que las normas, incluyendo las penales, estén vinculadas a efectos simbólicos no supone en principio ninguna censura y, por el contrario, resulta algo connatural

[228] Entre las autoras que centran sus críticas contra la efectividad del derecho penal y de la importancia de la criminología crítica en develar la lógica estructural de operatividad del sistema penal véase Vera Regina Pereira de Andrade, "Violencia sexual y sistema penal: protección o duplicación de la victimización femenina" (1997), en *Revista Brasileira de Ciêcias Criminais*, n.º 48, mayo/junio del 2004. Igualmente, Lucía Landarrat, que en *Control social, derecho penal y género* también está en contra de las feministas que piden más derecho penal, así como de la reducción de las garantías procesales penales que buscan disminuir el ámbito de la presunción de inocencia o la carga de la prueba a favor de las mujeres.

a la función normativa del derecho[229]. Delitos como el homicidio o el genocidio llevan consigo la esperanza de fortalecer la vida humana; el derecho penal sexual, que no excluye la responsabilidad para violaciones dentro del matrimonio, o por tratarse la víctima de una prostituta, persigue transmitir ideales de igualdad y libertad en una sociedad que se precia de consolidar sus posibilidades comunicativas y discursivas. La dificultad radica cuando el feminismo del castigo limita sus relaciones con el derecho penal a partir de protestar y refutar sin ningún contraste el margen que diferencia su carácter instrumental frente a su ámbito simbólico[230]. Cuando feministas como Peggy McIntosh (1978) o Sheila Jeffreys (1997) relacionan la prostitución, y la mercantilización de la sexualidad de la mujer, como algo inherentemente dañino (físico, económico o político), determinan la ausencia de criminalización como normalizadora de la idea de que lo que se le hace a la prostituta es simplemente "sexo" y que el sexo masculino es superior. La construcción simbólica de la mujer a partir de la ausencia de normas es también una manera en que el feminismo del castigo justifica la intervención punitiva: la imagen que se da con esta ausencia de regulación punitiva es que es "natural" que el hombre decida satisfacer sus "instintos" sexuales comprando el objeto, que es siempre e indefectiblemente la mujer. Sin embargo, la pregunta que debe formular el feminismo del castigo, si quiere tomarse en serio el problema de la discordancia entre los efectos simbólicos y los efectos instrumentales del derecho penal, es la pregunta sobre la relación que esto tiene con los fines y las funciones de la pena, que, sin duda, es un asunto de legitimidad. No se desconocen, por supuesto, las limitaciones de

229 Jaramillo Sierra, Villegas García y Saldarriaga Restrepo, *Crítica jurídica, teoría y sociología jurídica en los Estados Unidos*, Universidad de los Andes, Facultad de Derecho, Instituto de Investigaciones Sociojurídicas (CIJUS), Bogotá. Por otro lado, Ryffel sostiene en *Tratado clásico de filosofía* que también en el ordenamiento jurídico las funciones latentes y simbólicas del derecho son amplias y juegan un rol importante, no solo en el derecho económico sino también en el penal.

230 La jerarquía que se le otorga al efecto simbólico varía según la importancia que se les atribuya a los fines o funciones de la pena (Hassemer, 1995). En otras palabras, quien asuma una posición fuerte en torno a la necesidad de justificar la intervención penal a partir de los fines de la pena orientados de forma preventiva en "defensa del ordenamiento jurídico", en ese sentido, la justificación de la intervención simbólica se convertirá casi en un imperativo tanto para el delincuente condenado, en el caso de la resocialización, y en todos los modelos preventivos generales, en tanto que esta función implica más que un puro disciplinamiento y modificación de comportamientos. Se debe implementar, bajo esta orientación, una determinada visión del derecho penal, de fidelidad, que esté atada a determinados ideales a través de la utilización instrumental del derecho. Por otro lado, para visiones fundadas a partir de las ideas como las de Roxin, que atan las teorías de la pena con la función primordial del derecho penal de protección de bienes jurídicos y libre desarrollo de la personalidad, en este sentido la visión del derecho penal se debe esforzar en sostener coherentemente la visión preventivo-integradora de la pena que trata de conjugar puntos de vista preventivo-generales y especiales, junto a la satisfacción de los intereses de la víctima. Winfried Hassemer (1995), "Derecho penal simbólico y protección de bienes jurídicos", en *Pena y Estado*, Bustos Ramírez (ed.), Jurídica Conosur, Santiago, pp. 23-36; Claus Roxin, *Derecho Penal. Parte general*, tomo I, traducción de la 2.ª edición alemana de Diego-Manuel Luzón Peña, Miguel Díaz y García Conlledo y Vicente Remesal, Civitas, Madrid, 1997, p. 81.

la filosofía del castigo en sus intentos por reexaminar los fundamentos normativos sobre los que descansa el castigo y los dilemas morales en los que resulta sujeta al plantearse la pregunta sobre lo que es justo o no castigar, así como la imposibilidad de contestar en términos absolutos ese tipo de cuestionamientos. Esas limitaciones no pueden resultar, sin embargo, una razón válida ni suficiente para abandonar la pregunta por la institución del castigo, en la medida en que es el mismo cuestionamiento el elemento determinante que impone límites al derecho que se le confiere al Estado para ejercer el poder punitivo[231]. Entrar a estudiar las relaciones del derecho penal con los feminismos supone necesariamente explorar las contradicciones que contemporáneamente pueden encontrarse en las diferentes categorizaciones feministas que impulsan o repudian el castigo como medio para controlar la violencia contra la mujer. Esta manera de abordar el problema no supone que se esté asumiendo una visión idealizada y unidimensional del castigo, independiente de sus determinantes sociales, de sus prácticas penales o como puro instrumento de control de la criminalidad. Las preguntas por la legitimidad del castigo, incluyendo las respuestas que la misma ciencia penal ha formulado, incluirán propuestas sobre los métodos concretos de castigo, sobre cuáles resultan apropiados o sobre la calidad de las instituciones penales, y esto, de acuerdo con la propuesta del presente texto, es algo que también corresponde abordar a una criminología crítica feminista. De allí que no pueda afirmarse plausiblemente que abordar la pregunta por la legitimidad del castigo resulte un esfuerzo ingenuo o miope a una multiplicidad de factores que imposibilitan establecer un diálogo o intentar un acuerdo sobre qué es lo que legitima al castigo. Los enfoques analíticos que ven las instituciones penales "desde afuera" y que buscan situar al castigo como un conjunto diferenciado de procesos sociales ubicados dentro de una red social más amplia (Garland, 1999) no pueden eliminar la discusión sobre la legitimidad, pues esta se constituye como la forma razonada de limitar la intervención estatal punitiva y otorgará razones justificativas para su injerencia cuando se trate de punir intru-

231 A juicio de Zaffaroni, la estrategia política del feminismo que acá denomino del castigo no necesita brindarle al poder punitivo un elemento de legitimación general. A su juicio, el uso del poder punitivo es una cuestión pragmática y en este sentido táctico no necesita ser legitimado, pues "la lucha feminista está ya de por sí legitimada y puede aprovechar la táctica de aprovecharse de la violencia del enemigo pero sabiendo siempre que se trata de fuerza enemiga y descartando definitivamente que pueda ser propia" (Zaffaroni, 2000:19). Se cree acá, sin embargo, que estas apelaciones externas a la justificación del castigo contribuyen a naturalizar la relación violencia y castigo, en la medida en que con fundamento en razones externas a la legitimidad del derecho penal "facilitan" al feminismo del castigo de razones para no cuestionar el por qué, el cuándo y el cómo castigar. Y esto con la consecuencia de continuar manteniendo incólume la pregunta, como ya se ha dicho necesaria, por la legitimidad del castigo, impidiendo dilucidar el atolladero en el que se encuentra el feminismo del castigo cuando no tiene otra opción que justificarse en términos absolutamente retributivos.

siones no aceptadas en determinados casos de violencia sexual. Relacionarse con el sistema penal significa, entonces, necesariamente entrar a cuestionar los fines y funciones de la pena. Dotarlo de significado simbólico presupone necesariamente analizar qué tipo de castigo, cómo se legitima, cuándo se legitima y hasta qué medida se legitima la imposición de una pena por lo que se considera es o puede ser una conducta violenta. Pensar la legitimación del derecho a castigar resulta no solo importante sino necesario[232]. El sometimiento a la práctica penal no puede quedarse en la abstracción conceptual de la instrumentalidad *versus* la necesidad simbólica. La fuerza punitiva que en concreto se ejerce no solo cuando un juez decide imponer una condena por violación, sino desde los efectos disciplinantes que se desprenden al pretender una visión feminista del castigo, merecen pausar el afán punitivista y cuestionar el por qué y para qué castigar, que excluye el feminismo del castigo. Solamente cuando se asume una visión por lo menos plausible frente a estas preguntas pueden también abordarse las categorías del delito de una manera coherente y con el eco suficiente en la sistemática penal, que sea como fuere que se la piense no se la puede soslayar, o por lo menos no si el feminismo del castigo pretende incidir no solo simbólicamente en sus reclamos de violencia. De esa manera, podrán abordarse supuestos de la necesariedad del castigo, de su cantidad y su proporcionalidad y evitar que se piense en su inclusión en el catálogo punitivo como puro capricho irrazonable y poco serio por parte de algunos feminismos.

¿Volviendo hacia visiones retributivas de la pena?

Adicionalmente ha de señalarse que cuando el feminismo del castigo relaciona y naturaliza la violencia con el castigo penal puede estar haciendo radicar los fines, funciones y necesidad de la pena en términos de fundamentación absoluta de la pena, reduciéndose a postular, como función legítima del Estado, la realización del ideal de justicia. Esto con las consecuencias de su desmembración en la dogmática penal contemporánea y su costo de exclusión teórica, incluso en el plano simbólico sobre el que se pretende incidir[233].

232 La pregunta por la legitimidad de la pena debe darse desde dos perspectivas. Por un lado, una que atienda a la verificación empírica de los fines del derecho penal, o legitimación instrumental. Por el otro, una que atienda a los valores y principios (Bernate Ochoa, 2007:15). No sobra decir que para algunos autores indagar sobre el fundamento y la legitimidad del derecho penal resulta innecesario ya que este deriva de la soberanía del Estado y en esa medida no requiere justificación alguna.

233 Acá debe uno preguntarse qué significa lo simbólico: ¿quiénes conocen en el Código Penal una conducta que consiste en castigar a alguien de manera más intensa por haber matado a una mujer, por el hecho de ser mujer?, los efectos comunicativos quedan limitados a unos cuantos, quienes conocen las leyes y a las feministas. La sociedad en su generalidad no resulta abarcada por la pretensión comunicativa de dicha norma penal. De allí que resulte un argumento falaz o por lo

Siguiendo a autores como Hirsch (1995), en sus críticas contra las teorías absolutas del castigo, el feminismo del castigo no resulta capaz de explicar por qué debe hacerse *algo* contra el autor del daño sexual, que por su carácter esencialista *siempre* es "el hombre"[234]. Se da a entender que, por supuesto, debe hacerse algo contra los hombres, pero no se aclara por qué ese algo debe precisamente adoptar la forma de una pena. "¿Por qué la 'confirmación' de ordenamiento jurídico ha de hacerse sobre todo imponiendo una pena al autor, con el consiguiente mal que esta reacción tiene como atributo característico, en vez de imponer cualquier otro tipo de sanción con un carácter más neutral?" (Von Hirsch, 1995:294). En el ámbito anglosajón, autoras como Dianne Martin (1997) han señalado que las relaciones entre el discurso feminista, la victimización y las reformas criminales han sido subsumidas en una visión actualizada de la ética retributiva para justificar una serie de cambios problemáticos tanto en la ley como en el procedimiento penal. A mayor retribución, se supone, mayor seguridad y mayor sentido de justicia[235]. Para Martin, esta agenda impulsada por la retribución domina igualmente los movimientos de mujeres:

> A pesar de la rica literatura que critica las iniciativas de la justicia criminal como discurso popular, donde los valores hegemónicos son constituidos, las apuestas retributivas han sido igualmente dominadas, o por lo menos cercanamente asociadas por el pensamiento popular con el feminismo. Esta asociación —entre tomarse el crimen contra las mujeres de "manera seria" y tratar a los ofensores punitivamente— es una consecuencia problemática del activismo feminista en torno a la victimización de las mujeres: un activismo que ha propendido por la emergencia en el terreno público/político de "víctima con nuevo estatus de personalidad y ciudadanía" (Martin, 1997). (*Traducción propia.*)

Esta autora insiste en que sea el movimiento feminista el que impulse una transformación y reexamine esa retribución ética como principio que está guiando la

menos ingenuo tratar de sostener la legitimidad de estas conductas en su puro ámbito de lo simbólico.

234 Estas visiones universalistas del castigo en su órbita retributiva, y con sustento en la legitimidad moral que con ello se abroga la ley penal, son sostenidas por autoras como Kathleen Daly, Jean Hampton, Annalise Acorn y Marta Minow en un esfuerzo por distinguirla de la simple venganza. Bajo estas perspectivas no se profundizan, en todo caso, los criterios de proporcionalidad y necesidad sobre los cuales se tendría que castigar.

235 Esta autora da como ejemplo algunos fallos producidos por la Suprema Corte de Canadá en los que se describe la idea de preservar la retribución como un principio básico del derecho penal. La Corte afirma la determinación de la retribución como reprochabilidad moral de un delincuente, lo que representa "nada menos que el sagrado principio de que el castigo criminal, en adición con avanzadas consideraciones utilitarias relacionadas con la disuasión y la rehabilitación, deben ser adicionalmente impuestos para sancionar la culpabilidad moral del ofensor". Martin Dian (1997), "Retribution Revisited: A Reconsideration of Feminist Criminal Law Reforms Strategies", en *Osgoode Hall Law Journal*, Vol. 36, n.º 1.

práctica punitiva. Martin busca la crítica retribucionista a partir de un cambio de paradigma propuesto a partir de la justicia restaurativa/transformativa, proponiendo que el conflicto no se solucione en un escenario contencioso propio del sistema penal, sino en espacios más amigables que eviten la idea de castigo penal[236].

En contra de esas visiones absolutas del feminismo del castigo al que acá se alude, podría pensarse en matices propuestos también por autoras como Jean Hampton (1998), quien, bajo una lectura de la "ética retributiva" en la justicia criminal, distingue entre venganza —el deseo de degradar y destruir al malhechor y de retribución— y el deseo de reivindicar el valor de la víctima e incluso la posibilidad de expresar una especie de compasión al victimario—[237]. En esa medida, Hampton propone una manera más sofisticada de pensar acerca de la naturaleza y los propósitos de las respuestas punitivas, en las que se incorpore al mismo tiempo compasión y condena. En relación con la forma y cantidad del castigo, Hampton propone que, en consideración de la relación entre justicia restaurativa y las funciones expresivas del castigo, la censura por un acto debe ser desvinculada del *quantum* del castigo y que esto debe ocurrir en un contexto general de descenso o reducción del derecho penal[238]. Desde la dogmática penal continental se han efectuado críticas importantes a las visiones retributivas del

236 Kathleen Daly (1989) señala que el rol de la retribución en la justicia penal no puede ser evitado por el feminismo. Su propuesta consiste en disociar o desvincular retribución con venganza, así como en evitar engancharse en dicotomías y pensamiento oposicional sobre prácticas de justicia, por ejemplo, la restaurativa frente a la retributiva, y más bien desarrollar los elementos positivos y constructivos de la retribución en procesos restaurativos. Partiendo en términos de lo que Cohen denomina "consenso liberal", Daly asume que existe una autonomía individual (o responsabilidad personal) en la comisión del crimen y por esto una legitimidad moral en la ley penal. Aunque reconoce que partir de eso pueda ser fácilmente retada por feministas críticas legales que llaman la atención a las injusticias propias de la justicia criminal, considera, en todo caso, que, por razones pragmáticas, es necesario pensar sobre lo que es posible trabajar hoy en día, aun cuando se tengan claros los límites de la ley. De esa manera, Daly aboga por sostener y no eliminar el concepto del castigo como la principal actividad del Estado para responder al crimen y en esa medida la justicia restaurativa debe ser vista como "castigo alternativo" y no como "alternativas al castigo". Daly argumenta que aun cuando algunas académicas feministas continúan enfatizando la necesidad de llevar las experiencias de las mujeres y sus "voces" en el marco criminológico y legal, la apuesta de Gilligan debe ser sustituida por análisis más complejos y contingentes de razonamiento moral y ético.

237 Jean Hampton (1998), "Punishment, Feminism, and Political Identity: A Case Study in the Expressive Meaning of the Law", en *Canadian Journal of Law and Jurisprudence* 11(1), pp. 23-45.

238 Annalise Acorn (2004) considera que la institución del castigo retributivo puesto a la medida y administrado por el Estado puede ser representado como símbolo de contención frente a víctimas enfurecidas. Y, en el contexto de la violencia colectiva y el genocidio, Martha Minow (1998) considera que hay un espectro de respuestas desde la venganza hasta el perdón y que esto depende de cada contexto de violencia. Esta autora distingue igualmente la venganza de la retribución y alude a la retribución como importante y necesaria para reivindicar a las víctimas, aunque considere que este no sea el mejor camino para algunas naciones luego de casos de atrocidades en masa. Señala, en todo caso, que la retribución necesita restricciones. Martha Minow, *Between Vengeance and Forgiveness: Facing History after Genocide and Mass Violence*, Beacon Press, Boston, 1998.

castigo. Roxin, por ejemplo, dice que estas no explican en absoluto cuándo se tiene que penar, sino que si la pena se impone —con los criterios que sean— debe necesariamente retribuir un delito. Con ello, afirma, queda sin solución la cuestión fundamental de saber bajo qué presupuestos de la culpabilidad humana se autoriza al Estado a castigar y, por supuesto, la proporcionalidad del castigo que debe ir atada al grado de culpabilidad como límite necesario de intervención punitiva.

Además, señala Roxin que la teoría de la retribución fracasa ante la tarea de trazar un límite, en cuanto al contenido y a la potestad del Estado para punir. Las restricciones del castigo quedan sin respuesta. Una objeción adicional de Roxin a la tesis retributiva es que esta solo es comprensible como un mero acto de fe ya que no se puede comprender de modo racional cómo es posible eliminar un mal (el delito) con otro mal (la pena). Adicional a esto, el carácter fragmentario del derecho penal moderno rechaza la falsa idea de realización de la justicia fundada en la retribución, pues a este lo que le compete, de acuerdo con la visión roxiniana, es la protección de bienes jurídicos y no la realización de la justicia. De ser así, se impondría la sanción de todo comportamiento inmoral, lo cual escapa a las pretensiones reales del derecho penal. La pena debe buscar, por tanto, fines racionales consistentes en hacer posible la convivencia social[239]. Ahora, lo que se debe entender es qué es lo racional que busca el derecho penal con la pena y en qué medida la teoría de los bienes jurídicos, tal y como está hoy en día concebida, es suficiente para una perspectiva feminista sobre la violencia sexual.

Selectividad y poder de definición

El feminismo del castigo que trabaja bajo el paradigma violencia-castigo asume, por otro lado, el peso del "costo-beneficio" que deben asumir las víctimas de

239 La importancia que desde esta visión se hace para fundamentar la pena en la dogmática contemporánea derivada de la visión preventivo-integradora de la pena de Roxin resulta esencial por cuanto es a partir de lo que se entienda por función preventiva que los elementos constitutivos del delito, en concreto la antijuridicidad y la culpabilidad de una determinada conducta, podrán llevar, bajo esa visión, a la legítima imposición de una pena. Adicional a esto, el contenido de la función de la pena, desde esta perspectiva, se encuentra íntimamente vinculado con los contenidos políticos que la Constitución Política le otorga a la misma. Esta visión unificadora de la pena parte de la superación del Estado liberal a uno social de derecho en el que únicamente resulte legítimo al Estado intervenir activamente en la vida efectiva de los ciudadanos a fin de prevenir el delito, así como proteger de manera efectiva a todos los miembros de la sociedad de los delitos, delitos que estarán definidos por el marco normativo que la Constitución le otorgue a los bienes jurídicos a proteger. El consenso que se otorga idealmente a la Constitución Política es lo que otorga legitimidad al derecho penal para intervenir y no la pura amenaza de imposición de una pena, o prevención general negativa.

la violencia. Si el sistema penal es demasiado hostil y poco amigable con las víctimas, resulta lógico suponer que estas no lo pondrán en funcionamiento. Se parte del supuesto de que si la ley una vez puesta en funcionamiento no castiga a los hombres, estos continuarán asaltando y abusando porque el "costo" de la violencia resulta bajo frente a la poca o nula posibilidad de que efectivamente resulten juzgados; de la misma manera, si las mujeres no encuentran que "vale la pena" involucrarse con el sistema penal, los hombres, de nuevo, no serán disuadidos de ejercer violencia. Estas visiones parecen resultar ingenuas al funcionamiento efectivo del sistema penal[240]. Los reclamos por mayores intervenciones punitivas como expectativa preventiva de comportamientos indeseables está más que cuestionada desde visiones criminológicas críticas[241]. De allí que este tipo de premisas sostenidas por el feminismo del castigo deban revaluarse y concentrarse en tomar en serio tanto el carácter selectivo del sistema penal como su poder de definición. El feminismo del castigo carece de preguntas en torno a la construcción del delincuente sexual. Quién, en qué momento, bajo qué supuestos o coyunturas se construye lo que podría ser considerado como el enemigo[242]. Asumir sin matices al victimario como el enemigo absoluto no solo instrumentaliza el derecho penal, sino que oscurece la relatividad y operatividad de los sistemas penales, especialmente los que operan para una sociedad en conflicto como la colombiana. La lucha simbólica para combatir toda forma de violencia contra las mujeres, aún en contextos de conflicto armado, no puede estar ciega a la instrumentalización del sistema penal. Sobre este aspecto en concreto se volverá en la tercera parte del libro, en la que se planteará la pregunta por la intervención del feminismo en la ampliación punitiva de los delitos sexuales en el ámbito del conflicto armado interno. Maqueda Abreu (2004)

240 Sobre el funcionamiento selectivo del sistema penal, entre otros, véase Zaffaroni, *Criminología, aproximación desde el margen*. En términos muy generales se puede afirmar que el funcionamiento selectivo del sistema penal consiste en varias premisas: (1) las normas institucionalizadas se cumplen en medida mínima; (2) el sistema cuesta un gran número de vidas humanas; (3) las personas que son criminalizadas pertenecen a los estratos sociales inferiores; (4) el sistema penal tampoco respeta a las personas que integran sus segmentos; y (5) el sistema mismo no es racional.

241 Aun cuando no se reconoce como criminóloga crítica, Angela Davis critica la relación automática entre crimen y castigo, así como la idea de que la única relación entre las mujeres y la violencia sea la victimización de estas. Su crítica a la relación violencia y castigo se funda, en todo caso, en términos externos: la prisión funciona ideológicamente y es un sitio abstracto donde los indeseables son depositados, perpetuando la violencia contra la mujer. De allí que Davis abogue por la necesidad de estudiar la relación entre capitalismo global y prisiones y repensar la globalización del estilo del castigo de Estados Unidos. Sin rechazarlas, estas críticas terminan dando más fuerza al argumento en torno a los dilemas con los que se enfrenta el feminismo del castigo en su incapacidad de sostener plausiblemente la necesidad de utilizar el derecho penal en torno a sus efectos simbólicos, pero sin poder desligar la consecuencia de la retribución absoluta del castigo como presupuesto en su manera de justificar la intervención punitiva.

242 Para una discusión profunda sobre el enemigo como una construcción de ciertos derechos penales véase Alejandro Aponte Cardona, *Guerra y derecho penal de enemigo. Reflexión crítica sobre el eficientismo penal de enemigo*, Editorial Ibáñez, Bogotá, 2009.

parte de la dificultad teórica de trasladar al derecho penal conceptos estructurales, como los implícitos en la construcción del acoso sexual, en especial por los inconvenientes de concretar los niveles de dañosidad social requeridos en la órbita penal[243]. En una crítica a los que denomina feminismos institucionales, haciendo referencia a aquellos que tienen como uno de sus principales esfuerzos el de acrecentar la intervención penal, incluso en sede simbólica, cuestiona esa autora que sea la órbita penal la indicada para encarar conductas como las del maltrato familiar, teniendo en cuenta tanto dificultades probatorias como la de su habitualidad, o ya el carácter selectivo del sistema penal, que por lo general procesa a los sectores más pobres de la sociedad. De allí que sostenga que la intervención penal debe estar dada para los casos más graves y en los que se aplique una pena proporcional a esa gravedad. A su vez rechaza que se puedan conceder agravantes en los delitos únicamente por el hecho específico de ser mujer. Maqueda Abreu llega a estas conclusiones a partir de la idea de que las lógicas penales y feministas son opuestas, pero nada dice respecto de la necesariedad de críticas internas en torno a la legitimación del delito. Pese a reconocer que el feminismo, en este caso el del castigo, desconoce la selectividad y poder de definición propios del sistema penal, descarta esa autora que conceptos de violencia sexual entendida como poder puedan ser traducidos a la lógica penal. Se encuentra en esto, no obstante, una limitación que puede ser sopesada de manera plausible, y con mayores matices, por la criminología crítica feminista por la que en este texto se apuesta. Es claro que la ausencia de miradas sobre el poder de selectividad y de definición ínsitos al sistema penal es una característica de la que carecen aquellas apuestas feministas como las del castigo. Sin embargo, descartar de plano visiones teóricas feministas sobre el daño y la violencia sexual y su eventual inclusión en la sistemática penal tampoco parece la solución adecuada. Precisamente, son los cuestionamientos sobre la selectividad, sobre la legitimidad del delito y de la pena elementos necesarios para poder, eventualmente, afirmar que ciertos daños graves causados a las mujeres, como, por ejemplo, los derivados del acoso sexual, pueden acoplarse a la lógica punitiva de un derecho penal moderno con funciones netamente preventivas. La pregunta, sin embargo, será ahora cuál es el bien jurídico que construye esa legitimidad del castigo para el acoso sexual en los términos que el feminismo radical lo construyó y cómo encuadrar esas visiones en una lógica penal fundada en un derecho penal mínimo. Las dificultades que esto supone no implican

243 Maria Luisa Maqueda Abreu, *¿Es la estrategia penal una solución a la violencia contra las mujeres? Una respuesta desde un discurso feminista crítico*, Biblioteca Jurídica Virtual Universidad Autónoma de México, México, 2004.

descartar de plano que tal diálogo no se pueda sostener. Como se ha sostenido a lo largo de este texto, el puente entre discursos feministas y penales es la criminología crítica.

El feminismo del castigo y la "realidad" del delito

Otro de los aspectos por los cuales el feminismo del castigo carece de los elementos necesarios para dar una respuesta plausible a la justificación del castigo y por eso niega cualquier interrogación sobre la relación violencia-castigo es que se parte del presupuesto de que "el crimen es real". Esto quiere decir que se parte de aquella premisa que sostiene que los delitos son entidades ontológicas, preconstituidas naturalmente, que existen afuera de nuestra realidad y que son dañosas *per se*. A partir de esta visión, por ejemplo, la violación es un delito que tiene naturaleza propia y real, y de allí la imposibilidad de cuestionar o separar conceptualmente un acto social de sexo forzado con la imposición del castigo. Fueron las criminologías de la "reacción social", del "etiquetamiento" o "interaccionismo simbólico", esta última inspirada en el enfoque sicosociológico de George H. Mead, así como posteriormente la "nueva criminología" (Young, 1973), las primeras en romper con el paradigma etiológico y sostener que los delitos no son entidades ontológicas y que su inclusión en los códigos penales obedece a procesos de definición y selección altamente discriminatorios dirigidos por quienes detentan poder. Bien sabido es que el aborto, por señalar un ejemplo, es un delito según prevalezcan o no en un país determinadas construcciones ideológicas acerca de los roles femeninos y el control de la sexualidad. La construcción social de fenómenos como el sexo forzado o la prostitución son, sin embargo, teorizaciones que se asumen *a priori* al dar por sentado —por parte del feminismo del castigo— que "el delito existe". La retribución por el daño no admite, en consecuencia, cuestionamiento ni replanteamiento alguno por fuera de los cánones feministas. De allí que para el feminismo del castigo, una vez reconocida una situación problemática (violencia), eso equivale a concluir que el sistema de control social *es* el derecho penal (relación automática violencia-castigo).

EL FEMINISMO DE LA REGULACIÓN: UNA RELACIÓN NO NECESARIA ENTRE VIOLENCIA Y CASTIGO

Esta segunda manera de abordar las relaciones del feminismo con el derecho penal comprende aquellas ideas feministas que sostienen que los efectos secundarios del derecho penal no son tan significativos y que la ejecución concreta del castigo, esto es, contra quiénes se inflige, cuándo y cómo, no es lo importante. Si bien para esta categoría existe ya un cuestionamiento sobre el uso del derecho penal en cuanto se reconoce la simplicidad de sostener que su uso necesariamente favorecerá a las mujeres, la producción concreta del castigo, los efectos que la práctica penal tenga en relación con las condenas por delitos sexuales se los deja a la contingencia de la cotidianeidad en la operación del sistema judicial, pues su énfasis está dado en nuevas formas de gobernabilidad y descentración de poder. El feminismo de la regulación, en su relación con la justificación de la pena, mantendría una justificación relativa en la medida en que la pena, al no aparecer en términos absolutamente necesarios, tiene un carácter consecuencialista al pretender únicamente impedir la aparición de nuevos delitos y fortalecer la conciencia normativa de los ciudadanos con miras a asegurar la legalidad de sus comportamientos, y manteniendo la idea de la importancia simbólica, pero en términos secundarios frente a su énfasis en la idea de regulación. El feminismo de la regulación reconoce que aun cuando es clara la distancia entre el carácter simbólico e instrumental del derecho penal, la misma ausencia de derecho penal para las mujeres también tiene efectos dañinos, pues la no intervención del Estado en la esfera privada legitima la naturalidad de una división público-privado. La justificación del uso del derecho penal que hacen las feministas de la regulación alude también, en todo caso, a ideas esencialistas de la mujer aun cuando propendan por justificar su intervención a partir de ideas de la diferencia, esto es, aun cuando propendan por introducir un concepto diferencial en la ciencia penal que traduzca la condición estructural de la violencia contra la mujer en la sociedad. La reconstrucción de delitos sexuales o la interpretación judicial de la violencia pretende también crear un vínculo con ideas de intimidación general positiva, pero sin que se genere un vínculo necesario de esas propuestas con la necesariedad o no del castigo. Comparte el feminismo de la regulación con la anterior categorización

—feminismo del castigo— la idea de que el delito existe, pero la relación entre la situación fáctica de violencia contra la mujer y la eventual imposición de una pena impone una "reacomodación" en el derecho penal de los delitos sexuales. El castigo ya no se puede basar, entonces, en pura retribución por la violencia cometida, a diferencia del feminismo del castigo, y por esto la punición solo se justificará en la medida en que las conductas delictivas supongan actos estructurales de subordinación o discriminación sexual. El salto que falta a esta pretensión radicará, sin embargo, en modificar las estructuras internas del edificio teórico del delito y la pena a fin de construir una idea de daño estructural como elemento suficiente para elevar los riesgos y la necesidad de intervención punitiva. Esta reconstrucción supone la dificultad de justificar, en sede de la teoría del bien jurídico, la manera como ciertas tendencias patriarcales de dominación pueden hacer parte del concepto de lesividad propio de un derecho penal mínimo. El vínculo entre la punición de delitos contra las mujeres y el castigo resultará circunstancial y contingente en la medida en que las ideas que se presentan en esta segunda categorización hacen parte, en términos foucaltianos, de la regulación disciplinar en las sociedades contemporáneas. El uso del derecho penal aparecerá así transversalizado por la complementariedad del poder estatal del castigo, que para el *feminismo de la regulación* solo tiene valores simbólicos secundarios en cuanto a la tipificación de conductas, poniéndose su énfasis en las nuevas formas de gobernabilidad y descentración de poder[244]. La ley penal como regulación y el borroso y confuso límite entre la ley como castigo atraviesan así los cuestionamientos del *feminismo de la regulación* en sus relaciones con el derecho penal[245]. La adopción de nuevas formas de gobernabilidad aparece en esta categoría como parte de un proceso complejo de reconfiguración en el mundo contemporáneo, promovido por la globalización, en la que se distribuyen no solo

244 Braitwaite dilucida el término de la regulación descentralizada en su libro *Accountability and Governance under the New Regulatory State:* "El Gobierno ya no es un conjunto unificado de instrumentos estatales. El soberano no está muerto, pero es justamente una fuente de poder. Sin embargo, el Estado es tanto un objeto como un sujeto de regulación por el FMI, Moody's Investors Service, el Consejo de Seguridad, la Organización Internacional para la Estandarizacion, la Organización de Comercio Mundial, entre otras instituciones. Vivimos en un mundo donde los centros de poder no solo dirigen sino también son dirigidos". Citado por Austin Sarat, Lawrence Douglas y Martha Merrill (eds.), *Law as a Punishment, Law as Regulation*, Stanford University Press, Stanford, 2011.

245 Muchas de estas feministas de la regulación han buscado influir en la administración pública ya sea mediante el nombramiento de funcionarios sensibles al tema de género, la creación de oficinas, divisiones, direcciones o consejerías especializadas y la diseminación de técnicas sobre planeación con perspectiva de género (Alfonso Jaramillo Sierra, 2008:25). Esta incursión en las políticas públicas a partir de la regulación ha generado la idea de que la intromisión del Estado no es punitiva, sin embargo, la esencia de mucha de la incidencia política puede tener efectos disciplinantes y punitivos que se traslapan con la pura generación de conciencia de género.

mercancías e imágenes sino también modos de gobernanza (Engle Merry, 2015). Asuntos tales como la difusión de programas de intervención psicológica para el control de la violencia en el hogar, las políticas de expansión de la idea de que delitos como la inasistencia alimentaria o la violencia intrafamiliar sean asumidos de oficio (esto es, la obligación de la acción penal) y no como querellas, o a petición del ofendido, las órdenes policivas de fijar límites espaciales entre el marido agresor y su esposa, o el uso de manillas electrónicas de vigilancia pueden ser entendidas como prácticas tecnológicas regulatorias a partir de las cuales el feminismo de la regulación pretende soslayar la encrucijada del feminismo del castigo entre poder simbólico/instrumental del derecho penal y necesidad de justificar la pena. Las siguientes líneas están dedicadas a desarrollar estas ideas.

La prevención general positiva y el giro punitivo del feminismo de la regulación

Las recepciones del feminismo occidental se han globalizado en los últimos treinta años y han ideologizado el concepto de violencia contra la mujer, y su corolario derecho penal, como la respuesta moralmente necesaria por parte de los Estados que se consideran civilizados y respetuosos de los derechos humanos. Este giro punitivista no ha sido una práctica aislada del feminismo de la regulación, ni en general del feminismo occidental, y hace parte más bien de las prácticas e ideas que configuran el campo del control penal en las sociedades occidentales modernas a las que se refiere Garland en su sociología del castigo (2004). Sin embargo, esta nueva política penal resulta particular para caracterizar a las feministas de la regulación en la medida en que en este accionar se mezclan formas de control social formal con intervenciones regulatorias no formales como mecanismos para refrenar la violencia contra la mujer. Este giro punitivista tampoco consiste en cuestionar acríticamente lo que se conoce como *feminismo punitivo*, que se suele señalar como una pura tendencia vengativa que irracionalmente busca castigar al hombre y vulnerar los derechos fundamentales a la libertad o a la inocencia de los hombres sindicados (Bovino, 1995:138). La idea que se quiere resaltar está dirigida más bien a mostrar cómo este giro punitivista para el feminismo de la regulación ha contribuido a naturalizar la idea de la violencia contra la mujer, su relación contingente con el castigo y más inmediata con la regulación, constituyéndose todo esto en un eslabón más del proceso social amplio y complejo en el que la cultura popular, por medio de decisiones tanto racionales como emotivas, responde ante "el fenómeno de la delincuencia" (Garland, 2001).

El regreso a la punitividad aparece caracterizado por el endurecimiento de procesos penales, por el aumento de penas, la insensibilidad en las condiciones de vida en las cárceles y por mayores restricciones a los derechos de los procesados (Currie, 1998; Taylor, 1999; Garland, 2001), acompañados de un discurso populista por parte de los políticos, en el que se pretende otorgar causalidad al aumento de las tasas de encarcelamiento en la mayoría de los países de Occidente con la necesidad de endurecer el aparato punitivo. Esta causalidad es aparente pues los aumentos en las tasas de encarcelamiento tanto de hombres como de mujeres no se correlacionan con la disminución o aumento de los delitos. Los fenómenos masivos de encarcelamiento se tornan circulares, pues estos mismos se establecen ante la opinión pública como configuradores de un aumento de la criminalidad, pero a su vez son ellos mismos los que indican que es la población más vulnerable la que resulta objeto de la acción represiva del Estado[246]. Estas respuestas contemporáneas y globalizadas frente al fenómeno del crimen están permeadas por la retórica contemporánea de "seguridad ciudadana"[247], que descansa en dos premisas básicas: la primera, que el crimen se ha convertido en una espiral fuera de control, lo que alimenta el miedo de la población a la violencia en general y en especial al crimen callejero, que incluye la idea de violaciones por extraños. La segunda premisa es que el sistema de justicia criminal es incapaz de hacer frente a este auge del crimen porque es demasiado "suave" e indiferente respecto a las víctimas. De allí que los feminismos, tanto de la regulación como del castigo, intenten continuamente hacer llamados, estudios, investigaciones y reclamos contra la impunidad. A todo lo anterior se une el refuerzo mediático del crimen callejero que contribuye a distorsionar el alcance del problema y, a su vez, servir a otros intereses. La concentración de ventas en centros comerciales y el aumento de empresas de seguridad privadas, con el correlativo mensaje de que "es peligroso allá afuera", se constituyen en ejemplos tradicionales de la manera como los

246 El caso de Estados Unidos es el más emblemático. La población negra, especialmente de hombres jóvenes, es la más "atacada" por las prácticas punitivas: uno de cada tres hombres negros entre veinte y veintinueve años de edad está bajo custodia o tiene algún tipo de supervisión penal (Iturralde, 2007:38).

247 Esta expresión corresponde en inglés a *Law and Order*, que en términos literales traduciría "ley y orden". Adopto la traducción de "seguridad ciudadana" siguiendo lo señalado por Iturralde (2007), en la medida en que, a diferencia de aquella, esta traduce el matiz político y emotivo del término. La expresión *Law and Order* se usa en el mundo anglosajón para referirse a las políticas criminales y de orden público que buscan hacer frente a situaciones generalizadas de criminalidad y conflicto social. Su origen proviene del partido conservador inglés de los años sesenta, que lideró políticas de lucha fuerte contra una criminalidad que se percibía en aumento y en contravía a los valores y normas de coexistencia social de ciertos sectores de la población. De acuerdo con Garland, estas políticas han captado la imaginación política de Occidente durante las últimas tres décadas y han sido acogidas tanto por tendencias de derecha como de izquierda.

medios se constituyen en un componente necesario de la construcción social de la violencia[248]. Los diferentes niveles de gobernanza, entretejidos en redes internacionales y locales que confluyen en nuevas formas organizadas de feminismos institucionales —estatales y no estatales— se apropian del discurso de la violencia contra la mujer y abrazan por igual las ideas de la intensificación del control y la regulación. Los discursos feministas radicales en torno a las ideas estructurales de la violencia, o los intentos por explicar la diferencia en los términos en que lo hace el feminismo cultural, convergen en las relaciones que supone la violencia sexual con la necesidad de castigar y regular el comportamiento masculino. La expresividad del castigo, para el feminismo de la regulación, se concretará en la expansión de los ideales feministas previstos en los códigos penales con un alto énfasis en la idea de prevención general positiva en sede legislativa, pero con una mínima atención a la consecuencia específica del castigo y más bien ligada a las nuevas formas de regulación disciplinar no estatal en torno a la manera en que se termina controlando formalmente a la mujer. El feminismo de la regulación aparecería inspirado en una justificación de la pena como fortalecedora de la lealtad normativa de los ciudadanos y de desaprobación social del comportamiento delictivo. El intento por traducir al ámbito penal el carácter diferencial estructural de la violencia contra la mujer, por ejemplo cuando se intenta la construcción del pornógrafo como un sujeto plausible de comisión de un delito sexual, se restringe en el carácter reprobador de la pena el contribuir a confirmar, fortalecer y estabilizar las normas éticas de los ciudadanos y a la idea de mantener limitados los comportamientos criminales. Sin embargo, cuando se trata de pensar en la categoría dogmática de la culpabilidad del autor, como elemento contendor necesario de la responsabilidad penal, tampoco parece encontrar plausibilidad en los intentos del feminismo de la regulación al apostar por el derecho penal como forma de prevenir la violencia. Esto último por cuanto se deja de lado que la visión dominante de la dogmática continental, que es la tendencia roxiniana, acude a un concepto de culpabilidad ya no restringido a uno de signo retribucionista, que tenía como presupuesto la necesaria existencia del libre arbitrio, sino a uno que además de servir de limitador de la pena debe aparecer determinado por la conciencia del injusto y la plena capacidad de motivación de la norma por parte del autor[249]. Esta manera de completar la culpabilidad parte de una visión preventiva atada

[248] En el mismo sentido, Lucia Zedner, "Too much Security?", en *International Journal of the Sociology of Law*, Vol. 31, n.º 3, Corpus Christi College, University of Oxford, 2003, p. 184.

[249] De allí que el derecho penal moderno determine que, por ausencia de culpabilidad, no resulta legítimo castigar a los enfermos mentales.

a la idea de protección de bienes jurídicos y de un derecho penal del hecho (que no castiga por modos de vida). Si esto es así, las penas adecuadas a la culpabilidad así entendida disminuirán ostensiblemente en la medida en que durante el proceso penal puede resultar ampliamente difundida la conexión de bien jurídico libertad sexual atada a concepciones igualmente liberales, no feministas, del contenido y entendimiento de la integridad sexual. La ausencia de culpabilidad en un determinado caso es percibida por estos feminismos de la regulación como un puro aspecto de ineficacia o impunidad. Los feminismos de la regulación, a diferencia del énfasis roxiniano de exigir, con miras a justificar el castigo, una relación de la medida de culpabilidad con las necesidades preventivas, imponen una relación contingente con las consecuencias del mal que supone la pena frente al autor de los delitos de violencia contra la mujer. El giro punitivo implica asumir que su alianza con el sistema punitivo responde a una pura necesidad de confirmar una norma, la prohibición de la violencia sexual, a través de la pena, pero con un mayor énfasis en los mecanismos regulatorios. En dicho sentido, la legitimidad de la imposición de la pena parecería ubicarse para el feminismo de la regulación bajo la primera concepción jakobsiana de la pena, esto es, una visión retributivo-funcional de la pena cuya misión es la de "comunicar" una reacción frente al delito para restablecer la norma como expectativa; en otras palabras, para reafirmar la vigencia de esta. Desde esta visión, la pena se movería al margen del mundo empírico y lejos de las concepciones psicologicistas de la prevención general positiva, en la medida en que la sanción no tiene una finalidad, sino que ella misma es la consecución de esa finalidad. En efecto, si la norma es depositaria de una expectativa social, entonces la pena, al reafirmar la norma, produce un efecto "lógico", no empírico, de integración social[250].

250 Este planteamiento inicial de Jakobs dio lugar a críticas porque no explicaba por qué, para comunicar que la norma continuaba siendo una expectativa vinculante, era necesario causar dolor al autor del delito. En otras palabras, por qué para que la comunicación de la norma continuara siendo pauta de conducta vinculante bastaría con la declaración verbal o con cualquier otro mecanismo expresivo carente de dimensión aflictiva (Silva Sánchez, 2006). De allí que, posteriormente, Jakobs (2004) abandonara la concepción puramente comunicativa de la pena y señalara que: "la propia idea de que la pena es 'comunicación' resulta contraintuitiva: cuando se mete a alguien en la cárcel no se 'habla' con él; el discurso, la comunicación, concluyó antes, al emitirse el juicio de culpabilidad" (Jakobs, 2007). Con anterioridad a lo que la dogmática alemana ha denominado el "giro fáctico" de Jakobs, este autor había señalado que, siendo que el delito se proyecta también sobre el plano de lo físico y no solo sobre el plano simbólico, la pena, en esa misma medida, debía también hacer otro tanto. El delito, señalaba Jakobs, no solo niega el derecho sino que cambia el mundo, y por lo tanto la pena no solo ha de reafirmar el derecho, sino también reconfigurar el mundo. Es decir, que sin la aflicción de la pena no se daría la re-estabilización de la norma ya que el delito también había provocado aflicción. La solución propuesta por Jakobs había sido la de distinguir entre funciones manifiestas y funciones latentes de la pena (1999). La función manifiesta de la pena sería puramente comunicativa y se dirigiría a "personas en derecho". Las funciones latentes, o preventivas, se dirigirían a los "individuos" subyacentes que se mueven en

En suma, la expresividad del castigo para el feminismo de la regulación expande los ideales feministas en el Código Penal a partir de un alto énfasis en la idea de prevención general positiva en sede legislativa, pero, como se dijo, con una mínima atención a las consecuencias específicas del castigo.

Entre la regulación y el castigo

Condenas más severas, el uso recurrente del castigo, mayores restricciones al uso de la libertad condicional, prisiones de máxima seguridad, pero también registros de pedófilos, controles sobre personas que han sido condenadas por delitos sexuales una vez han sido liberadas, imposición de tratamientos psicológicos para víctimas y victimarios de violencia intrafamiliar, restricciones al acceso domiciliario o la imposición de prohibición de comunicación con los hijos son también características comunes al giro punitivo del feminismo de la regulación. En cuanto a pretensiones como la de tratar de erradicar los abusos de las mujeres por parte de sus parejas, impulsadas por la conciencia de las dificultades que ellas encuentran cuando enfrentan el sistema penal, el feminismo de la regulación ha optado por la expansión en la institucionalización del control en sistemas espaciales como refugios, residencias temporales y centros médicos y psicológicos de atención[251]. El control y la regulación de la violencia por "fuera" del sistema punitivo han sido trazados por las feministas de la regulación como una categoría diferente a la del control formal punitivo, y a la vez como una estrategia que les resulta menos fatigosa en su labor de incidencia gubernamental y de implementación de políticas públicas. Las respuestas disciplinantes parecen subsistir bajo la idea de la ley penal en el terreno de lo público en oposición a lo regulatorio en el terreno de lo privado. El feminismo de la regulación asume de una manera insatisfactoria —o por lo menos parece no dar cuenta de ello—, la división que supone tajante entre el campo punitivo y la regulación, entre la ley penal como castigo público y la ley no penal como reglas puramente policivas y privadas. Asumiendo como natural la distinción entre el ámbito público y privado, cae en la trampa de asumir el castigo como auto

el plano de lo sensible y el "dolor penal" sería la columna de la comunicación de reafirmación de la norma. Günther Jakobs (2007), "La pena estatal: significado y finalidad", en *Derecho penal y sociedad*, tomo I, Eduardo Montealegre Lynett (coord.), Editorial de la Universidad Externado de Colombia, Bogotá.

251 Sally Engle Merry (2007), "Spatial Governmentality and the New Urban Social Order: Controlling Gender Violence through Law", en *Criminological Perspectives. Essential Readings*, Eugene McLaughlin, John Muncie y Gordon Hughes (eds.), pp. 467-483. Señala esta autora que en la ciudad posmoderna la gobernabilidad espacial está conectada con castigo y disciplina y que nuevas formas de gobernanza como estas circulan globalmente junto con ideas neoliberales de disminución del Estado.

justificado en sede preventiva general, desatendiendo el cada vez más expansivo dominio de las medidas policivas que igualmente intentan controlar la violencia sexual por medio de procesos no estrictamente penales, pero con efectos colaterales igualmente punitivos y, peor, permaneciendo en un terreno oscuro en torno a los efectos que en realidad están produciendo y sobre cómo y por quién están siendo controlados. De acuerdo con Sarat, Douglas y Merrill (2011), reconocer el desvanecimiento de los límites entre regulación y castigo puede verse más claramente a partir del trabajo de Foucault, para quien la crueldad histórica del Estado en la imposición de castigos como esfuerzo necesario de mantenimiento de la obediencia de sus súbditos resultó claramente ineficiente y minó su legitimidad misma. Otra manera de ordenar a los ciudadanos surgió de lo que Foucault llamó "disciplina", como una forma difusa de gobernanza que emplea una variedad de agentes e instituciones para organizar individuos para su máxima eficiencia. La diversidad de instituciones que Foucault identifica en la *Historia de la sexualidad* (volumen 1), utilizando biopoder y el hecho de que su objetivo común sea gobernar la población, sugiere que la disciplina ha mantenido una superposición sustancial con los varios tipos de regulación descentrada (Sarat, 2011:6). El aumento del poder disciplinario, y subsecuentemente de la regulación como modo de gobernanza, y el decline de castigos espectaculares desplegados por el soberano, no significa que la disciplina o la regulación hayan reemplazado a la soberanía y al castigo. En realidad, Foucault argumenta que la soberanía no ha desaparecido y en cambio ha sido subsumida por nuevas manifestaciones del poder disciplinario. Para Foucault, el castigo puede no ser un sistema predominante de gobernanza, aunque está presente en una forma cambiante, subsumida por el régimen de la regulación[252].

Cuando se amplían los marcos de control del fenómeno de la violencia, tales como la potestad de decidir provisionalmente en casos de violencia intrafamiliar, así como también sobre quién tendrá a su cargo las pensiones alimentarias, el uso y disfrute de la vivienda familiar, o la prohibición al agresor de realizar cualquier acto de enajenación o gravamen de bienes de su propiedad sujetos a

[252] Los límites están desdibujados y los esquemas clasificatorios desestabilizados en la medida en que la regulación "penetra" y "permea" el castigo. En el libro *Law as Punishment/Law as Regulation*, Sarat *et al.* atienden este desdibujamiento y desestabilización en las varias y complejas relaciones del castigo y regulación como formas de gobernanza pero también como un fenómeno cultural que ayuda a constituir sujetos legales. Se considera el control físico de personas/cuerpos y la manera como ese control ilumina visiones competentes en el derecho: como forma de regulación y como una forma de coerción/castigo. Se indaga por la distinción entre regulación y castigo como una manera de entender el poder y la legitimación de esta clasificación legal y se pregunta qué podemos aprender sobre la ley en sus más generales prácticas de clasificación atendiendo a la clasificación castigo/regulación.

registro, son prácticas regulatorias que imponen nuevas dinámicas expansivas de lo punitivo. Por otro lado, estas dinámicas, y los efectos distributivos que suponen, tampoco han sido asumidas por los feminismos de la regulación[253]. Las feministas de la regulación desatienden las reglas jurídicas que la dogmática penal tiene construidas para hacer aparecer como ventajas o atributos naturales instituciones como el castigo y su pretendido entendimiento como categoría punitiva, dejando de lado la trampa que supone caer en entender esto así, esto es, como si fuera obvia la distinción formal castigo/regulación.

La justificación teórica del castigo y las pautas de su legitimidad desde una visión feminista claramente implican asumir las consecuencias de la regulación de la violencia sexual y los costos y beneficios que supone hacer uso del castigo. El compromiso ético-político del feminismo de justificar y reconstruir la teoría penal para lograr intervenciones más racionales y plausibles al control de la violencia no significa un ejercicio vacuo o dogmático conceptualista sin consecuencias con la realidad. El contenido racional a los fines y funciones del castigo tiene el valor agregado de permitir un control, si bien no absoluto, por lo menos mucho más concientizado acerca de los efectos que se están generando "desde abajo" a partir de políticas expansionistas regulatorias/punitivas. Si se tiene más claro el contenido de la necesidad del castigo y de sus finalidades se podrán impartir pautas político-criminales más reflexivas, tendientes a disminuir ese tipo de intervenciones cuando estas supongan costos negativos en sede de las funciones latentes del castigo[254].

La discriminación en la imposición de las sanciones colaterales y la ausencia de límites temporales en sus duraciones también carece de atención por parte del feminismo de la regulación[255].

[253] Sobre el derecho como factor de distribución y legitimación (DDL) véase Isabel Cristina Jaramillo Sierra, entre otros, en *Mujeres, cortes y medios: la reforma judicial del aborto*, 2008.

[254] Las inclusiones en las bases de datos, las prohibiciones temporales de visitas a los hijos, las restricciones en las adjudicaciones de viviendas son políticas expansionistas que están viajando al sur global patrocinadas por los feminismos de la regulación cuando se trata de controlar la violencia sexual. La contingencia de la categorización de la violencia sexual naturalizada así por el mismo feminismo cae en la trampa de autodeslegitimarse y dejar al azar las consecuencias punitivas de sus reclamos.

[255] Ewald entiende por sanciones colaterales todas aquellas políticas públicas en las cuales el Gobierno interviene para perpetuar como ciudadanos de "segunda clase" a exconvictos. El Court Security Act del 2007 (P.L. 110-177, Sec. 510) emplea la distinción entre sanciones colaterales, desarrollada por primera vez por la American Bar Association en el 2003, definiéndolas como restricciones impuestas automáticamente luego de la sentencia, y "disquialifications", aquellas penalidades que una corte, agencia u oficial están autorizados a imponer pero no requieren hacerlo (cit. Ewald, 2001:92).

Los límites sobre los títulos de propiedad de la vivienda para casos de violencia intrafamiliar son un ejemplo de la falta de consideración por indagar en la legitimidad de una regulación/castigo. En efecto, las leyes sobre violencia intrafamiliar imponen consecuencias colaterales como las de ordenar al agresor el desalojo de la casa de habitación que comparte con la víctima, cuando su presencia constituye una amenaza para la vida, la integridad física o la salud de cualquiera de los miembros de la familia, o la de ordenar al agresor abstenerse de penetrar en cualquier lugar donde se encuentre la víctima[256].

Sin embargo, la necesidad regulatoria de controlar el fenómeno de violencia desconoce los efectos secundarios, no menos importantes, que se desprenden de los conflictos derivados de los derechos de propiedad, posesión o tenencia en los que, por regla general, son los hombres los que terminan manejando discrecionalmente el conflicto, en contra de las mujeres y sus hijos[257]. Los efectos de cómo opera esa división de propiedad entre agredida y agresor escapa a cualquier control punitivo y más a cualquier intento de justificación punitiva sobre ese tipo de sanciones[258].

Si bien esta idea de la expansión punitiva/regulatoria no es una situación exclusiva del feminismo de la regulación, lo que se quiere mostrar acá es que la pretendida distinción entre lo punitivo y lo no punitivo es una trampa en la que el feminismo de la regulación también ha convergido al extender sus pretensiones de control disciplinar bajo la suposición de la idea de que la violencia debe implicar algún tipo de respuesta estatal, que si bien no es punitiva sí es una que, aparentemente, tenga una connotación no penal[259]. El descentramiento

256 Art. 5.º de la Ley 1257 del 2008.

257 Sobre este aspecto véase la investigación sociojurídica realizada en la Universidad de los Andes (2011), en la localidad de Ciudad Bolívar y la Casa de Justicia, dirigida por Julieta Lemaitre, cuyo objeto central fue determinar las relaciones entre vivienda formal-informal y los niveles de violencia intrafamiliar. Resultados pendientes de publicación.

258 En punto a la imaginada línea divisoria entre regulación y castigo, resulta útil señalar la decisión de la Suprema Corte de Estados Unidos, *Trop v. Dulles* (1958), en la que entendió todas esas privaciones de derechos no como un castigo sino como un ejercicio del poder para regularlas. Ese ejercicio clasificatorio de la sanción se ha vuelto, sin embargo, un asunto ampliamente "interpretativo" y aún en la actualidad esta visión acerca de las consecuencias colaterales del castigo permanece en el consenso de la cortes estadounidenses bajo el entendimiento de que están "por fuera" del sistema de justicia criminal y por eso han sido tratadas como simples regulaciones civiles (Ewald, 2011:91). Esta distinción "formal" tampoco resulta superada en la dogmática continental pese a la exigencia constitucional de la legalidad y tipicidad de las penas.

259 Las cortes de Estados Unidos han adoptado una distinción formal entre sanciones directas punitivas y colaterales, entendiendo estas últimas como regulatorias y preventivas para proteger "la sociedad de la corrupción e influencia de los exconvictos" y "prevenir la comisión de futuras ofensas por parte de los exconvictos". La implementación entre lo que se considera no punitivo se complementa con la idea de que si la consecuencia es impuesta por la administración es, entonces, indirecta y carece así de las consecuencias esenciales de la pena. La regulación impalpable de propuestas desde el feminismo de la regulación, tales como las de ordenar al agresor el desalojo

de las opciones regulatorias en las que se ha centrado el feminismo regulatorio, en su intento por sobreponer las constantes acusaciones de impunidad e ineficiencia del sistema punitivo, contradicen la distinción público/privado en la manera de afrontar la violencia con acciones "no penales", cayendo en la trampa no solo de inadvertir las consecuencias colaterales dejadas al azar de las fuerzas de negociación que atraviesan el conflicto una vez ha salido del ámbito gubernamental, sino también porque dejan al azar y al desconcierto la pregunta por la legitimidad, en cuanto a fines y funciones, que tiene el ámbito de lo burocrático al dotar de consecuencias jurídicas a manifestaciones de violencia que engañosamente se cree poder regular a través de amenazas no penales[260].

Feminismo de la regulación y gobierno a través del crimen

De acuerdo con Julia Black (2002), se identificarían al menos tres definiciones acerca de la idea de la regulación: la primera corresponde a la promulgación de reglas por el Gobierno, acompañada por mecanismos de monitoreo y aplicación, usualmente llevados a cabo por agencias públicas especiales; la segunda corresponde a cualquier forma de intervención directa del Estado en la economía, cualquiera sea la forma en que esa intervención se realice; y la tercera se refiere a que la regulación corresponde a todos aquellos mecanismos de control social o de influencia que afectan formas de comportamiento, sean ellos intencionales o no (metaregulación)[261].

Las primeras dos definiciones corresponderían a un entendimiento "centrado" de la regulación, y solo la tercera rompería la conexión necesaria con el Estado

---

de la casa de habitación que comparte con la víctima, la de acudir a un tratamiento reeducativo y terapéutico en institución pública o privada, a costa del agresor, o la de limitar provisionalmente el uso y disfrute de la vivienda familiar, caen todas en el ámbito sutil de la división punitivo/regulatorio y habituando la idea de que esa es una solución a las dificultades con las que el feminismo se ha topado frente al derecho penal. El criminólogo Jeremy Travis usó el término de "castigos invisibles" (2002), en la medida en que ninguna de esas restricciones ha sido considerada parte de la práctica y revisión jurisprudencial en el sistema anglosajón. Se han tornado en "sanciones secretas" (Chin y Holmes), en las que el Estado ya no mantiene el monopolio ni la capacidad para regular el comportamiento.

260 Las sanciones colaterales convierten el castigo, ya de por sí incierto de legitimación desde su visión externa, como se ha señalado en precedencia, en una acción "difusa a través de la sociedad" (Julia Black, 2002) y dispersa en varios actores sociales. Los efectos distributivos de la disposición de bienes, del manejo provisional de custodia de menores o del control médico y psicológico de los violentos recaen en el nuevo "archipiélago del gubernamentalismo" y absorben en gran medida la expresión simbólica del castigo.

261 "Es útil pensar en la relación entre derecho y sociedad o entre derecho y economía en términos de varias capas de regulación cada una trabajando en su propia regulación. Al mismo tiempo, cada capa regula la regulación de las otras en varias combinaciones, con influencia horizontal y vertical. La etiqueta "meta-regulación" ha sido aplicada a este concepto". (*Traducción propia.*) Christine Parker, Colin Scott, Nicola Lacey y John Braithwaite (eds.), *Introduction. regulating Law*, Oxford University Press, 2006, p. 6.

y en esta se carece de fuentes de limitación alguna acerca de cuándo debería la regulación terminar. Esta carencia de limitación también comprendería la condición de legitimidad o justificación del por qué y cómo regular la intervención contra la idea de violencia sexual, lo que le supondría al feminismo ganar en argumentos frente a la incoherencia de las políticas contemporáneas de regulación del crimen a través del gobierno[262].

Siguiendo a Black, las discusiones sobre las conexiones entre castigo y regulación necesariamente examinarían la conexión entre la primera y la tercera forma de regulación, y, en especial, la manera en que la tercera forma de regulación manipula actitudes individuales hacia —y por lo mismo asegura— la primera forma de regulación[263]. Estas formas de regulación y sus conexiones con el castigo terminan desenvolviéndose en el feminismo de la regulación en lo que Jonathan Simon (2007) describe como "gobierno a través del crimen", donde tecnologías y discursos acerca de la violencia de género se dispersan por toda la sociedad, con nuevas maneras de control aún inexploradas en sus efectos distributivos por el feminismo.

Por ejemplo, el etiquetamiento de exofensores criminales, motivado por el impulso contemporáneo de degradación e injuria, resulta liderado por veladas formas de autoridad burocráticas y actores no gubernamentales que terminan involucrándose en la continua degradación de las políticas públicas de bienestar social: "Acá las presiones políticas que llevan al encarcelamiento masivo se encuentran con la lógica de la reducción del Estado de bienestar —el celo moral ardiente de deshonra y ostracismo de la moderna campaña carcelaria americana, uniéndose a la lógica de la suma cero de la provisión de vivienda social. Es una guerra de todos contra todos por el último trabajo, el ultimo préstamo o dólar, y expulsar a quienes han cometido crímenes tiene un amplio atractivo…" (Ewald, 2001:102). (*Traducción propia.*)

Los impulsos estratégicos de feministas en torno a la apuesta por el castigo, conscientes aún de su ineficacia instrumental, patrocinan la propagación del impuso de exclusión social a través del "gobierno a través del crimen".

Sin embargo, a efectos de entender y comprender en términos analíticos esta manera en la que el feminismo de la regulación adopta sus ideas sobre el

262 Julia Black, *Critical Reflections on Regulation*, London School of Economics and Political Science, Londres, 2002.

263 Susan Lee, *In the Prison of the Mind: Punishment, Social Order, and Self-Regulation*, Stanford Law Books, 2011.

control del crimen y su relación con el sistema penal, hace necesario presentar una visión más detallada del concepto de regulación y cuál es la manera que resulta más apropiada para lograr medir los efectos colaterales de las relaciones violencia y castigo que el feminismo de la regulación termina asumiendo. Sobre este asunto me detendré a continuación. De acuerdo con Black, una conceptualización descentrada de la regulación implica cinco nociones centrales: complejidad, fragmentación, ingobernabilidad, interdependencia y el rechazo de una clara distinción entre público-privado (Black, 2002:4). En torno a la primera de estas nociones, la *complejidad*, un entendimiento descentrado del término regulación, supone complejidad causal y de interrelaciones entre los actores en la sociedad, o entre sistemas. La propuesta en torno a la complejidad supone poner en evidencia que la conflictividad social es el resultado de varios factores de interacción, muchos de ellos no conocidos, lo cual supone la complejidad misma de las interacciones, así como la diversidad en las finalidades, intenciones y propósitos, y poderes de los actores. La *fragmentación*, señala Black[264], se refiere a la parcelación de conocimiento y de poder y control; no se asume que cualquier actor tenga el conocimiento necesario para resolver los problemas sociales ni posea todos los instrumentos necesarios para hacer la regulación efectiva; la información es socialmente construida y no hay verdades "objetivas" sociales. La fragmentación igualmente supone la autonomía e *ingobernabilidad* de actores o sistemas, bajo la idea de que los actores continuarán desarrollando o actuando a su manera en la ausencia de intervención. Los autores y los sistemas son autoregulados y la regulación no puede tomar sus comportamientos como constantes[265]. Ningún único actor puede esperar dominar el proceso regulatorio de manera unilateral y los actores resultarán fuertemente restringidos para alcanzar sus propios objetivos, no solo por las limitaciones de sus propios conocimientos sino también por la autonomía de los otros. Ya sea esto debido a la manera en que otros actores emplean poder y recursos para la acción o a las características inherentes del sistema, o a cualquier otro aspecto de difícil determinación. La autonomía de la voluntad del actor se hará susceptible a la

264 Julia Black, *Critical Reflections on Regulation*, London School of Economics and Political Science, Londres, 2002.

265 Entre las varias perspectivas teóricas que asumen esta visión se encuentran las miradas autopoiéticas de subsistemas cerrados como el derecho o la política, los cuales construyen sus visiones de los otros subsistemas únicamente a través de sus distorsionados lentes perceptivos, es decir, en términos de su medio ambiental y sus propias oposiciones binarias. De allí que la información que tengan sobre los otros sistemas es simplemente aquella que ellos mismos han creado de acuerdo con sus propios criterios (Teubner, 1987). De la misma manera llegan a esta conclusión teorías como las del institucionalismo, teorías del discurso, teorías culturales, entre otras: quienes hacen políticas públicas, las organizaciones y demás actores, construyen imágenes de sus propios contornos a partir de sus propios marcos cognitivos.

regulación externa, pues ningún sistema podrá actuar sobre el otro (de allí la contingencia entre el acto de violencia que se pretende controlar y los efectos de la punición/regulación). La cuarta noción descentrada de regulación, la *interdependencia*, corresponde a una de interacciones entre los actores sociales y entre estos y el Gobierno en el proceso de regulación. Estas interrelaciones, que no se contienen dentro de los límites nacionales de un territorio específico, no parten del supuesto de que la sociedad tiene necesidades o problemas y que el Gobierno tiene capacidades de solución, sino que es más bien un entendimiento de ambos teniendo problemas y soluciones y siendo mutuamente dependientes el uno del otro para su resolución.

Esta idea de que la gobernanza y la regulación son el producto de interrelaciones e interdependencias conlleva a la quinta noción descentrada de regulación, que es la de la noción del *colapso de la distinción público/privado*[266]. Redes de organizaciones de mujeres u organizaciones no gubernamentales feministas, que combinan actores gubernamentales y no gubernamentales, terminan produciendo formas regulatorias en ausencia de sanciones formales legales o disposiciones formales gubernamentales. De acuerdo con Black, esas formas de gobernanza y regulación deben verse como el resultado de las propias interacciones y su autoridad juega un rol ambiguo que es visto no tanto como una actividad en sí sino como el producto de esa actividad.

Cuando surge la pregunta de quién o qué está llevando a cabo la actividad regulatoria, la mayoría señala actores gubernamentales, incluyendo las cortes, pero también se indican actores no gubernamentales, incluyendo asociaciones, comités, firmas, comités técnicos o cuerpos auditores[267]. Adicionalmente, se entiende que la regulación también puede ser realizada por fuerzas económicas. Para otros, la regulación sería la actividad o resultado de las fuerzas sociales, como normas, instituciones o la cultura. Julia Black incluye también la tecnología, entendida como la capacidad de manipular, emplear o alterar el ambiente físico o humano, así como el producto de tales comprensiones. Por ejemplo, se incluirían en esta categoría regulatoria desde las estadísticas[268], las teorías de las probabilidades y los análisis de riesgo[269] hasta los sistemas de ingeniería[270] y el

[266] Black, p. 6.
[267] Hugh Collins, *Regulating Contracts*, Oxford University Press, 1999.
[268] Nikolas Rose, "Governing by Numbers: Figuring out Democracy", en *Accounting, Organizations and Society*, Vol. 16, n.º 7, pp. 673-692, 1991.
[269] Peter Bernstein, *Against the Gods: The Remarkable Story of Risk*, Nueva York, 1996.
[270] David Garland, *The Culture of Control*, Oxford, 2001, p. 162.

Internet, aunque, para otros, estas actividades serían simples instrumentos de regulación en la medida en que esta es una actividad intencional.

Esta visión sobre la manera de entender la actividad regulatoria permite comprender cómo el feminismo de la regulación concentra la idea de la relación violencia-castigo de manera contingente y con ello añadiendo a la respuesta punitiva grados mayores de ilegitimidad. El poder de los actores no estatales que controlan el régimen de visitas de menores, o el que tienen sobre discusiones conciliables sobre el régimen de posesión de las viviendas, en casos, por ejemplo, de disputas intrafamiliares, o las opiniones de expertos en manejos de control de la violencia, son todas estas actividades regulatorias que están determinando el discurso del castigo/regulación penal y sobre las que se impone un examen pormenorizado a efectos de establecer, o por lo menos clarificar, los efectos concretos y colaterales que de tales actuaciones se desprenden.

En suma, las nociones descentradas de la regulación permitirán comprender por qué el feminismo de la regulación asume insatisfactoriamente el control de la violencia supuestamente por "fuera" del sistema punitivo y como un asunto que soslaya, por ineficiencia instrumental, las falencias de aquel. Contrario a tratar de establecer diferenciaciones naturalizadas entre castigo y regulación, la idea es tratar de entender el castigo y la regulación en términos relacionales. La idea es analizar críticamente estas propuestas feministas y su relación con el sistema penal a partir del supuesto adicional de que son formas de gobernanza que están circulando globalmente junto con las ideas neoliberales sobre el castigo. Sobre estos aspectos se concentrará el apartado siguiente, que plantea la categorización de un feminismo crítico en sus relaciones con el sistema penal.

EL FEMINISMO CRÍTICO: UNA RELACIÓN CONTINGENTE ENTRE VIOLENCIA Y CASTIGO

Esta manera en que ciertos feminismos se relacionan con el sistema penal se caracteriza por la idea de que la relación de la violencia con el castigo es negada o, por lo menos, cuestionada, en términos críticos en torno a la idea general del derecho, y su fe en él, como herramienta universal, abstracta, neutral y objetiva (Kennedy, 1997).

Cuando el feminismo de la regulación niega el vínculo de la necesariedad de imponer siempre castigos formales ante la presencia de un hecho violento, lo hace partiendo de la ineficacia del derecho penal y optando por mecanismos regulatorios que, como se señaló en párrafos anteriores, terminan diluyendo la imposición de medidas igualmente punitivas en contra de determinados grupos sociales, generalmente los marginados. Por el contrario, esta tercera categorización cuestiona esa relación no bajo términos de ideas de ineficacia, o de brechas de género, sino bajo la más amplia idea del derecho como uno de los dispositivos adicionales que han contribuido a estabilizar las diferencias.

De la misma manera, cuando el feminismo crítico niega o cuestiona la relación de la violencia con el castigo deja un espacio apropiado para centrar las preguntas por la legitimidad del castigo, así como para traspasar las dicotomías de los feminismos frente al derecho penal concentradas en formalismo/antiformalismo, eficacia instrumental/eficacia simbólica[271].

El feminismo crítico que abarcaría esta tercera forma de clasificar esas relaciones parte de las siguientes premisas: (1) es un feminismo que entiende que no todo lo que haga el derecho inexorablemente siempre favorece al hombre o a las mujeres como categorías universales (Halley, 2006); (2) es un feminismo que pretende tomarse en serio las críticas al sistema penal y a la selectividad del sistema penal; (3) es un feminismo que está en contra de la confusión pena-sistema penal con control social; (4) es un feminismo que está en contra de

[271] Sobre las críticas al apresamiento de las contradicciones formalismo/antiformalismo como explicaciones completas del ordenamiento jurídico colombiano véase Helena Alviar García e Isabel Cristina Jaramillo Sierra, *El feminismo y crítica jurídica. El análisis distributivo como alternativa crítica al legalismo liberal*, Siglo del Hombre Editores y Universidad de los Andes, 2012.

las divisiones: simbólico/castigo, mujer víctima/mujer victimaria, así como contra la naturalización del crimen y castigo o de la víctima/delincuente; y (5) es un feminismo crítico que cree que el derecho distribuye recursos y contribuye a moldear las relaciones sociales de una manera fundamental y por lo cual corresponde estar continuamente en vigilancia para modificarlo, para entender cómo opera y para utilizarlo redistributivamente (Alviar Restrepo y Jaramillo Sierra, 2012).

Feminismo crítico y antiesencialismos

Es un feminismo que en sus relaciones con el sistema penal entiende que no todo lo que haga el derecho inexorablemente siempre favorece al hombre o a las mujeres como categorías universales. En este sentido, se pueden resaltar las discusiones dentro del feminismo, especialmente desde su visión posmoderna, que cuestionan la categoría "mujer" como elemento fundante de discusión, al considerarlo un término restrictivo y al suponer que es un concepto empíricamente autoevidente, inmutable, esencial y normativamente prioritario en relación con otros roles sociales[272].

Un feminismo crítico parte de la idea de que el derecho penal no necesariamente tiene una absoluta inclinación patriarcal y por eso la respuesta no puede limitarse a sistematizar categorías penales bajo el esencialismo de las diferencias entre todos los hombres y todas las mujeres. El reto en torno a la legitimidad y necesidad de castigo y de pena para conductas producidas por una violencia masculina, particular e incomparable a otros tipos de violencia, debe construirse a partir de una visión alterna a la falsa unicidad del concepto teórico del delito que descansa en la premisa de protecciones uniformes de los bienes jurídicos vida, libertad, o integridad física o sexuales. Aquí la apuesta teórica en torno a la teoría del bien jurídico supone, por un lado, abandonar la falsa idea de neutralidad de la ley penal, pero, por el otro, incluir en la sistemática penal ideas ampliadas de vulneraciones a la integridad femenina que superen las reducciones de daño físico y sicológico que subyacen a la construcción del bien jurídico libertad e integridad sexual propias de la dogmática penal contemporánea. Esta idea no supone acoger un criterio de la diferencia en el derecho penal, tal y como lo han construido las feministas de la diferencia, pues esto conlleva a radicalizar las dicotomías víctima/victimario, sino más bien una concepción ampliada de los ámbitos de las esferas de protección penal que no

272 Linda Nicholson (comp.), *Feminismo/Posmodernismo*, Feminaria Editora, Buenos Aires, 1992.

caigan en falsas dicotomías o ideas estructuralistas sobre la violencia sexual. Estas visiones críticas cuestionan las metanarraciones construidas por teóricas feministas alrededor de actividades universales asociadas a lo femenino. Esto, por supuesto, no supone desconocer la incidencia de tendencias masculinas en la construcción de la identidad femenina en el derecho, pero cuya ocurrencia no supone la imposibilidad de una reconstrucción del sistema penal. Se desaprueba asimismo que se estudien categorías como la sexualidad, la crianza, la reproducción y la producción afectiva relacionada con el sexo como si fueran homogéneas y las mismas en todas las sociedades, así como capaces de atravesar barreras culturales. Debe rechazarse cualquier esencialidad o explicación monocausal sobre la dominación masculina. Estas posturas, especialmente las adoptadas desde el feminismo posmoderno, no significan, se reitera, que se rechacen todas las narraciones históricas ni los análisis de macroestructuras sociales; sin embargo, reclaman en ellas esfuerzos genealógicos enmarcados por narraciones históricas y a tono con las especificidades culturales y temporales. El aporte de este feminismo ha sido fundamental para cuestionar los discursos feministas colonialistas adoptados especialmente por los de la segunda ola. Fue el posfeminismo el que comenzó a desestabilizar las nociones de un sujeto fijo y total, proponiendo incluso que se puede prescindir del feminismo, y por eso se ha caracterizado por fijar un cambio en sus metas y objetivos[273]. Debe aclararse que no se está haciendo una equivalencia entre el feminismo de la tercera ola y lo que aquí se denomina feminismo crítico; esto por cuanto los supuestos que se presentan para construir la categoría de este último se asumen acá a partir de una visión concreta sobre el sistema penal (desde la visión de una criminología crítica) que no se pueden hacer equivaler con el feminismo de la tercera ola. Una reconstrucción desde la criminología crítica con este enfoque feminista, que tenga la potencialidad de modificar la concepción de la sexualidad propia de la teoría penal, que modifique la esencialidad y acepte que es esa sexualidad la que produce determinadas identidades y determina quién gana qué en las negociaciones entre hombres y mujeres, supone una primera ganancia teórica capaz de enfrentar con coherencia las limitaciones de concepciones sobre el sexo consentido como bien jurídico ideado a partir de una visión liberal del derecho penal. Comprender que tras del sexo consentido se presuponen relaciones de poder y negociaciones entre hombres y mujeres (Jaramillo

[273] Entre otras, Naomi Wolf, Katie Roiphe, Rene Dendfeld y Natasha Walter, en ocasiones tachadas de antifeministas. Por ejemplo, Rene Denfeld acusa al "viejo orden feminista" de puritano, a Mackinnon por su ataque a la idea misma del "sexo consensuado" y a Andrea Dworkin por su campaña contra la pornografía.

Sierra, 2009), supondrá necesariamente traspasar las clásicas concepciones de la teoría penal que imposibilitan construir y legitimar conductas tales como el acoso sexual, en tanto comprendido como un ejercicio injustificado de transacciones entre sujetos ubicados en contrarias balanzas de poder. El feminismo crítico estaría, pues, en contra de suponer que no pueda existir una visión de la relación violencia-castigo por fuera de los límites que dan los feminismos del castigo y la regulación, los cuales aparecen atravesados por la idea de que el derecho penal genera consecuencias deterministas a favor de los hombres y en contra de las mujeres. Esto no obsta para que también se recapacite sobre los efectos preventivos del derecho penal. Cuestionar que la legitimidad no puede recaer sobre supuestos poco plausibles en términos absolutos (que el derecho penal previene cualquier delito futuro o que la pena tiene un fin retributivo de reparar el delito), impone volver la mirada y hablar de manera pausada sobre nuevos modelos justificadores que incluyan las construcciones feministas que logren superar la idea de que, para fundamentar el fin del derecho penal, tengamos que incurrir en tortuosas apologías para presentar una única legitimidad basada en artificiosas separaciones entre derecho, moral y política[274].

El feminismo crítico y las visiones críticas contra el sistema penal

El segundo supuesto del feminismo crítico consiste en que pretende tomarse en serio las críticas al sistema penal y a la selectividad del sistema penal. En este sentido, resultan relevantes los aportes efectuados por Elena Larrauri (1994, 1997, 2008) en su lectura sobre las maneras en que las feministas se han acercado al derecho penal, en especial cuando asumen su uso únicamente a partir de su capacidad simbólica. Señala que esta manera de usar el derecho penal "[...] también produce víctimas reales, pues las mujeres también saben perfectamente que solo determinados hombres son clientes del sistema penal. También en este ámbito el derecho penal opera de forma selectiva y no castiga a 'los' hombres sino, fundamentalmente, a los hombres que no pertenecen a una determinada raza y clase social" (Larrauri, 2008:208).

274 En este sentido, Ferrajoli, para quien una *doctrina* de justificación de la pena consistente supone la aceptación del postulado jurídico-positivo de la separación del derecho de la moral, de modo tal que ni el delito ha de considerarse como un mal en sí (*quia prohibitum*), ni la pena como un bien o un valor en *sí* (*quia peccatum*). Para Ferrajoli, las justificaciones otorgadas con base en una doctrina de justificación de la pena deben consistir en justificaciones relativas y condicionadas, para no convertirse a su vez en operaciones de legitimación apriorística y, por lo tanto, ideológicas. Luigi Ferrajoli, "El derecho penal mínimo", en VV.AA., *Prevención y teoría de la pena*, Editorial Jurídica Conosur, Santiago, Chile, 1995, pp. 25-48.

Larrauri, en varios de sus textos, cuando habla como criminóloga crítica, se refiere a los clamores efectuados por esa vertiente de la criminología sobre la selectividad del sistema penal. En ese sentido, se constituye un aporte en torno a la idea del feminismo crítico de tomarse en serio las acusaciones contra el sistema penal[275]. En primer lugar, acepta que es cierto que la actual regulación de determinados delitos tiene un contenido simbólico en el sentido que emite una determinada imagen de mujer y que por esto resulta necesario participar en los debates de reforma legal de los tipos penales existentes. En esa medida, acepta que se utilice el derecho penal existente por parte de las organizaciones de mujeres, al tiempo que favorecería "el recurso a instituciones intermedias de ayuda y asesoría fuera del sistema penal". Aquí Larrauri es decididamente una feminista de la regulación.

En segundo lugar, en términos que se pueden acá calificar de ambiguos respecto de su posición sobre las relaciones entre el sistema penal y el feminismo, Larrauri sugiere propulsar reformas negativas, por las que entiende "todos aquellos cambios en el derecho y proceso penal que contribuyan a dar poder a la mujer para iniciar y finalizar el procedimiento penal en cualquier estadio" (Larrauri, 1998:40), aunque no estima necesaria la introducción de nuevos tipos penales, ni considera adecuado que se defienda el recurso al derecho penal exclusivamente con base en su función simbólica.

En tercer lugar, Larrauri fundamenta su rechazo a la utilización simbólica del derecho penal bajo el entendimiento de que no debe utilizarse como un instrumento pedagógico para lanzar mensajes, así como que recurrir a él implica también emitir el mensaje de que el castigo y la cárcel son la solución. Esta autora pone de presente las dificultades de las feministas frente a la garantía del derecho penal liberal de la igualdad en punto a sus propuestas de creación de nuevos tipos penales; en su criterio, abogar por un "derecho penal de la diferencia" supone la necesidad de estar conscientes de que el precio que se paga es seguir presentando a la mujer como un ser distinto y necesitado de un trato especial. No obstante, también señala, siguiendo a Mackinnon, los costos que un derecho penal de la igualdad puede traer a las mujeres[276]. Posiblemente la dificultad de Larrauri de aceptarse como criminóloga crítica y al mismo tiempo

275 Me aparto de ella, sin embargo, cuando expresa sus ideas sobre la difícil tarea de ser criminóloga crítica (o criminóloga abolicionista, como ella lo denomina) y ser, al mismo tiempo, feminista (1998:39).

276 Larrauri cita como ejemplo el intento de introducir en el proyecto de Código Penal español de 1992 un tipo penal que castigara el incumplimiento del régimen de visitas. Esta reforma se propuso en aras de la "igualdad", toda vez que en la reforma del Código Penal de 1989 se introdujo como delito el impago de pensiones. Señala Larrauri que el efecto probable es que la igualdad redunde

como feminista le limite la posibilidad de controvertir la ilegitimidad del uso del castigo en términos simbólicos y optar más bien por abordar la cuestión de las relaciones entre sistema penal y feminismo únicamente con base en la idea de que el derecho penal es un instrumento esencialmente masculino y que bajo ese supuesto es que trata y presenta a la mujer, así como que en esa medida la solución está por fuera del derecho penal. Por sentado está que otras soluciones deben estar por fuera del derecho penal. El punto podría centrarse en cuestionar más bien cuál perspectiva debe contener una visión garantista de protección de bienes jurídicos desde una visión feminista. No hacerlo impone a los feminismos cruzarse de brazos y continuar el eterno lamento y esquizofrenia entre un derecho penal que no se quiere y unos castigos que quieren seguir imponiendo.

Otro aspecto relevante que podría caracterizar al feminismo crítico en sus relaciones con el derecho penal y el sistema penal es asumir críticamente la criminalización del comercio sexual, como una manera de exacerbar y crear aspectos racistas del trabajo sexual mediante los cuales se otorga a la Policía significados legales para controlar a las mujeres pobres y de color bajo el estatus de que trabajan en la calle (McClintock, 1992:87).

La criminalización y regulación de la prostitución ha sido asumida como una justificación para la vigilancia y el acoso de los barrios pobres o que tienen gran variedad de grupos étnicos e inmigrantes en el que las prostitutas tienden a ser discriminadas (McClintock, 1992:85). La Policía utiliza las leyes penales contra los requerimientos de prostitutas para acosar a hombres y mujeres que consideren sospechosos, constituyéndose en una práctica desproporcionada dirigida hacia los grupos marginados. Las feministas críticas han puesto de presente cómo esta situación simultáneamente crea condiciones más peligrosas para los trabajadores sexuales de ambos sexos, forzando a quienes solicitan a las prostitutas a ser lo más rápidos posibles en la transacción y conllevando la pérdida de la habilidad de estas para negociar la clase de clientes y la búsqueda de un sexo más seguro. Feministas críticas bajo la categorización que acá se presenta, tales como Laureen Snider, dan cuenta de cómo la criminalización de aquellos sujetos que se ajustan a definiciones hegemónicas "del criminal" son los más susceptibles de escrutinio por parte del sistema punitivo y los menos capaces de resistirse a su intrusión.

---

en una mayor criminalización de las mujeres, en lo que Lahey ha denominado una "igualdad vengativa".

Tomarse en serio las críticas contra el derecho penal es mantener una indagación constante de cómo las intensificaciones en el derecho penal suponen, a su vez, una intensificación del empobrecimiento de las mujeres de clases más bajas y de los grupos minoritarios[277].

Autores como Braithwaite y Daly (1994), entre otros, también han puesto de presente cómo existe muy poca evidencia de que el aumento de la criminalización ha empoderado a las mujeres o las ha puesto en mayores niveles de seguridad dentro o fuera de la casa[278]. Incluso, el debate sobre el éxito del arresto policial obligatorio para maltratadores tiende a limitarse a resolver si los hombres arrestados están más o menos propensos a ser reportados por nuevos delitos de nuevo[279]. Los altos niveles de desacato presentados contra las mujeres que rehúsan a testificar contra el maltratador, así como los "contra-cargos" presentados contra aquellas que, se considera, han tomado represalias o se han defendido repeliendo la fuerza física, no en casos aceptados como estricta legítima defensa, son muestra de que el vuelco hacia lo criminal es una ilusión: "Las mujeres que en situaciones de violencia llaman a la Policía están usualmente buscando ayuda para ponerle fin a la violencia. Pese a un siglo de activismo feminista, la Policía aún sigue siendo el único servicio estatal que cumple con este mandato las 24 horas del día. Esto, y

277 Por ejemplo, Macleod (1995) realizó estudios de cómo las mujeres son más vulnerables en cuanto a poder evitar cargos judiciales o ejercer prácticas contra argumentativas en las cortes, así como también lo son para resistir la acción del Estado o encontrar recursos para abandonar compañeros violentos. Lynne Macleod, (1995), *Policy Decisions and Prosecutorial Dilemmas: The Unanticipated Consequences of Good Intentions*, en M. Valverde, L. MacLeod y K. Johnson (eds.), *Wife Assault and the Canadian Criminal Justice System*, Centre of Criminology, Toronto, pp. 47-62. Por su lado, Mosher (1995) y Pratt (1995) han encontrado evidencia sobre cómo el arresto de quien es el encargado de sostener la familia priva a las mujeres inmigrantes y a sus hijos del estatus de inmigrantes, lo que los hace más suceptibles de deportación, puesto que depender del Estado y las condenas criminales del "cabeza" de familia son motivos de deportación. Anna Pratt (1995), "New Immigrant and Refugee Battered Women: The Intersection of Immigration and Criminal Justice Policy", en M. Valverde, L. MacLeod y K. Johnson (eds), *Wife Assault and the Canadian Criminal Justice System*, Centre of Criminology, Toronto, pp. 84-104. Carby (1982) y Williams (1987) se concentraron en analizar cómo el incremento en la vigilancia y la criminalización supuso para las mujeres de color en Gran Bretaña, Canadá y Estados Unidos mayor vulnerabilidad frente a las acciones racistas de policías y autoridades judiciales, reforzando aún más los estereotipos de los hombres de color como los más violentos y las familias de color como patológicas y amenazantes de la institución familiar. Hazel Carby, "White Woman Listen! Black Feminism and the Boundaries of Sisterhood", en *The Empire Strikes Back: Race and Racism in 70s Britain*, Hutchinson, Londres, 1982. Elias (1989) encontró que son las mujeres más pobres las más afectadas por los recortes en salud, educación, facilidades para cuidado de hijos y cursos gratis de inglés que deben asumirse por los altos costos del sostenimiento de la justicia penal. Robert Elias (1989), "Which Victim Movement: The Politics of Victim Policy", en W. Skogan *et al.*, (eds.), *Victims and Criminal Justice*. Sage Publications, Berkeley.

278 Jonh Braithwaite y Katleen Daly (1994), "Masculinities, Violence, and Communitarian Control", en T. Newburn y E. Stanko (eds.), *Just Boys Doing Business: Men. Masculinity and Crime*, Routledge, Londres, pp. 189-213.

279 Lawrence Sherman, *Policing Domestic Violence: Experiments and Dilemmas*, Free Press, Nueva York 1992.

no la falla de los jueces o de los policías por responder de forma suficientemente punitiva, o la innegable misoginia que subyace muchas de las decisiones judiciales, es la más trágica consecuencia de confiar en la criminalización" (Snider, 1998:9). (*Traducción propia.*)

Todas estas tendencias son indicativas de la propensión por entender en términos concretos cómo las reglas jurídicas penales atraviesan un cúmulo de negociaciones, naturalizaciones, compartimentaciones que imponen asumir los costos y ganancias concretas que el feminismo adquiera en sus relaciones con el sistema penal.

Otra autora crítica importante es Smauss y su perspectiva deconstruccionista, para la cual no significa desconocer la existencia de situaciones y conductas que efectivamente puedan poner en peligro derechos y bienes dignos de tutela, sino más bien admitir la pluralidad de posibles construcciones sociales de estas, bajo una óptica de una disciplina distinta de la criminología, en contra de algunas visiones criminológicas feministas que creen que esta posición deconstructivista equivaldría a una autoeliminación de la criminología misma[280]. Smauss se pregunta si resultaría una autoeliminación, por ejemplo, el situar el tema del abuso sexual de niños dentro de la sexología, o el tema de los robos dentro de la economía, o el de las drogas en el de la ciencia médica. De esta manera se cuestiona la validez teórica del código crimen-pena para más bien conocerlos y administrarlos con otras disciplinas, sin abandonar los esfuerzos por seguir construyendo críticamente el derecho penal. Señala esta autora que en lugar de tomar desde el principio una posición defensiva, el mejoramiento de la situación de las mujeres es un proceso que debe permanecer en movimiento (1992:11) y que, desde un punto de vista funcional, resultaría desaconsejable para las mujeres esperar mejoras del derecho penal. Sin embargo, en contra de posiciones abolicionistas, considera que las mujeres deben seguir acudiendo al Estado, porque son sus instituciones las que deciden cómo debe hacerse justicia y decidir y componer los conflictos sociales[281].

La confusión de la pena con el control social

Una tercera característica del feminismo crítico es que está en contra de la confusión pena-sistema penal con control social[282]. En este sentido se pueden

[280] Gerlinda Smauss, "Abolicionismo: el punto de vista feminista", en *No Hay Derecho*, n.º 7, Buenos Aires, 1992.

[281] *Ibidem*, pp. 11 y ss.

[282] El control social se refiere al complejo de leyes, procesos, discursos e instituciones que envuelven la criminalización y los comportamientos sancionables (Garland, 1990:10). Snider considera

poner de presente los aportes de Laureen Snider (1998), quien señala que esta confusión ha traído como resultado que todos aquellos mensajes simbólicos e instrumentales contra la violencia *—y que a su juicio parecen trasmitirse de manera más adecuada y eficaz por procesos de socialización, construcción de conciencia, ostracismo y vergüenza (como componentes de control social)—* han sido adjudicados en la penalidad, campo en el que estos no se pueden lograr ni deben buscarse[283].

Snider rechaza esta confusión de la penalidad como control social, especialmente concentrada en la dependencia de las feministas del final de la segunda ola en las instituciones de la justicia criminal para mejorar la vida de las mujeres, reducir la violencia sexual y los asaltos domésticos, no solo por su incorreción teórica, sino también por su incorreción política, ideológica y moral (1994:77). Esto en contraste con el feminismo temprano de la segunda ola que se había opuesto a toda forma de castigo estatal. Snider cita al grupo de feministas de finales de los sesenta en Berkeley, California, opuesto al brazo punitivo del Estado y más bien apuntalado como técnica de control social contra los violadores, que avergonzaban al ofensor visitándolo en grupo en su residencia con pancartas denunciatorias, quizá en lo que Snider considera una versión temprana de técnicas de avergonzamiento[284]. El sistema de justicia criminal no ofrece las mismas posibilidades para la construcción de movimientos contrahegemónicos como otras instituciones, pues es claro que el sistema criminal tiene como propósito declarado y tarea oficial no curar, no enseñar, no proveer, sino sostener, disciplinar y controlar. En esa medida, la estrategia clásica de resistencia y creación de conciencia de los movimientos sociales de oposición —esto es, dando a conocer la diferencia entre cómo las instituciones deben trabajar y cómo funcionan en realidad— no tienen el potencial emancipador que busca este feminismo. Llamar a la Policía, acudir a los tribunales y llenar

que las feministas usan las definiciones de control social de manera problemática, pues, por un lado, presentan definiciones muy simplistas que incluyen únicamente dentro del control social la coerción física, y, por otro lado, presentan definiciones muy amplias que incluyen todo tipo de influencia en el crimen, desde la socialización en la familia hasta lavados de cerebro en todas las instituciones (Howe, 1994:65-66). Snider señala que muchos escritos feministas utilizan la visión amplia, implícita o explícitamente, y juzgan el control social de manera negativa cuando se ejerce sobre las mujeres y de manera positiva cuando ellas ejercen el control. (Snider, 1998:14).

283 Snider aporta a la confusión control social-penalidad, lo hace a partir de la distinción entre penalidad y castigo (*penalty-punishment*). Esta autora afirma que el castigo (*punishment*) hace parte esencial del control social y en esa medida lo entendería como necesario, mientras que con el término *penality* hace referencia a todas aquellas instituciones dedicadas a aplicar el castigo a partir de sistemas formales de justicia criminal.

284 Laureen Snider, "Legal reform and social control: The dangers of abolishing rape", en *International Journal of Sociology of Law*. 1985, 13:337-356. "Feminism, punishment and the potential of empowerment", en *Canadian Journal of Law and Society*, 1994, 9(1): 75-104, "Towards safer societies: Punishment, masculinities and violence against women", en *British Journal of Criminology*. 1998, 38:1-39.

las cárceles para que den cuenta, mediante el nombramiento, la inculpación y la vergüenza, significa, a lo sumo, decirle a esas instituciones que deben proveer opresiones neutrales al género.

La filiación a la justicia criminal y sus instituciones, así como a las reglamentaciones derivadas de lo no estrictamente punitivo, por parte del feminismo de la regulación y del castigo, ha implicado igualmente que se privilegie a las mujeres blancas a expensas de las mujeres de color, aborígenes e inmigrantes y, como señala Snider, soslayando la necesidad de teorizar sobre el control social.

El control social que se ha de reconocer en relación con los terribles costos humanos que se deben soportar a causa de la violencia sexual los buscó el feminismo en los recursos materiales e ideológicos que la criminalización proporciona —tales como la atención de los medios y recursos estatales—, "olvidando que la denuncia simbólica no es lo mismo que otorgar soluciones. Nombrar los problemas (Spender, 1980) y acumular oprobios morales contra los ofensores no es un sustituto del ataque de las causas, y un cambio social transformativo significativo puede lograrse únicamente transformando identidades, grupos y estructuras" (Snider, 1998:9), o, como señala Garland, la penalización falla porque las condiciones que promueven el crimen y la desviación se encuentran fuera de la jurisdicción penal de las instituciones (Garland, 1990:289).

La confusión del control social con la penalidad no es un asunto único de los feminismos del castigo y de la regulación. Resulta importante resaltar, en todo caso, que esta manera crítica de aproximación de las relaciones del feminismo al sistema penal también permite extraer con mayor precisión teórica y analítica conclusiones acerca de las dificultades de optar por la estrategia penal y salir de la encrucijada de la tesis sobre la impunidad como único banderín adoptado por feministas y movimientos de mujeres para atacar la masculinidad del derecho penal.

Snider, haciendo alusión a Garland, señala, además, que la focalización en los "monstruos" o en los "demonios populares" y en la "otredad" de los infractores de la ley hablan de la naturaleza de la sociedad donde se aplica, convirtiéndose la venganza y su finalidad de infligir pena como única forma de responder a la inconformidad (Garland, 1990:276). Categorizar o etiquetar a todo aquel que agrede a otro, agrega Snider, es epistemológicamente absurdo. Gastar una cantidad masiva de tiempo, de recursos y atención en crear conocimiento instrumental y buscar soluciones técnicas a problemas que no tienen solución conlleva a su vez a marginalizar y silenciar la búsqueda de conocimiento emancipatorio, crítico o contrahegemónico (Habermas, 1968).

Otra consecuencia adicional a esta interrelación confusa entre control social con penalidad es la escasa atención que se le ha dado a la teorización del control social desde una visión de género, en la medida en que esta se basa en la falsa premisa de que todos los seres humanos tienen idénticas respuestas para repeler las agresiones, así como idénticas tendencias para revelar deseos agresivos. El control social formal al que le ha apostado el feminismo ha estado ligado al aprovechamiento del Estado como una forma de contrabalancear el patriarcado en la esfera privada. Sin embargo, sin desechar la apelación al Estado y al derecho penal, un feminismo crítico apuesta por analizar las formas como socialmente la violencia conlleva a trasladar el imaginario del control social formal como suficiente para contrarrestarla en el ámbito del derecho penal, incluso en la esfera puramente simbólica, o, como señala Snider, "puede otorgar significativos resultados para la ira legítima de algunos, pero al costo de dejar sin amenaza a grupos dominantes o sin respuesta a las relaciones dominantes de capital y patriarcado" (Snider, 1998:15).

Destruyendo las falsas dicotomías

Una cuarta característica del feminismo crítico es que es un feminismo que está en contra de las falsas dicotomías —simbólico/castigo, mujer víctima/mujer victimaria—, así como contra la naturalización del crimen y castigo abordadas como premisas de los feminismos del castigo y la regulación.

Zatz (1997:303) reta esta clase de dualismos en su discusión sobre la prostitución, describiéndola como un "evento bifurcado", un acto que no puede identificarse de manera única o bien como una transacción en el mercado o como la realización del deseo privado, pues tal forma de construir el fenómeno alimenta el estigma de la puta, en el cual se reflejan de manera más profunda las ansiedades de las mujeres traspasando los peligrosos límites entre lo público y lo privado. La relación de esta confusión o asunción de falsas dicotomías se relaciona con la criminalización del comercio sexual, que intenta hacer retroceder elementos públicos de la prostitución en el ámbito de la sexualidad privada y de esa manera manteniendo la economía y la sexualidad simbólicamente separadas: "Al negarle el estatus de trabajo a la prostitución, la criminalización ayuda a controlar la frontera entre el trabajo sexual y afectivo rutinariamente asignado y esperado de las mujeres y las prácticas que merecen las recompensas financieras y de estatus que tiene el 'trabajo'" (Zatz, 1997:287). (*Traducción propia.*) La falta de reconocimiento del rol de los estigmas y del derecho en la manera como se estructura el estatus marginal del trabajo sexual significa, señala Zatz, que las feministas radicales a menudo subestiman que gran parte de lo que ellas identifican como un daño de la prostitución es un producto, no inherente al carácter del trabajo sexual o de la sexualidad, sino de los específicos regímenes de criminalización y de degradación que sirven para marginalizar y mantener en la opresión a las trabajadoras sexuales al tiempo que limitan y distorsionan el potencial del trabajo sexual.

Algunas feministas, como Carole Pateman (1998), han señalado que la prostitución no es realmente un asunto relacionado con sexo o con dinero, sino que es sobre poder y subordinación sexual. Zatz reconoce que, por supuesto, no existe una razón para asumir que el dinero y el sexo no tengan nada que ver con poder ni con subordinación sexual. Esto resalta, sin embargo, y de acá su ruptura contra la naturalización de las dicotomías, en la medida en que resulta importante reconocer las conexiones entre conceptos y fenómenos evitando la simplicidad de reducirlos uno frente al otro. Esta autora impulsa a comprender que asumir la complejidad conceptual y la variedad cultural bajo el yugo de una teoría totalizante impulsa a dejar de lado la multiplicidad de significados que la participación de una práctica entendida como individual, singular o única puede tener para diferentes individuos o grupos en momentos históricos determinados[285].

Propuestas como las anteriores permiten partir de una visión crítica de las dicotomías, permitiendo, además, entender desde una postura analítica distributiva del derecho penal qué es lo que se encuentra en riesgo en los desacuerdos sobre cómo describir la prostitución, más que simplemente tratar de determinar cuál aproximación es la más fiel y correcta representación de la "realidad".

De esta manera, cuando se asumen delitos como los de la inducción a la prostitución, comúnmente conocido como proxenetismo, o la trata de personas bajo el entendido universalizante de la explotación de la sexualidad de la mujer, esto

[285] Señala Zatz que existe gran evidencia para señalar, por ejemplo, que "las prostitutas experimentan su profesión en amplias y variadas formas y que los clientes de las prostitutas acuden a ellas por variadas razones (Fechner, 1994). Enfatizar en este contexto es esencial para entender un fenómeno como la prostitución, es también crucial para reconocer que el 'contexto' no es en sí mismo unitario y que, por el contrario, el contexto está siempre cargado de heterogeneidad, paradojas y diferencias que pueden, por ejemplo, hacer del mismo 'evento' revelarse en diferentes contextos para diferentes individuos (Derrida, 1982; Laclau, 1990a)". (Zatz, 1997:280).

es, que estas conductas resultan legítimamente punibles en la medida en que el consentimiento de la mujer en punto a la sexualidad siempre estará disminuido, los feminismos del castigo y de la regulación aceptan como dadas las divisiones víctima/victimario y de esa manera absorben las dificultades de apartar del camino al derecho penal como manera de responder frente "al daño" que se causa a las mujeres[286].

Feminismo crítico y redistribución

Adicionalmente, el feminismo crítico busca visibilizar y hacer conscientes los efectos distributivos del derecho (Jaramillo Sierra, 2008)[287]. De acuerdo con Jaramillo Sierra, existen tres supuestos que median en una aproximación del derecho como factor en la distribución de recursos y poder:

1. Se señala que los individuos están indistintamente situados en lo que hace a recursos y poder, pues es claro que unos tienen más, otros menos y que los bienes tienen ambivalencias de costos. No todo es valorado de la misma manera por todos los agentes. Los análisis críticos desde las categorías de la criminología crítica feminista son conscientes de estas consecuencias distributivas de las normas penales.

2. El desequilibrio en la distribución de recursos y poder es resultado directo de las reglas jurídicas. Las normas penales, incluso las que se asumen

286 Kelly Hanna-Moffat (2001) hace un relevante aporte a la criminología crítica y, aun cuando no centra su mirada principal en cuestionar la legitimidad del derecho penal, sí realiza un significativo aporte que invita a pensar sobre los complejos y contradictorios elementos del castigo y la prisión en la sociedad moderna. En una abierta crítica a lo que acá se ha categorizado como feminismos del castigo y la regulación, señala cómo la lógica y las estrategias de gobernanza perpetúan viejos patrones al intentar, con bienintencionados esfuerzos, mejorar las condiciones de las mujeres en prisión, pues omiten cuestionar la manera en que el régimen penitenciario reproduce las específicas relaciones de poder. Las prisiones y su régimen de prisión continúan haciendo uso de técnicas disciplinarias que siguen regulando el comportamiento femenino. Kelly Hanna-Moffat, *Punishment in Disguise-Penal Governance and Federal Imprisonment of Women in Canada*, Universidad de Toronto Press, 2001.

287 En este sentido, la propuesta de Jaramillo Sierra resulta relevante para un feminismo crítico en sus relaciones con el derecho penal porque propone un análisis económico del derecho desde la izquierda política, que cuestiona la idea liberal de neutralidad de las reglas legales frente a la distribución de los bienes materiales. En segundo lugar porque abandona la idea de que la distribución de los recursos se hace por las reglas naturales, justas e inmanentes del mercado, así como por la redistribución que generan actores como jueces, policías, comisarios o guardias. Véanse Isabel Cristina Jaramillo Sierra y Tatiana Alfonso (2008), *Mujeres, cortes y medios: la reforma judicial del aborto*, Universidad de los Andes y Siglo del Hombre Editores, Bogotá, 2008, p. 203; y Duncan Kennedy, "Law and Economics from the Perspective of Critical Legal Studies", en 2 *The New Palgrave Dictionary of Economics and the Law* 465, P. Newman, Macmillan, Nueva York, 1998. Asimismo, Lina Buchely (2009), *El precio de la desigualdad. Análisis de la regulación del trabajo doméstico desde el DDL*. Disponible en http://revistas.urosario.edu.co/index.php/sociojuridicos/article/viewFile/2061/1948

ingenuamente, solo producen efectos simbólicos, llevan ínsitas consecuencias en la distribución del poder y recursos y de esto debe dar cuenta la criminología crítica feminista que en este texto se propone.

3. Como consecuencia de lo anterior, si se cambian algunas de las reglas que permiten que se cause daño, se puede cambiar el poder relativo de las partes en conflicto. Una alteración de los acuerdos vigentes supondrá que se reconfigure el equilibrio de recursos y poder, permitiendo generar cambios incrementales en las situaciones de los sujetos que perdían en la situación anterior, y transferir más costos a los agentes que anteriormente "ganaban". Esta idea permite avanzar en la construcción de una sistemática penal que no genere consecuencias perversas para algunas mujeres en sus relaciones con el sistema penal.

En términos generales, el feminismo crítico cuestiona el derecho penal. Las características que se han intentado compendiar en torno a lo que constituye a este feminismo se establecen como parte integrante de la propuesta presentada en este texto, dirigida a cuestionar la misma esencia del sistema penal a partir de la visión de la criminología crítica.

En la tercera parte de este libro, a continuación, se puntualizará sobre estas características en el contexto de la criminología crítica, a partir del análisis concreto de dos casos específicos.

TERCERA PARTE

HACIA UNA PROPUESTA COMPRENSIVA: CRIMINOLOGÍA CRÍTICA Y FEMINISMO CRÍTICO EN EL SISTEMA PENAL

INTRODUCCIÓN

Este texto ha sostenido la idea de la necesidad de una intervención teórica feminista mucho más pensada en el ámbito del sistema penal. Una intervención en la que no solo se suponga una reflexión sobre cómo opera en la realidad ese sistema punitivo y las consecuencias que esto supone, sino también una participación en la construcción de la teoría de la legitimación del derecho penal a partir de una posición crítica frente a las visiones restringidas del bien jurídico que impregnan la dogmática penal contemporánea.

Cuando los distintos feminismos optan por hacer uso del sistema penal surge la responsabilidad de detenerse a cuestionar no solo las implicaciones que esto supone en la práctica, sino también la de lograr una articulación plausible de sus concepciones teóricas sobre la violencia sexual y el daño, y de cómo esto choca en ocasiones con los fundamentos conceptuales que sustentan el principio de protección de bienes jurídicos y su construcción de los ámbitos de protección en materia sexual.

Las preguntas por la legitimidad filosófica y sociológica del sistema penal y por la función de la pena le resultan importantes al *feminismo crítico,* descrito en la segunda parte de este libro, en tanto que de los resultados de estas discusiones dependerá la estructura que se dé a los delitos que supongan violencia sexual y a los resultados que en la práctica produce el derecho penal[288]. Ejemplos de

[288] Cuando ciertos feminismos, que generalmente se enlazan en la categorización de los feminismos del castigo, parten de la premisa de que vivimos en un sistema patriarcal y que por ello los hombres violan a las mujeres y no al contrario, ¿cuál es la justificación de la culpabilidad como requisito para responsabilizar a un determinado hombre? Bajo esa premisa, el juicio de valor para reprochar la conducta debería, por lo menos, no contradecir los supuestos de la intervención feminista radical que, si quiere ser consecuente con sus premisas, impondría concluir que en sede penal ese hombre en concreto no tenía mayores opciones de elegibilidad, pues la estructura patriarcal las reduce y por eso torna en ilegítima la imposición del castigo. ¿Cómo medir la capacidad de autocontrol para generar responsabilidad penal en construcciones penales aportadas por el feminismo? O, ¿en qué medida habría infidelidad al derecho desde un punto de vista funcionalista radical? La responsabilidad como requisito de la culpabilidad tampoco podrá ser considerada de espaldas a los roles que la teoría feminista y los movimientos de mujeres ya han logrado posicionar en torno a la violencia contra las mujeres. La imposición de la conciencia de hombres y mujeres por sus relaciones sociales debe surgir a partir de supuestos histórico-sociales contextuales reconocidos por el feminismo acerca de la sistematicidad de la violencia y no a partir de aproximaciones puramente psicológicas o valorativas individuales; como diría Bustos, la conciencia no es primeramente una cuestión psíquica sino histórico-social: es el proceso histórico-social el que determina, en relación a la psiquis del individuo, su conciencia (Bustos, 2004:1099). La responsabilidad que reclamará

dichos choques aparecen en puntos tales como la consideración que hace la dogmática penal acerca de que una misma conducta puede vulnerar bienes jurídicos diferentes. Para ciertos feminismos dichas diferenciaciones conceptuales entre bienes jurídicos no se presentan como tales, por cuanto, desde su visión, los daños se constituyen en intersecciones, en espacios no diferenciados en los que ocurren violencias sexuales o atentados contra la vida. La interseccionalidad con que para ciertos feminismos se entiende y construye la violencia sexual difiere, por ejemplo, de la idea jurídico penal del concurso de delitos[289]. Las relaciones de dominación en un sistema con tendencias patriarcales confluyen en una amplitud de ámbitos que una teoría limitada del bien jurídico no alcanza a vislumbrar. Por ejemplo, el concepto descrito en páginas anteriores de *social injury* (Howe, 2004) muestra una idea de cómo a partir de ciertas expresiones de la teoría feminista se constituye una conceptualización diferente del daño a partir de la experiencia de ciertas mujeres en casos como los de violencia doméstica, incesto o acoso sexual. La lesividad que sustenta la teoría de los bienes jurídicos compartimenta y fracciona el daño y en esa medida le dificulta al feminismo describir a plenitud daños que resultan necesarios de intervención penal. Los ámbitos participativos del feminismo, en sus diversas tendencias, ya han ganado suficiente espacio como para lograr posicionar sus visiones del daño, las cuales pueden tornar en legítimos los agravantes para casos como los del homicidio de una mujer precisamente por su condición específica de tal, aun cuando para algunos esto suponga la vulneración al principio de igualdad material. El ámbito de protección que legitimaría la intervención penal supone construir espacios discursivos desde la órbita penal que abarquen la concepción de la violencia como una de las caras de la opresión sexual (Young, 2004) y de allí la posibilidad de justificar la necesidad de pena agravada para esos casos, conocidos genéricamente como feminicidios. El esfuerzo de este trabajo hasta aquí se ha concentrado, entonces, en mostrar la importancia de una propuesta comprensiva que abarque la idea del sistema penal como objeto de cuestionamiento dentro del campo de la criminología crítica, atravesado por las visiones del feminismo crítico, con el que se trabaja en este texto, y que ante todo cuestiona que exista una relación directa y necesaria entre violencia sexual y castigo. Debe resaltarse acá que este cuestionamiento entre la relación violencia y castigo compartirá, por supuesto, las ideas de un derecho penal mínimo. Siguiendo a

el feminismo no puede limitarse a la exigibilidad de otro comportamiento sino a una conciencia determinada por la necesidad de comprender que es legítimo exigir a los hombres contención y responsabilizarles de sus actos.

289 Piénsese, por ejemplo, en la idea de Hercovich expuesta en páginas anteriores y referida a la *imagen en bloque de la violación*.

Baratta, todas esas preguntas por la legitimidad del castigo pueden hacerse de manera plausible desde la perspectiva epistemológica de la criminología crítica, a fin de cuestionar continuamente los específicos casos de violencia sexual contra mujeres sin caer en un derecho penal simbólico de efectos latentes e impensados[290]. En este sentido, deberán, por ejemplo, analizarse las tensiones entre los discursos feministas globalizantes sobre derechos humanos y la necesidad de mayores intervenciones punitivas frente a la selectividad y poder de definición con que operan los sistemas penales y, en consecuencia, la necesidad de refrenar la intervención punitiva para todos los supuestos de violencia sexual contra la mujer. Esta tercera parte del libro se concentrará en esas tensiones, ilustrándolas a partir de la reflexión en torno a los delitos de trata de personas y feminicidio, así como de un cuestionamiento de la violencia sexual en el marco del conflicto armado interno y sus relaciones con el derecho penal. Previo a esto, y a continuación, se hará alusión al derecho penal de la Constitución y su vinculación con los supuestos materiales que otorgan relevancia a los bienes jurídicos a proteger. La finalidad de esta mención resulta fundamental por cuanto la noción de derecho penal mínimo con la que se trabaja en este texto, y que deriva en todo caso de la idea de que el cometido principal del derecho penal es la protección subsidiaria de bienes jurídicos, supone discutir de qué manera el derecho penal de la Constitución se puede ajustar, o no, a las ideas feministas que se han venido exponiendo y que tienen que ver fundamentalmente con la especificidad con que debe entenderse la violencia sexual, cuyos ámbitos de lesividad parecieran superar las visiones tradicionales de bienes jurídicos como los de libertad e integridad sexual.

290 Alessandro Baratta (2000), "[...] estudiar la situación de la mujer en el sistema de justicia criminal de modo científicamente correcto significa afrontar al mismo tiempo la cuestión femenina y la cuestión criminal, ambas en el contexto de una teoría de la sociedad. La criminología crítica y la feminista no pueden ser dos cosas distintas; deben necesariamente constituir una sola". "El paradigma de género: de la cuestión criminal a la cuestión humana", en *Las trampas del poder punitivo*, Haydee Birgin (comp.), Buenos Aires, 2000, p. 60.

DERECHO PENAL DE LA CONSTITUCIÓN Y EL PROBLEMA DE LAS MUJERES

Los avances doctrinales en la teoría del derecho penal contemporáneo han encontrado un espacio fundamental en las constituciones políticas como límites básicos para la construcción del contenido de los bienes jurídicos. Este entendimiento, atado a ideas del derecho penal mínimo y del derecho penal del ciudadano (Aponte, 2009), supone que son los principios constitucionales los referentes materiales que dotan a los bienes jurídicos de un contenido legítimo (Schünemann, 2007)[291].

Estas limitaciones derivadas de la carta fundamental de derechos, tanto en la interpretación del contenido de los bienes jurídicos que protege el derecho penal, como en cuanto a su legitimidad, se han constituido en ejes importantes y han buscado servir de objeción a las críticas constantes contra la indeterminación del concepto, pues de una u otra forma la materialidad de la Constitución y sus intérpretes legítimos son un referente concreto que permite dotar al poder punitivo de límites más claros acerca de lo que es o no justo de castigo. En este sentido, el papel de la Corte Constitucional, a partir de 1991, ha sido fundamental, aunque sin desconocer, por supuesto, el anterior papel de la Sala Constitucional de la Corte Suprema de Justicia. La jurisprudencia constitucional ha establecido que es la Constitución un límite invariable y una fuente de inspiración y dirección del legislador en materia penal, pues allí se han establecido una serie de valores, preceptos y principios a los cuales debe ceñirse el legislador en la elaboración de normas[292].

291 La Constitución Política constituye el límite de la sanción penal. En ese sentido, debe entenderse que si bien es cierto que los aspectos que no estén específicamente consagrados en la Constitución deben quedar por fuera del marco de protección del derecho penal, también lo es que no todas las realidades o fines establecidos por la Constitución adquieren *per se* la cualidad de ser penalmente protegibles. Es decir, el objeto de protección del derecho no es idéntico al objeto de protección del derecho penal en particular y en este sentido el derecho penal de la Constitución opera como un límite y como un punto de referencia de garantía para la protección de bienes específicos: "Una cosa es el bien jurídico —la idea de bien es concomitante al derecho como totalidad— y otra es el bien jurídico protegido por el derecho penal". Alejandro Aponte Cardona, *Guerra y derecho penal de enemigo. Reflexión crítica sobre el eficientismo penal de enemigo*, Editorial Ibáñez, Bogotá, p. 574.

292 Así ha enumerado tales valores: (1) el principio de necesidad de la intervención penal relacionado a su vez con el carácter subsidiario, fragmentario y de *ultima ratio* del derecho penal; (2) el principio de exclusiva protección de bienes jurídicos de acuerdo con el cual el derecho penal está instituido exclusivamente para la protección de bienes jurídicos, es decir, para la protección de valores

Los derechos fundamentales se constituyen en los ejes transversales de la interpretación y la legitimación de los delitos y de las penas, tornándose así la relación entre Constitución Política y derecho penal en necesaria. La pregunta que surge es si el derecho penal de la Constitución mantiene aún una visión restringida del derecho penal y la práctica punitiva que no logra conectarse con las teorizaciones feministas sobre la violencia sexual. Esto es, si los límites invariables de la Carta Fundamental en torno a la legitimidad de intervención punitiva —atados a un derecho penal mínimo— permiten intervenciones para casos de lesividades tales como las que subyacen en casos de feminicidio y violencia sexual, por ejemplo, en las que el daño descrito por los feminismos abarca mucho más allá de las concepciones de vida, autonomía o libertad e integridad sexual[293]. La respuesta a este interrogante debe ser afirmativa: ningún límite conceptual se encuentra en los contenidos materiales constitucionales para no hacer posible la construcción de bienes jurídicos merecedores de protección penal bajo perspectivas no individuales ni liberales y, por lo mismo, ajenas al reconocimiento de visiones pluridimensionales, tales como la de la integridad corporal descrita por Cornell. Ejemplificaremos esto con el feminicidio. Estas muertes de mujeres se han entendido desde el feminismo como una violencia específica producto de prácticas sociales sistemáticas, en las que subyace una desigualdad *socio-sexual* (Jónasdóttir, 1993), que perpetúa una forma específica de encuentros e intercambios de los varones con las mujeres[294]. La conducta individualmente

esenciales de la sociedad; (3) el principio de legalidad; (4) el principio de culpabilidad derivado del artículo 29 de la Carta Política; (5) los principios de racionabilidad y proporcionalidad en materia penal, de acuerdo con los cuales deben ponderarse las finalidades de prevención y represión del delito con los derechos fundamentales de las personas, como el derecho a la libertad y al debido proceso; y (6) el bloque de constitucionalidad y otras normas constitucionales, que deben ser tenidas en cuenta en la redacción de las normas penales. Entre otras, sentencias C-334/13, C-365/12, C-636 del 2009 y C-420 del 2002

293 Otro ejemplo de la ausencia de una mirada comprensiva del daño es el caso del homicidio de Vivian Paola Urrego Pulido, una mujer de 32 años, por su excompañero Javier Giovanni Ceballos Murcia, en un centro comercial de la ciudad de Bogotá, en el año 2012, y descrita por Sisma Mujer en su investigación *Análisis de caso sobre acoso sexual y feminicidio* (2013). De acuerdo con la investigación, los episodios previos de violencia durante los tres años de convivencia de la pareja fueron múltiples y, sin embargo, ninguna autoridad tomó medida alguna de protección. En todo caso, mediante sentencia emitida el 18 de diciembre del 2012, el agresor fue condenado a 550 meses de prisión por el delito de homicidio agravado por la causal de agravación punitiva número 11 del artículo 104 del Código Penal, esto es el asesinato de una mujer por el hecho de serlo. Debe señalarse que si bien se aceptó la causal mencionada, y en ello resulta loable resaltar la importancia del progresivo reconocimiento por parte de actores judiciales en el país sobre la violencia sexual, no se evidencia una mirada crítica a partir de una visión teórica ampliada de los supuestos que subyacen a la teoría del bien jurídico. En esa medida, los riesgos de este tipo de decisiones es que continúen siendo fallos, aun cuando progresivos, aislados en la medida en que el fundamento de la legitimidad del agravante continúa siendo dudosa para la mayoría de la doctrina penal.

294 De acuerdo con la manera como lo ha denunciado el feminismo, el concepto de homicidio no resulta suficiente para describir las circunstancias específicas que enfrentan muchas mujeres antes de morir o al momento de sus muertes, tales como, por ejemplo, los eventos continuos de violencia intrafamiliar. De acuerdo con Elizabeth Castillo (2007), el feminicidio no agota la

acaecida se enmarca dentro un carácter contextual político producto de las relaciones de poder entre los varones y las mujeres. En este sentido ha de entenderse que la lesividad no solo se constituye con el hecho concreto de la muerte violenta de una mujer, sino que la lesividad comprende de manera más amplia ese significado político de relaciones de poder. El daño así comprendido vulnera los ámbitos mínimos de los derechos fundamentales reconocidos constitucionalmente. De esto se sigue que la intervención punitiva (y, por supuesto, la necesidad de un reproche penal mayor para casos como los del homicidio agravado contra una mujer por el hecho de ser mujer) se legitima teniendo en cuenta que existe una efectiva vulneración grave a la indemnidad femenina que trasciende el entendimiento de igualdad con el que se funda el bien jurídico vida para la generalidad de los delitos de homicidio y sus demás agravantes[295]. Este reconocimiento de tutela jurídica se justifica, además, a partir de lo que Fraser (1997) denomina construcciones políticas del reconocimiento y que suponen la entrada de visiones pluralistas en democracias como las que describe el régimen constitucional que sustenta y da validez al sistema penal[296]. La construcción de normas penales a partir del ideal del principio de igualdad oscurece la necesidad de protección penal reforzada tornando, además, en ilegítimo, en el ámbito del injusto penal, una imputación penal efectuada a partir del reconocimiento

---

comprensión de una estructura centrada en el hombre como eje de lo humano y que ignora a la mujer como sujeto vulnerable y susceptible de padecer ciertas situaciones por el solo hecho de su sexo o de su rol de género. Russell y Bradford acuñaron el término *gynocide* para designar los crímenes de odio cometidos en contra de mujeres y Marcela Lagarde introdujo el concepto de feminicidio. De acuerdo con la investigación llevada a cabo por Castillo (2007), esta encontró que respecto a la atención por parte del Estado no había un verdadero seguimiento a los casos, que las bases de datos oficiales no estaban unificadas, que el registro de los casos se hacía de una manera desarticulada y que la ruta crítica de atención perdía continuidad al cambiar la entidad que conoce de los mismos, por ejemplo, cuando las mujeres dejan de acudir a la Comisaría de Familia y se dirigen a la Fiscalía, pues en ambas instancias se asumen las denuncias como casos separados. Esta pérdida de continuidad también tiene lugar cuando las mujeres se cambian de barrio, localidad o ciudad. Elizabeth Castillo Vargas (2007), *Feminicidio. Mujeres que mueren por violencia intrafamiliar en Colombia. Estudio de casos en cinco ciudades del país*, Programa Salud Sexual y Género Profamilia, Colombia, p. 12.

295 En nuestra legislación penal, el feminicidio se ha establecido como uno de los agravantes del homicidio, de acuerdo con la incorporación que hizo la Ley 1257 del 2008, que modificó varias normas del Código Penal en relación con la violencia de género. El artículo 27 de esta ley también agravó el homicidio en persona protegida cometido con ocasión del conflicto armado interno contra una mujer por el hecho de serlo.

296 En cuanto a la cantidad de pena necesaria para estos supuestos debe señalarse que no será objeto de análisis por cuanto sobrepasa los límites hasta ahora alcanzados en torno a cuál es la legitimidad de las violencias sexuales y los daños descritos por los feminismos. Otro problema adicional es que se considera que la legislación penal colombiana carece de una sistemática seria en torno a la proporcionalidad de las penas y sus relaciones con los bienes jurídicos tutelados y de allí la dificultad que se encuentra en torno a la tipificación de delitos de menor gravedad con mayores penas frente a otros de mayor trascendencia con menores o iguales penas, lo que obedece a la producción normativa desordenada, carente de una política criminal coherente, y por eso resulta difícil el señalamiento normativo de designación de sanciones justas en una codificación asistemática en ese sentido.

de la diferencia así vista. Pareciera, para la mayoría de la doctrina penal, no existir lectura de un bien jurídico específico que dé cuenta de esas lesiones particulares que sufren algunas mujeres y de allí la inconveniencia sostenida por muchos acerca de la inconstitucionalidad de agravar la pena para cuando un homicidio se comete por el hecho de ser mujer. Sin embargo, se ha de sostener que con una visión como la ofrecida por el derecho penal de la Constitución puede resultar legítimo incluir, a partir de las políticas del reconocimiento, tutela penal contra las afectaciones propias del sexismo y que derivan en daños específicos para casos como el feminicidio.

Las políticas del reconocimiento exigen descentrar las normas androcéntricas y revaluar la posibilidad de legitimar la intervención penal para ciertos daños graves en una integridad femenina desconocida por el principio de lesividad descrito por el derecho penal. Acá resulta importante recordar, para no caer en el dilema igualdad/diferencia, los aportes de Nancy Fraser que hacen entender que el dilema redistribución-reconocimiento se puede "suavizar" encontrando aproximaciones que minimicen los conflictos entre redistribución y reconocimiento para aquellos casos en los que ambos deban perseguirse simultáneamente[297]. Esta modulación del dilema resulta concordante con la propuesta del feminismo crítico que acá se sostiene, que permite, sin caer en esencialismos, reconstruir a partir del derecho penal ámbitos de protección propios con las políticas del reconocimiento para aquellos sujetos que, por sus especiales condiciones de discriminación, sufren daños exclusivos y que, en esa medida, también resultan legítimos de intervención penal. Resulta importante insistir que con lo dicho no se está suponiendo una apuesta expansiva del derecho penal basada en la creación indefinida de supuestos bienes jurídicos sin ninguna relación con el principio de lesividad. No se está apostando acá por un denominado derecho penal promocional, cuya distorsión radica en creer que es función del derecho penal realizar el modelo y los fines de promoción social representados en la Constitución (Aponte, 2009:574). Es precisamente la visión a partir de un feminismo crítico, y no del feminismo del castigo ni del feminismo de la regulación, la que permite aseverar que para casos de violencias graves específicas y propias, como las de las violencias sexuales, operan bienes jurídicos de talante constitucional que legitiman intervenciones por daños derivados de opresiones sexistas. De acuerdo con Herchovich (2000), y como se había señalado en

[297] Fraser entiende que la economía socialista, combinada con la política cultural deconstructivista, es lo que mejor funciona para eludir el dilema de las colectividades bivalentes de género y raza. Nancy Fraser, *Iustitia Interrupta: Reflexiones críticas desde la posición "postsocialista"*, Siglo del Hombre Editores, Bogotá, 1997.

páginas anteriores, el daño que subyace al feminicidio constituye un "ejercicio patológico de poder y violencia masculino" que supone un entendimiento del concepto de vida intensificado en relación con la visión tradicional del bien jurídico vida e integridad personal. La vulneración grave de la indemnidad femenina, reflejada en un acto violento que tiene una significación mayor que el de otra muerte violenta, realza el significado de la violencia como un ejercicio patológico de poder y de violencia masculina que, dada su gravedad, justifica la punición específica y agravada. Debe señalarse, por tanto, que el sistema penal, si quiere seguir manteniendo la relación necesaria con la Constitución Política, debe dejar de lado la falsa idea de la neutralidad, sobre la que se cierne gran parte de la construcción de la teoría de los bienes jurídicos. La Constitución no puede seguir asumiendo que todos los sujetos son libres e iguales, pues esto supone continuar sosteniendo al género sin existencia social (Mackinnon). De lo dicho se puede derivar una crítica contra la visión tradicional limitada de la teoría de los bienes jurídicos que ha sostenido la dogmática penal continental contemporánea, para la que resulta dificultoso aceptar la legitimidad de intervenciones teóricas feministas en el derecho penal. Un derecho penal de la Constitución que entienda en su debida forma las violencias sexuales, no como promoción de valores o como herramienta de instrumentalización política, impone sostener la legitimidad de la intervención para casos graves de vulneraciones tales como las del homicidio agravado de una mujer por el hecho de serlo. De la misma manera, violencias sexuales como las derivadas del delito de acoso sexual imponen suponer un entendimiento ampliado del daño en virtud de las relaciones de poder y dominación; ese daño igualmente se corresponde con el reconocimiento que ya desde la Constitución se impone sobre la intervención del derecho penal para casos graves acaecidos en contextos de dominación y que implican mucho más que el entendimiento limitado de vulneraciones a la libertad sexual. A fin de no caer, se insiste, en un derecho penal promocional, con meras funciones pedagógicas, la vulneración que legitima la intervención penal para casos de acoso sexual debe, por supuesto, tener la suficiente intensidad y gravedad para considerar transgredida la diferencia del *otro vulnerado* (Benhabib). La diferencia con el *feminismo del castigo* es que para el feminismo crítico la relación de las violencias sexuales con el castigo no es automática, sino que supone un acto de análisis acerca de la necesidad de intervención penal ante la intensidad de la vulneración. Este último punto es importante por cuanto excluye un pretendido falso universalismo estructuralista feminista que ve en todo comportamiento un hecho de violencia que necesariamente conlleva la idea del castigo. El contenido de los supuestos que legitiman la intervención para esos daños denunciados por los feminismos no puede caer en estructuralismos radicales que amplían ilimitadamente los ámbitos punitivos de intervención. Resulta importante señalar cómo la Sala Penal de la Corte Suprema de Justicia ha comenzado ya a introducir aspectos diferenciales en torno a vulneraciones contra mujeres. Así, por ejemplo, en la sentencia del 10 de abril del 2013, radicado 38103, el M.P. Luis Guillermo Salazar Otero impone una valoración diferente del concepto de lesividad tratándose de mujeres. A partir de las interpretaciones ya dadas por la Corte Constitucional y a la luz de los convenios internacionales sobre derechos de las mujeres, la Sala Penal de la Corte reitera la especificidad del condicionamiento histórico discriminatorio de la mujer, reconociéndola como un sujeto de especial protección[298]. Este reconocimiento por parte de jueces y actores penales no riñe con la propuesta acá presentada de intentar una legitimación feminista a partir del derecho penal de la Constitución. La necesidad de pena y la justificación de las violencias sexuales construidas a partir de los feminismos encaja en el reconocimiento que las sociedades pluralistas, como afirman ser las nuestras, imponen para casos de grave afectación de intereses que también ameritan intervención punitiva con un entendimiento ampliado de las políticas del reconocimiento que subyacen en los reclamos feministas por los daños producto de violencias sexuales. Sentada esta posición, se presentará a continuación el estudio y análisis de dos casos específicos en los que, a manera ilustrativa, se muestra un contraste entre la necesidad de pena, por un lado, pero también la llamada de atención a no caer en un derecho penal promocional. En el trasfondo se advierte la tensión entre los feminismos del castigo y de la regulación frente al crítico y sus relaciones con el sistema penal.

298 En este caso se consideró que las lesiones personales contra una mujer producidas por su hermano por un empujón y múltiples golpes en el rostro y en la parte superior del cuello no podían ser consideradas un delito bagatela, como lo habían sostenido el tribunal y los jueces de segunda y primera instancia.

TRANSICIÓN, CONCIENCIA HUMANITARIA Y MUJERES. UN LLAMADO A REPENSAR LA PULSIÓN AL CASTIGO

Colombia se encuentra inmersa en un proceso de justicia transicional que ha tenido como propósito explícito la reincorporación de grupos alzados en armas, cuya aplicación hace uso de categorías propias de la justicia transicional consistentes, básicamente, en las exigencias de verdad, justicia y reparación[299]. El uso de dichas herramientas conlleva la apropiación del lenguaje de la conciencia humanitaria y de estándares internacionales y nacionales de protección de los derechos humanos[300]. Es el propósito de este apartado limitarse a llamar la atención del discurso feminista que subyace en las pretensiones de ciertos sectores que han reclamado un mayor derecho penal para casos de violencia sexual en el marco del conflicto armado, a partir de una visión estructuralista radical que no admite matices y que se basa en la idea de que los hombres *siempre* causan daños a las mujeres[301].

En años recientes se ha visto aumentar la importancia del papel de la víctima en los procesos de justicia penal[302]. En este cambio de énfasis está altamente invo-

299 No sobra anotar que el objetivo de este aparte no constituye un análisis específico en torno a la justicia transicional, lo que claramente desbordaría la temática del texto. El objetivo es cuestionar cómo, en procesos como los que actualmente vive el país de búsqueda de salidas negociadas al conflicto armado interno, los clamores por parte del feminismo y movimientos de mujeres se han vinculado con el sistema penal y han reclamado su mayor intervención.

300 María Paula Saffon y Rodrigo Uprimny, "Uses and abuses of transitional justice in Colombia", trabajo presentado en el Seminario Internacional Paz y Responsabilidad en Transiciones de Conflictos Armados. Universidad del Rosario, junio 15 y 16 del 2007.

301 Estas reflexiones resultan importantes en el contexto de la puesta en marcha y funcionamiento de la Justicia Especial para la Paz y la manera en que abordará estas relaciones entre el castigo y el entendimiento feminista de la violencia sexual.

302 Esta tendencia también se ha concretado en la especial relevancia que se le ha dado en la agenda pública al reconocimiento de los impactos desproporcionados del conflicto armado en la vida de las mujeres. El Estado ha buscado desarrollar estrategias articuladas e integrales para la atención y reparación integral a las víctimas de esas afectaciones, así como dar la fuerza debida a la investigación y judicialización de esos delitos. Esto en atención a los compromisos internacionales que reconocen y garantizan los derechos de las mujeres, adolescentes y niñas, así como también los llamados de la Corte Constitucional, y el cumplimiento de leyes como la Ley 1448 del 2011, todos estos dirigidos a lograr una efectiva protección de las mujeres víctimas del conflicto armado interno. Esto ha concurrido con la Política Pública Nacional de Equidad de Género (Compes 161 del 2013), en la que se diseñó la estrategia interinstitucional de lucha contra la impunidad y atención integral a víctimas de violencia basada en género en el marco del conflicto armado, en particular a víctimas de violencia sexual. Debe señalarse, además, que a esta estrategia se suman los esfuerzos que el Estado vienen haciendo sobre la materia. Por ejemplo, el trabajo articulado entre la Fiscalía General de la Nación, la Procuraduría General de la Nación y la Defensoría del Pueblo,

lucrada la actividad de los movimientos sociales que se presentan como víctimas y reclaman mayor criminalización en casos como los de violencia sexual, tanto en contextos de paz como de conflicto armado.

Sin embargo, como señala John Lea (2002), este cambio de énfasis no ha implicado la disminución de la violencia masculina contra las mujeres, ni el intento por "desenfatizar" los ataques sexuales como formas de opresión estructural colectiva hacia la víctima pasiva. El imperativo de que sea el derecho penal el encargado de reparar el daño ha implicado que esa víctima quede más sola y aislada: una pura batalla legal entre la víctima y el acusado, "donde las posiciones se dan vuelta, con la víctima bajo juicio" (Lea, 2002:329). A esto se ha de sumar la carencia de una visión crítica feminista propia y estructurada que legitime esas intervenciones penales contra las opresiones denunciadas por el feminismo radical. Este apartado se dividirá de la siguiente manera. En la primera parte se describirá de manera muy breve lo que un sector de la academia ha denominado la nueva conciencia humanitaria, así como la apropiación del discurso globalizante occidentalizado de los derechos humanos y su inclusión en el lenguaje de procesos especiales, como el de justicia y paz o el que presenciaremos en torno a la justicia especializada para la paz. En la segunda parte se señalarán las apropiaciones de ese discurso globalizante por parte de algunos movimientos de mujeres y ONG y la manera en que lo articulan con la necesidad de su aplicación en el sistema penal. Esto permitirá poner en evidencia los riesgos que pueden desprenderse por asumir una visión a partir del *feminismo del castigo*. La última parte se dedicará a demostrar algunos riesgos que pueden derivarse del lenguaje emancipador de los derechos humanos en la puesta en práctica de procesos de justicia transicional. En este sentido, se harán relevantes en esta sección cuestionamientos sobre por qué son abundantes los clamores de los mismos grupos de mujeres y las ONG que reclaman la falta de eficacia del sistema penal de justicia y paz en torno a delitos como el de la violencia sexual en el conflicto armado y, pese a esto, son abundantes también

en el marco de las obligaciones establecidas en la Ley de Víctimas, relacionadas con la investigación y judicialización efectiva de la violencia basada en género. Iniciativas de la Presidencia de la República como la adelantada por el Programa Presidencial de Derechos Humanos y DIH, en cumplimiento del Decreto 4800 del 2011, con relación al diseño e implementación de una estrategia de lucha contra la impunidad orientada al fortalecimiento institucional para fortalecer las investigaciones y el acceso a la justicia. A esto se suman trabajos como los del Grupo de Trabajo de Mujeres y Género, en conjunto con la Dirección de Reparaciones de la Unidad Nacional para la Atención y Reparación Integral a las Víctimas y la Alta Consejería Presidencial para la Equidad de la Mujer, que se concentra fuertemente en atender acciones destinadas a atender y reparar integralmente a las víctimas afectadas por delitos sexuales.

las insistencias por la "pulsión al castigo"[303]. Se sostiene acá que detrás de esta ambivalencia está la falta de cuestionamiento que, como se señaló en la segunda parte del libro, caracterizan a los *feminismos del castigo* y la *regulación* en sus relaciones con el sistema penal. La contradicción entre reclamar por las "fallas" del derecho penal (que, como ya lo ha señalado la criminología crítica, no está diseñado para solucionar conflictos sociales), y pese a esto insistir por más castigo, solo podría explicarse si se acepta que la única importancia que conceden los movimientos de mujeres al uso del sistema punitivo es la simbólica. El accionar de los movimientos de mujeres y grupos feministas resulta precaria frente a la manera como funcionan los sistemas punitivos: los efectos simbólicos pueden tener efectos contraproducentes no solo para las víctimas-revictimizadas, sino para toda una ciudadanía (especialmente la periférica y como siempre la marginalizada teniendo en cuenta la selectividad del sistema penal), que se convertirá en potencial sujeto de control de todo el aparato punitivo (policías, jueces, fiscales, instituciones carcelarias, etc.), ahora globalizado por el lenguaje de la justicia transicional. Con lo dicho no se está queriendo matizar la progresiva intervención de los actores en el sistema penal en pro de las graves vulneraciones que sufren algunas mujeres en contextos de conflicto armado. El punto a resaltar es la ausencia de una mirada crítica coadyuvada por los mismos movimientos de mujeres que al relacionar automáticamente violencia-castigo dejan de lado tanto las preguntas por la legitimidad del derecho penal y las críticas a categorías tales como la selectividad o el poder de definición, denunciadas por la criminología crítica.

La universalización de los derechos humanos y su alianza con procesos de justicia transicional

Ha sido ampliamente documentado el papel de las ONG en la formación de la cultura de los derechos humanos después de la Segunda Guerra Mundial[304]. Las organizaciones no gubernamentales han sido las grandes impulsoras del

303 Utilizamos este término en el sentido que le da Julieta Lemaitre (2007), quien pone en evidencia la relación ambivalente de los grupos activistas con el derecho: "al mismo tiempo que recelan de este, por su ineficacia, se movilizan por la reforma legal y gozan con la jurisprudencia progresista de las cortes nacionales e internacionales". *El derecho como conjuro: Fetichismo legal, violencia y movimientos sociales en Colombia.* Disponible en www.law.yale.edu/documents/pdf/sela/JulietaLemaitre__Spanish_.pdf.

304 Iván Orozco Abad, *Sobre los límites de la conciencia humanitaria. Dilemas de la paz y la justicia en América Latina*, Temis-Universidad de los Andrés, Bogotá, 2005. William Korey, citado por Iván Orozco Abad, "Human Rights NGOs: The Power of Persuasion", en *Ethics and International Affairs*, 1999. Igualmente, Janet Halley, *Rape at Rome: Feminist Interventions in the Criminalization of Sex-related Violence in Positive International Criminal Law*, 2009.

activismo y de las luchas por la visibilización de las víctimas y los sectores marginalizados. Han roto el monopolio de los Estados en la conducción de los asuntos internacionales y han dado voz a la llamada sociedad civil global (Ignatieff, 2001)[305]. Sin embargo, independiente del progreso moral que en sí mismo esto representa, Ignatieff pone de presente que aspectos tales como la extrema rivalidad entre organizaciones no gubernamentales y la falta de transparencia de algunas de ellas, o la duda acerca de su naturaleza representativa, conlleva por lo menos a sospechar de la pretendida conciencia global de los derechos humanos. Esta conciencia global de los derechos humanos, aclara Ignatieff, no implica necesariamente que los grupos que los defienden deban creer todos en lo mismo. Este autor no está atacando el particularismo en sí de la defensa de un grupo nacional, de una minoría específica o de una clase de personas concretas. Su cuestionamiento se dirige a las consecuencias que se puedan desprender cuando ese particularismo entra en conflicto con el universalismo y cuando el compromiso con un grupo conduce a la violación de los derechos humanos de otro grupo. En esos casos se puede inferir que los grupos activistas no toman en realidad una posición neutra e imparcial, ya que sus decisiones y actuaciones siempre estarán permeadas por la política.

Es en esa medida que puede cuestionarse la presentación de la idea de la conciencia humanitaria como premisa neutral y universalizante (Orozco, 2005). Esto permite controvertir la tendencia esencialista y universalizada de los derechos humanos y reducir la correlación de la necesidad de su automática aplicación vía amenaza punitiva que, como se ha señalado a lo largo de este texto, asumen los feminismos del castigo y la regulación.

De acuerdo con Ignatieff, el comportamiento que contextualmente adoptan las ONG y la apropiación que paulatinamente han hecho del discurso de los derechos humanos —que es lo que les da la apariencia de legitimidad y de representación y de actuación presuntamente no política—, se ha traslapado en lo que llama una "idolatría" de los derechos humanos y de su presentación como "verdades eternas de una religión secular"[306]. Estos límites son igualmente expuestos por Orozco Abad, quien explica cómo los movimientos por los derechos humanos, por lo menos en el mundo occidental, y bajo la influencia del universalismo

305 Ignatieff señala igualmente que los derechos humanos se han convertido en algo global precisamente por su carácter local y por la necesidad de apoyar las luchas de los individuos comunes contra los Estados injustos y las costumbres opresivas. De allí su comprensión de los derechos humanos como progreso moral a pesar del escepticismo que se pueda tener acerca de los motivos de aquellos que fomentaron su progreso. *Los derechos humanos como política e idolatría*, Paidós, 2001, p. 34.

306 *Ibidem*, p. 45.

moral, se han ido transformando para adoptar un credo cada vez más igualitariamente justiciero y punitivo[307]. Señala que el nuevo derecho —cada vez más integrado—, a la vez humanitario y de los derechos humanos, empezó a ser transformado y utilizado sobre todo como derecho penal internacional[308].

No se cuestiona el ideal que hoy se ha logrado en torno a la maximización en la protección de las víctimas y la incontestable oposición que toda sociedad debe exteriorizar frente a la ejecución de conductas atroces. Por supuesto, Colombia no puede permanecer inmutable a estas ya conocidas formas de violencia ejecutadas por todos los actores del conflicto armado interno, incluyendo al Estado. El punto que se quiere resaltar es que ese lenguaje de los derechos humanos, y la instauración de la Ley de Justicia y Paz como el antídoto más plausible frente a las presiones internacionales y nacionales de los movimientos de víctimas y las organizaciones de derechos humanos, puede permear de tal manera la dinámica punitiva que las mismas víctimas que se quiere proteger terminen atrapadas en esas redes propias de lo que conocemos como justicia penal[309]. La periferia latinoamericana también ha absorbido el discurso global contemporáneo. Los grupos defensores de derechos humanos, y entre ellos los movimientos por los derechos de las mujeres, se han arrogado el imperativo normativo del castigo; la paz ya no es aceptable a cualquier precio, ahora está entrañablemente atada a esa noción de justicia (Baker, 2001). Esto supone que el derecho penal interno deba acomodarse a esos clamores universalizantes. Cualquier "extravío" en que incurra el sistema judicial punitivo, que terminó en gran medida asumiendo la carga de la legitimidad del proceso de justicia y paz iniciado en Colombia bajo el discurso de la justicia transicional, será imperdonable para los activistas humanitarios, quienes apelarán a la idea de que el sistema *no quiere* funcionar a favor de las víctimas, olvidando quizá que el sistema penal *no puede* actuar en esos

307 Iván Orozco Abad señala el patrón de Nuremberg como el punto de partida para una revolución de la conciencia humanitaria global que tiende a demonizar al Estado y que terminó por colonizar el derecho humanitario, de manera que este tiende a representarse la guerra —con independencia de su configuración empírica— como una doble dictadura de las máquinas de guerra enemigas, aliadas en la tarea de atropellar a la población civil. Iván Orozco Abad, *Sobre los límites de la conciencia humanitaria. Dilemas de la paz y la justicia en América Latina*, Temis-Universidad de los Andes, Bogotá, 2005.

308 Debe señalarse que este texto no abarca un análisis detallado de las tensiones que existen y pueden existir entre derecho penal y derecho penal internacional, puesto que desbordaría su alcance. Se pretende, más bien, contrastar las dificultades de asumir acríticamente una visión universalizante de un derecho penal internacional que maximice (a partir de un derecho penal promocional) nuevas formas de castigo y que adopte formas del derecho penal de enemigo.

309 Al momento de la redacción de estas líneas se está *ad portas* de la implementación de la Justicia Especial para la Paz (JEP), por esto los comentarios de este texto se han hecho en torno al balance del proceso de justicia y paz que conllevó la desmovilización de los denominados grupos de autodefensas. Sin embargo, ese balance y reflexiones resultan esenciales para los retos a los que se enfrentará la JEP.

términos. Acá de nuevo resulta latente el dilema sobre la legitimidad del sistema penal y más ahora para pensar en la legitimidad del Tribunal de Justicia y Paz, producto de las negociaciones en la Habana, Cuba.

Movimientos de mujeres en transiciones democráticas y sistema punitivo

Margaret Keck y Kathrin Sikkink (1998) señalan que el surgimiento de las redes internacionales de apoyo a los derechos humanos ayudó a promover y a continuar visibilizando las graves violaciones de derechos humanos durante los años 1968 a 1993, por ejemplo en Argentina y México[310]. La fortaleza de los movimientos de mujeres locales consiguió progresivamente una legitimidad política que difícilmente podía ser invisibilizada dado el respaldo y el prestigio internacional que habían adquirido. Jaquette (1998) explica cómo las transiciones de regímenes militares autoritarios hacia la política democrática coincidieron con el resurgimiento de los movimientos feministas y el rápido crecimiento de organizaciones entre las mujeres urbanas pobres en Latinoamérica, lo que ha conferido a los grupos feministas latinoamericanos una oportunidad única para articular el análisis feminista con temas políticos más amplios, con acciones directas y con los avances de la política del feminismo internacional[311]. Esta autora hace visibles tres patrones de movilización de las mujeres que le han dado al movimiento de mujeres un papel reconocido en las transiciones democráticas: los grupos de derechos humanos de las mujeres, los grupos feministas y las organizaciones de mujeres pobres urbanas. Cada una de estas ramas del movimiento, señala Jaquette, tuvo orígenes y metas diferentes, pero la oportunidad y la necesidad de cooperación surgieron de las demandas planteadas por el mismo proceso de transición[312]. El surgimiento de los movimientos feministas en la segunda mitad de los años setenta constituyó, señala Jaquette, otra dimensión en el crecimiento y autodefinición del movimiento de mujeres. Las mujeres

310 Margaret E. Keck y Kathryn Sikkink (1998), *Activists Beyond Borders: Advocacy Networks in International Politics*, Cornell University Press, Ithaca y Londres. Según estas autoras, el activismo durante este periodo siguió el impulso del pasado que logró avances fundamentales como el sufragio de las mujeres, y las organizaciones domésticas latinoamericanas de derechos humanos habían crecido de 220 a 550 entre 1981 y 1990. Organizaciones chilenas que se formaron para confrontar la represión gubernamental, especialmente la Oficina de Derechos Humanos de la Iglesia Católica, la Vicaría de Solidaridad, se convirtieron en modelos e inspiración para la lucha por los derechos humanos en Estados Unidos y Europa.

311 Jane Jaquette, *Los movimientos de mujeres y las transiciones democráticas en América Latina*, Boston, 1989.

312 Así, en Argentina, Chile y Uruguay fueron las mujeres quienes protagonizaron importantes protestas contra las encarcelaciones y los desaparecimientos masivos; las organizaciones de mujeres de familiares desaparecidos, aunque no se reconocían así mismas como feministas, constituyeron la espina dorsal de los grupos de derechos humanos y estos se convirtieron en el tema central de los esfuerzos civiles dirigidos a expulsar a los militares.

profesionales formaron grupos feministas intensamente comprometidos con la vinculación del análisis feminista a favor del cambio social. La oposición compartida al régimen militar fue la oportunidad, entonces, para vincular los temas de la mujer con los de la oposición civil[313].

El periodo de transición de las dictaduras militares en Latinoamérica hacia los gobiernos democráticos ofreció nuevas oportunidades a los movimientos de mujeres, pues pudieron movilizar y agendar de nuevo la trascendencia de visibilizar víctimas y lograr desarticular la impunidad en temas de violencia sexual. Esta fuerza progresiva de los movimientos de mujeres, ahora presentes en la vida internacional a través de importantes representantes de ONG, continuó destacando la necesidad de terminar con la impunidad de graves violaciones a los derechos humanos de las mujeres. El discurso universalizante trajo consigo también la inevitabilidad de introducir en el derecho penal internacional las nuevas y necesarias maneras de entender los crímenes sexuales, pero también un nuevo impulso al castigo de esas conductas. La obviedad de la necesidad de justicia es incuestionable. Martha Minow (2002) resalta cómo la necesidad de extender el derecho como manera de lidiar con la violencia colectiva es un paso vital hacia la construcción de un mundo mejor. Señala Minow que las civilizaciones mundiales progresan cuando los horrores inhumanos se convierten en objetivos de tribunales internacionales y comisiones de verdad. Si bien esta autora resalta el escepticismo sobre la capacidad de cualquiera de esas formas legales, en todo caso afirma que ellas representan esfuerzos genuinos de que se está haciendo algo en respuesta a la violencia. Aunque no se garantice la no repetición por lo menos buscan condenarla. Esto, sin embargo, debe resultar objeto de cuestionamiento crítico cuando se trata del uso del sistema punitivo por parte de los feminismos del castigo y de la regulación cuando asumen y naturalizan que la violencia sexual solo puede ser concebida a partir de la retribución y el encerramiento.

Las organizaciones no gubernamentales se han convertido en las últimas décadas en las defensoras globales líderes de los derechos humanos individuales, por

313 Una adicional dimensión del movimiento de mujeres en América Latina fue, de acuerdo con Jaquette, la movilización de las mujeres pobres urbanas. La recesión de los ochenta y la consecuente caída económica obligó a las mujeres urbanas a depender de sus propios recursos para asegurar la supervivencia de sus familias. Las cocinas comunales y comités de barrio para atención en salud y nutrición de menores despertaron el interés de varios grupos con distintos objetivos políticos, incluso de partidos políticos, la Iglesia, fundaciones internacionales y agencias de cooperación. Este nivel de coordinación ubicó a esta nueva fase de la organización comunitaria en un contexto más poderoso y le dio una oportunidad política protagónica que ya no pudo dejarse de escuchar (Jaquette, 1998:325).

encima de cualquier autoridad estatal. Los tribunales penales internacionales (y por resonancia los tribunales nacionales, so pena de quedar expuestos al escrutinio internacional) mutaron de la manera más visible para desafiar la impunidad y ofrecer rituales de responsabilidad en el marco del discurso de la justicia transicional. En todo caso, Minow destaca la importancia de permanecer atentos a desafiar los efectos y consecuencias, simbólicas y prácticas, de las diferentes respuestas contra la violencia. El contenido del sistema penal, nacional e internacional, no puede dar la espalda al imperativo de ese constante escrutinio. La manera en la que operan los juicios y condenas en casos de crímenes como los de violencia sexual debe resultar objeto de atención empírica y crítica a fin de constatar quiénes están perdiendo y quiénes están ganando con la puesta en marcha del ritual de responsabilidad penal. La imposición desde arriba, por parte de las ONG, apropiadas del discurso universalizante de los derechos humanos de las mujeres y su correlativa propulsión al castigo, no puede ser asumida sin más por los sistemas jurídicos a fin de pretender que "se está haciendo algo" y evitar así la condena internacional. Y ese es, sin duda, un reto fundamental al que se enfrentará la Jurisdicción Especial para la Paz. La manera propia en la que opera el sistema jurídico penal conlleva unos riesgos implícitos que los movimientos de mujeres deben tener en cuenta. Se ha dicho ya que el feminismo crítico que acá se asume parte del funcionamiento selectivo del sistema penal y su conexión íntima con el poder. Esto supone realizar un esfuerzo para explicar qué son nuestros sistemas penales, cómo operan, qué efectos producen, por qué y cómo se ocultan estos efectos, qué vínculo mantienen con el resto del control social y del poder, qué alternativas existen a esta realidad y cómo se pueden instrumentar (Zaffaroni).

Se puede afirmar que los contextos de justicia transicional y los juicios penales que se desarrollan en tales contextos no se desligan del todo de la justicia ordinaria penal. En relación con este aspecto, Posner y Vermeule (2003) cuestionan la premisa de que la justicia transicional sea un tema distinto y que presente distintos dilemas morales y jurisprudenciales a los propios de la justicia ordinaria, pues, a su juicio, la justicia transicional es un continuo de la justicia ordinaria. La dinámica del sistema penal supone en sí misma unas dificultades que terminan siendo evidentes tanto en los procesos ordinarios de justicia penal como en los excepcionales y visibles, y hasta espectaculares, propios de la justicia transicional[314]. Lo cierto es que la estrategia de la apropiación del

314 Eric Posner y Adrian Vermeule, "Transitional Justice as Ordinary Justice", en *Harvard Law Review*, 762, 2003.

discurso penal globalizante por parte de los movimientos de mujeres y grupos feministas —íntimamente ligado a la nueva conciencia humanitaria— debe estar dispuesta también a analizar los efectos que produce la puesta en marcha de los nuevos impulsos criminalizantes y de un derecho penal promocional. La lucha simbólica por combatir toda forma de violencia sexual contra las mujeres en contextos de conflicto armado no puede estar ciega a la instrumentalización del sistema penal en los términos resaltados. Zinaida Miller (2008) argumenta que en el campo de la justicia transicional, como empresa global, se han excluido históricamente aspectos de inequidad económica, violencia estructural, redistribución y desarrollo. Afirma que la invisibilidad económica puede ser el producto de tratar la inequidad o la violencia como experiencias circunstanciales más que como aspectos centrales en las transiciones, así como de reducir las preocupaciones económicas por una estrecha discusión acerca de la justicia y reparación[315]. Propone por esto reimaginar el cambio global separándose un tanto del estrecho marco de las reparaciones, y —se agrega acá— de la propulsión a la retórica del castigo[316]. En un importante texto, Janeth Halley Chantal Thomas, Prabha Kotiswaran y Hila Shamir (2009) describen un estilo organizacional feminista, que denominan *Governance Feminism,* que evolucionó de manera sofisticada en los noventa. Para ellas este término captura de cierta manera el gran parecido con las formaciones de las poderosas organizaciones no gubernamentales feministas en su ideal del compromiso político con el derecho producido por la "New Governance" (NG) School"[317]. Halley (2009) advierte de manera crítica cómo las feministas que trabajaron a nivel internacional durante esa época contra la violencia masculina imaginaban, en todo caso, la construcción de un legado global consolidado de "arriba-abajo" y usarlo para obtener resultados: "En terminos de Foucault, ellos no han apren-

315 Zinaida Miller (2008), "Effects of Invisibility: In Search of the 'Economic' in the Transitional Justice", en *The International Journal of Transitional Justice*, Vol. 2, pp. 266-291.

316 Fionnuala Aolain y Elish Rooney ponen de presente cómo la presencia de "las mujeres" en la retórica de la reconciliación le da legitimidad y autoridad a acciones violentas del Estado realizadas en nombre de las mujeres pero en las que ellas están normativamente excluidas, como podría ser el caso de Afganistán. La exigencia moral de que los responsables de graves violaciones de derechos humanos deben responder por sus actos no puede convertirse en un discurso universalizante que dignifique los juicios penales, camuflando su cara más característica: las indiscriminaciones propias del sistema punitivo. Fionnuala Aolain y Elish Rooney, "Unenforcement and Intersectionality: Gendered Aspects or Transition for Women", en *The International Journal of Transitional Justice*, 2007, Ijtj.oxfordjuornals.org.

317 Según Amy Cohen, la nueva gobernanza busca designarle a una escala amplia de problemas una solución práctica, que es a la vez eficiente y legítimamente normativa (en términos democráticos). Se propone la construcción de políticas públicas que solventen los problemas a partir de la deliberación y el monitoreo de las soluciones propuestas por los agentes locales. Amy J. Cohen, "Negotiation, Meet New Governance: Interests, Skills, and Selves", en 33 *Law & Soc. Inquiry* 503, 514, 2008. Citado por Janet Halley en *Rape at Rome: Feminist Interventions in the Criminalization of Sex-related Violence in Positive International Criminal Law*, 2009.

dido —no quieren aprender— cómo cortar la cabeza del rey. Buscan empuñar el cetro del soberano y especialmente su espada. El derecho penal es su vehículo preferido de reforma y aplicación coactiva; y su idea sobre qué hacer con el derecho penal no es dirigir las poblaciones, advertir o disuadir, sino acabar con la impunidad"[318]. (*Traducción propia.*)

Halley sostiene que la adopción consensuada estructuralista de las feministas (feminismo radical) durante la implementación de los Tribunales Criminales Internacionales y la Corte Penal Internacional en los años noventa se desarrolló posteriormente en una conciencia universal incontrovertible de condenar toda forma de violencia sexual, no solo en escenarios de guerra, sino como parte de una globalizada "war against women", a la que Halley denomina *universalismo feminista.* Esta universalización de la categoría mujer y esta inclusión absoluta hacia la penalización necesita repensar la legitimación del sistema punitivo desde una visión crítica, así como un cuestionamiento frente a lo que en la realidad ocurre con las normas plasmadas "desde arriba".

Por su parte, Alviar Restrepo y Jaramillo Sierra (2012) han puesto en cuestionamiento los riesgos y limitaciones de pensar en la violencia sexual como el principal daño que padecen las mujeres en el conflicto armado colombiano. Las consecuencias de este *universalismo feminista* al que alude Halley se ve reflejado en las consecuencias distributivas sobre las que aluden estas autoras al cuestionar la nula transformación que, para las víctimas de violencia sexual reparadas por el Estado, se da en torno a aspectos tales como la división sexual del trabajo en toda la sociedad, la distribución de la tierra o el aumento de la capacidad de las mujeres de participar en el mercado laboral. A juicio de Alviar Restrepo y Jaramillo Sierra, pueden identificarse al menos tres riesgos de asumir una posición universalizante bajo esos supuestos. El primero es que "exotizar" la violencia sexual como daño de las mujeres deja de lado que algunas sufren perjuicios económicos y menoscabo a su ciudadanía política que no son consecuencia de la mencionada violencia y oculta los usos de la violencia contra los hombres y contra otros grupos marginados, como los transexuales, los gays y las lesbianas. El segundo riesgo consiste en que exotizar la guerra como situación de excepcionalidad reifica el imaginario de que las mujeres sufren daños que no son parte de su cotidianidad o que no sufren quienes no están en situación de guerra. El tercer riesgo es excluir a las mujeres de la posibilidad de negociar transformaciones más completas de su cotidianeidad al insistir en que los daños

[318] Janet Halley, *Rape at Rome: Feminist Interventions in the Criminalization of Sex-related Violence in Positive International Criminal Law*, 2009.

se reducen a los causados por la guerra y reducirlos a la violencia sexual[319]. Los riesgos del uso acrítico de la etiqueta justicia y transicional y el lenguaje de los derechos humanos, fundados en una visión esencialista que reclama al castigo como forma de enfrentar la impunidad, se reduce y comprime en una preocupación por encontrar mujeres violadas y exigir respuestas judiciales desde el sistema punitivo: "[…] en el debate jurídico contemporáneo, y dadas las restricciones de la imaginación, es mucho más fácil argumentar que la violación sexual es tortura o esclavitud o conduce al genocidio. Esta es la evolución que, en nuestra opinión, revelan los informes sobre las mujeres en el conflicto armado..." (Helena Alviar García e Isabel Cristina Jaramillo Sierra, 2012:163). De allí la sugestiva propuesta de estas autoras, en los términos de Halley, de tomarnos un descanso del feminismo cuando se habla de guerra y conflicto armado bajo una visión esencialista de la mujer-víctima. Un descanso que, en los términos que ha sido usado en este texto, supone un descanso pero de los *feminismos del castigo* y de la *regulación* que insisten en realizar conexiones entre el carácter estructural de la violencia sexual y su "lucha" siempre a partir de la respuesta estatal punitiva. Estas relaciones con la necesidad de castigo oscurecen la pregunta por los daños sufridos no solo por las mujeres sino también por otros sujetos en condición de discriminación; asimismo, ensombrecen y limitan la posibilidad de describir esos daños de una manera más profunda que la instintiva respuesta de acomodar la violencia contra la mujer como siempre sistemática y arma de guerra.

Los procesos penales de Justicia y Paz y su relación con las mujeres

La Ley de Justicia y Paz se estructuró con base en dos objetivos formales: primero, facilitar procesos de paz y de reincorporación a la vida civil de miembros de grupos armados al margen de la ley y, segundo, garantizar los derechos a la verdad, la justicia y la reparación de las víctimas. Esta ley, y todas sus modificaciones, han intentado dar respuesta a todas esas pretensiones, regulando bajo un procedimiento especial la investigación, la sanción penal y el otorgamiento de beneficios judiciales a los desmovilizados (otorgamiento de una pena alternativa, no mayor a ocho años) y, por otro lado, buscando incluir los elementos de la justicia transicional que protegen los derechos de las víctimas.

319 Helena Alviar García e Isabel Cristina Jaramillo Sierra (2012), "El aporte feminista a la discusión de la justicia transicional en Colombia: algunos argumentos para tomarse un descanso", en *Feminismo y crítica jurídica. El análisis distributivo como alternativa crítica al legalismo liberal*, Siglo del Hombre Editores y Universidad de los Andes, pp. 139-178.

El discurso de la justicia transicional visto desde el punto de vista de su naturaleza democrática o emancipatoria (Uprimny-Saffon), a través del cual se pretende dotar de eficacia real el contenido de los derechos de las víctimas, también puede resultar vacuo si se deposita una fe absoluta en la dinámica del sistema punitivo. Los clamores de los grupos defensores de derechos humanos y movimientos de mujeres no alcanzan a traspasar el diálogo que dentro del debate jurídico procesal instauran la víctima y el victimario. Las dinámicas que allí se establecen, propias de los juicios penales, pueden dar al traste con el anhelo de dotar de eficacia real el contenido de los derechos.

El juego probatorio, las discusiones procesales, las interpretaciones restringidas de los tipos penales —como el de la violencia sexual— o la selectividad de los postulados son algunos de los obstáculos que deben afrontar las víctimas al momento de formar parte en un juicio de este tipo[320]. La prevalencia de los derechos de las víctimas pero también la necesidad de garantizar el debido proceso y el derecho de defensa de los victimarios constituye un juego de balanza que los jueces deben aprender a sortear (pues es la dinámica propia del juicio penal) y respecto al cual también los movimientos de mujeres deben reconocer cuándo usar la estrategia punitiva.

Se presentan denuncias constantes —como las efectuadas por Ruta Pacífica (2011)— consistentes en que a las víctimas en los procesos de justicia y paz se les exige dar datos específicos sobre los victimarios como condición necesaria para recibirles la denuncia[321]. Esta situación se hace particularmente gravosa en los casos de violencia sexual en el marco del conflicto armado, ya que es muy factible que la víctima no pueda aportar datos como el nombre, la ubicación o la procedencia del victimario, razón por la cual el testimonio no es tomado en cuenta y, en caso de ser tramitado, se archiva bajo la causal de falta de acervo probatorio. Sin embargo, estas trabas en el acceso a la justicia resultan un continuo reclamo que es propio de contextos de justicia penal ordinaria y cuya ocurrencia descansa en dos aspectos fundamentales que los movimientos de mujeres interesados en el castigo penal no advierten. Primero, la característica

[320] Solo cerca del 2 % del total de excombatientes paramilitares está siendo juzgado por la Ley de Justicia y Paz; de los más de 24.000 hechos denunciados en versiones libres no se ha juzgado ni el 10 % por parte de la justicia ordinaria. Hay 56 postulados con más de cuatro mil delitos esperando sentencia, los responsables intelectuales de los crímenes del paramilitarismo no han sido identificados y varios de los líderes del paramilitarismo fueron extraditados. Disponible en www.mujeresporlapaz.org

[321] Ruta Pacífica de las Mujeres (comp.), *Verdad, justicia y reparación: una deuda pendiente con las mujeres víctimas de las violencias*, Diana María Montealegre, Ana Jimena Bautista, Adriana Castaño, Nidia Cristina Betancur Marín y Ángela María Jaramillo Burgos, G2 Editores, Bogotá, 2011.

esencial del proceso selectivo del sistema penal implica que solo algunos casos ingresan al sistema penal, dependiendo del actor concreto receptor de los casos. Las normas penales y procesales en torno, por ejemplo, al carácter obligatorio de la acción penal, fácilmente sucumben ante realidades concretas de escenarios procesales en los que la víctima carece de los elementos de juicio necesarios para enfrentar los actores judiciales, que, ante requerimientos formales y no sustanciales, imponen el fácil decaimiento de investigaciones penales sustentadas en aparentes pero persuasivos ropajes de legalidad[322]. Segundo, la ausencia de un cuestionamiento en torno a la característica que debe regir a los daños producto de situaciones sistemáticas de violencia sexual en contextos tanto de guerra o de paz (esto es, el bien jurídico que debe legitimar la intervención penal y que no puede ser el mismo que la dogmática tradicional ha concebido en torno a la libertad, integridad y formación sexual) ha implicado que desde el comienzo estas investigaciones penales estén condenadas al fracaso, dada la dificultad teórica de sustentar una responsabilidad penal bajo una vulneración a un bien jurídico penal que el propio feminismo no ha podido traspasar a la teoría penal[323].

Cabe reiterar que no se está desechando el importante papel de las organizaciones civiles ni su lucha por visibilizar todas estas formas de grave agresión. El punto que subyace acá es la exhortación a enfocar las manifestaciones de violencia contra grupos discriminados en las que la justicia penal no puede, ni aún la derivada del discurso de la justicia transicional, identificarse con la justicia social[324].

322 Otro ejemplo de esto se encuentra en lo que la misma investigación de Ruta Pacífica (2011) denomina la figura del delito "enunciado" mas no confesado. De acuerdo con las autoras de dicha investigación, esta situación impide el acceso completo a la verdad que tienen las mujeres como víctimas en casos donde el postulado dice cuántas violaciones se cometieron en el marco de las acciones armadas de determinado bloque, pero no individualiza al autor del hecho ni el contexto en que ocurrió: "La 'enunciación' de delitos representa una responsabilidad diluida. El volumen de delitos confesados hace improbable que se pueda entrar a investigar seriamente cada afirmación del versionado para determinar la responsabilidad individual". Ruta Pacífica (comp.), 2011:29.

323 Es claro que la "verdad" contada por los paramilitares para efectos penales no ha podido tener en cuenta aquellos casos en que las mujeres fueron víctimas de esclavitud doméstica y obligadas a prestar servicios o cualquier tipo de ayuda a grupos paramilitares, tales como lavado de ropa, preparación de alimentos, alojamiento. Estas situaciones escapan a la visión propia de la violencia sexual como bien jurídico a proteger en los delitos sexuales que recoge la normativa penal interna y que choca con la ampliación punitiva denunciada desde el derecho penal internacional.

324 Debe en todo caso resaltarse acá el papel de la Fiscalía General de la Nación y la creación de su unidad denominada Unidad de Contexto, en la que se evidencia el importante liderazgo de ese organismo en tratar de involucrar en el juicio penal la sistematicidad de la violencia sexual en el marco del conflicto armado interno. Basta esperar los resultados de las investigaciones penales ordenadas por la Corte Constitucional en el marco del Auto 098 del 2008, en el que se puso de relieve la reactivación de 198 casos de violencia sexual en el marco del conflicto armado interno y sobre los cuales no había dado respuesta alguna el sistema penal. La hipótesis que se presenta en este trabajo es que si no se parte de reflexionar desde el ámbito de la teoría penal del bien

Afirma John Lea que "La gente transfiere sus problemas al sistema de justicia penal porque se le ha quitado el poder de hacer otra cosa" (Lea, 2001:57). La organización de la vida socioeconómica y política de las sociedades modernas ha privado a las personas de cualquier alternativa diferente de las instituciones opresivas[325]. Esta dinámica histórica de las relaciones sociales y los procesos de criminalización son los aspectos que parecen desvanecerse con el afán propulsor del *feminismo del castigo* para descargar el entendible desprecio hacia cualquier forma de violencia sexual.

No son los errores coyunturales en la manera que los tribunales ejercen justicia o cómo las leyes son redactadas los aspectos determinantes para que no se logren los fines de justicia pretendidos por las activistas y los movimientos de mujeres. El conjunto de actores, papeles e interacciones que nutren la idea de la existencia del crimen, todo el sistema punitivo puesto en acción, mantienen una dinámica de accionar que en sí misma imposibilita los niveles de eficacia imaginados por los organismos defensores de derechos humanos. No se puede negar que se presentan "fallas" procesales, de investigación o de aplicación dogmática de los delitos, en la dinámica procesal que se adoptó en Colombia para lidiar con el paramilitarismo[326] y la ahora adoptada por la Justicia Especial para la Paz. Resalta que los movimientos emancipatorios estén partiendo de la premisa que de una aplicación "correcta" de la norma ineluctablemente se generarán unas consecuencias también "correctas" en la realidad. Quizá el ahínco y fe desmesurada por parte del *universalismo feminista* sobre la nueva conciencia humanitaria

jurídico y de la pregunta por la legitimidad de los delitos y de las penas, los reclamos por tratar de entender los daños sufridos en esos ámbitos no podrán ser trasladados del todo a los juicios penales basados, como se ha dicho, a partir de supuestos limitados en torno a las construcciones de la lesividad de la conducta y de los bienes jurídicos objeto de tutela penal.

325 "[...] Los conceptos de delito y castigo son necesariamente dominantes de la forma legal a partir de la cual la gente se podrá liberar solo después de que la propia superestructura legal haya comenzado a deteriorarse. Y cuando comencemos a superar y a trabajar con estos conceptos en la realidad, en lugar de en meras declaraciones, eso será el signo más seguro de que el estrecho horizonte del derecho burgués se está abriendo delante nuestro". Pashukanis, *Teoría general del derecho y marxismo*, citado por John Lea, *op. cit.*, p. 57.

326 De acuerdo con el informe de la Mesa de Trabajo Mujer y Conflicto Armado, realizado por la Corporación Humanas, algunas de las causas por las cuales las mujeres no denuncian son la ausencia de garantías procesales, el hecho de que sobre ellas recaiga la carga de la prueba cuando las versiones de los paramilitares son imprecisas o falsas, la ausencia de trabajo investigativo por parte de la Fiscalía y la falta de colaboración entre las instancias ordinarias de la Fiscalía y la Unidad de Justicia y Paz. Por su parte, para la Comisión Colombiana de Juristas (2008), la Fiscalía no ha logrado indagar del todo en la violencia sexual que pueda estar oculta detrás de otro delito, ni ha tenido en cuenta investigaciones anteriores, omitiendo hacer averiguaciones a personas que no se consideran el objetivo principal del ataque, no estimulando la denuncia sobre hechos de violencia sexual y otorgando mayor importancia a la palabra del perpetrador. Por su parte, la Corporación Sisma Mujer (2009) afirma que la aplicación de la Ley de Justicia y Paz ha afectado seriamente la posibilidad de obtener justicia en casos de violencia sexual, entre otras razones, por la falta de indagación en estos crímenes, por la negación de los hechos, la permisividad frente a la apología al paramilitarismo, las dificultades para la participación de las víctimas y las extradiciones.

y el credo global de los derechos humanos, y su correlativo impulso criminal, opaquen los ya avisados efectos negativos del sistema de justicia penal aclamados por corrientes criminológicas críticas y desvíen su atención en clamar por remedios de investigación punitiva, que francamente terminarán en ilusión irrealizable.

Las energías pueden canalizarse no solo en continuar describiendo la realidad del sistema punitivo, sino también en analizar cómo opera, quiénes entran en él y quiénes no, qué efectos produce, por qué y cómo se ocultan estos efectos y, sobre todo, analizar su legitimidad desde una visión feminista del delito y de la pena. Efectos como la revictimización de las mujeres o la naturalización de la ausencia de la agencia de la mujer en el conflicto armado interno colombiano pueden ser algunas de las consecuencias de la pulsión por el castigo. Los relatos de las mujeres violadas que actualmente se presentan en los medios como *cine-espectáculo* por parte de algunos movimientos de mujeres, no pasan del inmediato efecto de repulsión hacia los perpetradores y del traslado de la culpa a los organismos judiciales, a quienes se les delega la carga de "acabar con la impunidad" en procesos de transición de guerra a paz, como los que estamos advirtiendo. La generalización del miedo, de la idea de la mujer siempre indefensa y siempre violada, termina constituyéndose en una premisa política y moral para obstruir la posibilidad de un derecho penal mínimo. Parte de no querer "cortar la cabeza del rey" (Halley) es la ansiedad, la reacción al miedo, que es y ha sido uno de los principales mecanismos legitimadores del castigo. Debe insistirse que no se está afirmando acá una posición radical contra una razonada expansión de los ámbitos de protección de las normas humanitarias, como de hecho se ha visto reflejada tanto en la jurisprudencia constitucional como en la jurisprudencia penal, y en las decisiones de los operadores judiciales colombianos, en cuanto a la interpretación del crímenes internacionales y en específico cuando se han determinado casos de mujeres convertidas en un objetivo militar dentro del conflicto armado interno[327]. Los intentos de aplicación por parte de los operadores jurídicos de normas especiales, como las previstas en el Título II del Código Penal denominado "Delitos contra personas y bienes protegidos por el Derecho Internacional Humanitario", entre estos los delitos de acceso carnal violento o actos sexuales violentos en persona protegida, sus agravantes, la prostitución forzada o la esclavitud sexual, constituyen un esfuerzo importante

[327] Amnistía Internacional, Secretariado Internacional, *Colombia: cuerpos marcados, crímenes silenciados. Violencia sexual contra las mujeres en el marco del conflicto armado*, octubre del 2004. Disponible en http://www.amnesty.org/es/library/asset/amr23/040/2004/es/f49b819e-d598-11dd-bb24-1fb85fe8fa05/amr230402004es.Pdf.

en la visibilización de la situación de discriminación histórica de las diferentes violencias a las que han sido sometidas las mujeres. El punto que se ha querido resaltar, sin embargo, es por la insistencia en una pregunta previa a la necesidad punitiva de ampliación de marcos sancionatorios de violencia, en los que, por supuesto, no solo se han de incluir mujeres sino también grupos como los LGBT o las minorías étnicas. La pregunta previa es por la legitimidad del castigo, que a partir de una visión crítica feminista como la que acá se sostiene debe sopesarse frente a la ansiada necesidad de ampliar los marcos relacionados con las agresiones sexuales descritas a partir de los desarrollos del derecho penal internacional y las necesidades de punición agravadas en el marco del conflicto armado interno. La necesidad de reconciliación y perdón ciudadano no supone de manera determinante y en todos los casos una vinculación necesaria con el castigo. Los límites del sistema penal deben resultar ínsitos también para los feminismos en sus aproximaciones con el derecho penal, pues de lo contrario los intentos por universalizar el discurso de derechos humanos puede en la práctica terminar desfavoreciendo a aquellos sujetos de especial protección que pretenden ser amparados por regímenes sancionatorios.

EL DELITO DE TRATA DE PERSONAS Y LA EXPLOTACIÓN SEXUAL

Ya se ha mencionado cómo las posiciones del feminismo radical se traducen de manera poco plausible al sistema penal y más en específico cuando no se indaga por las limitaciones conceptuales de la teoría del bien jurídico. Se señaló también en páginas anteriores que el reclamo contra el género como la estructura de la sociedad fundamental y determinante en la distribución del poder ha logrado avances trascendentales en hacer comprender que ciertas conductas, como, por ejemplo, el tráfico de mujeres adultas, aún consentido, lo que pretende es distribuir o mantener las relaciones de poder entre los géneros y que por eso tales conductas, más que un problema puramente sexual, se constituyen en una lucha por mantener lo femenino en condiciones de subordinación[328]. Sin embargo, también expresamos que cuando se intenta atacar esta forma de opresión a través del castigo se encuentran dificultades teóricas en la manera en que la sistemática penal ha construido la teoría del bien jurídico en torno a la violencia sexual y la autonomía personal[329].

Así, cuando los reclamos feministas intentan legitimar la intervención penal en defensa de la autonomía personal resulta vana la pretensión de la punición

[328] En Colombia, este delito, que en el Código Penal de 1980 era denominado "trata de mujeres", y que para que fuera considerado un injusto típico requería la vulneración del bien jurídico "libertad sexual y dignidad humana", fue en el año 2002, a partir de la expedición de la Ley 747 del 2000, que modificó el Código Penal en su artículo 188 A, un delito que pasó a considerarse una conducta que vulnera el bien jurídico de la libertad individual y la autonomía personal. Esto bajo el entendimiento que el tráfico no solo es un asunto de comercio sexual sino también de explotación laboral o de extracción de órganos. Título III, Capítulo V, artículo 188 A del Código Penal colombiano, posteriormente modificado por la Ley 985 del 2005, que amplió nuevamente la punibilidad y consideró que el tráfico de personas era punible incluso mediando consentimiento de la víctima. He tenido la oportunidad de referirme a las inconsistencias y dificultades de aplicar el consentimiento de las prostitutas y el contenido de la explotación como elemento normativo del tipo en "Usos y abusos del sistema penal. Su uso como una forma de emancipación femenina: un estudio de caso del delito de trata de personas en Colombia", en *Revista de Estudios Sociales Uniandes*, Vol. 42, abril del 2012, pp. 104-117. Adicionalmente puede señalarse que el delito de trata de personas consagra en la descripción típica varias acciones que pueden perfectamente coincidir con modalidades tanto de las agresiones sexuales en conflicto armado, como con formas del reclutamiento. Sobre estas distinciones conceptuales e incorporaciones del derecho penal internacional en la justicia local véase Alejandro Aponte Cardona, *Persecución penal de crímenes internacionales: diálogo abierto entre la tradición nacional y el desarrollo internacional*, Editorial Ibáñez, Bogotá, 2010, p. 205.

[329] El Código Penal, en su artículo 188 A, establece que el tráfico de personas es un delito que vulnera el bien jurídico de la libertad individual y la autonomía personal.

incluso cuando se compruebe el consentimiento de la víctima en contextos de explotación. Esto por cuanto el bien jurídico autonomía personal no resulta apto para absorber el significado de la explotación como opresión de un género hacia el otro, y en esa medida la inclusión de la ausencia de consentimiento resulta inane cuando el trasfondo del discurso que legitima la intervención penal (la protección a la autonomía personal) entiende como natural y obvio que el consentimiento de un adulto a prostituirse excluye la responsabilidad penal. La mera pretensión normativa de suponer que los contextos de explotación suprimen la capacidad de consentimiento no resulta suficiente cuando el sistema penal ha sido construido bajo la idea de la dualidad sexo consentido/sexo no consentido. Las construcciones que subyacen a los conceptos de libertad y autonomía personal y su relación con la sexualidad difícilmente admiten la inclusión de situaciones contextuales de opresión y esto hace que a los operadores jurídicos les resulte un contrasentido considerar como injusto típico de tráfico de personas casos de mujeres adultas que deciden trasladarse de su entorno local y prostituirse a cambio de sumas de dinero, en especial cuando estas no son de menor cuantía. La lesividad deja de existir y la explotación también resulta disipada. Para el feminismo del castigo, que naturaliza la relación violencia-castigo, esta exclusión resulta simplemente en un efecto más del carácter patriarcal del sistema punitivo, pero sin que su análisis suponga un atrevimiento mayor por dotar de legitimidad a un comportamiento que se considera legítimo de castigar. Con lo dicho no se está afirmando acá que se comparta la idea de una ampliación punitiva desmedida y un aumento de penas, que ya ha ocurrido, como en el caso de la trata de personas, pues, como se verá a continuación, los meros impulsos punitivistas (provenientes del feminismo del castigo y de la regulación) conllevan efectos contrarios a los que pretenden en sede simbólica. Esto por cuanto los feminismos del castigo y de la regulación no advierten ni la ilegitimidad con que este tipo de lesividades entran al sistema dogmático (ilegitimidad en el sentido de no cuestionar la teoría del bien jurídico que subyace a la conducta tipificada), ni tampoco dan cuenta de los elementos subyacentes de definición y selectividad que acá se han relevado como intrínsecos al sistema penal. Adicionalmente ha de señalarse que la visión de la violencia, entendida en términos esencialistas dentro de los límites disciplinarios del feminismo del castigo y la regulación, imposibilita que se puedan descubrir otras maneras de distribución de poder y de entender parámetros de justicia por fuera del camino de la subordinación estructural (Halley). Acá resulta importante la crítica a partir del análisis distributivo del derecho en la órbita penal por cuanto esta forma de entender el derecho posibilitaría desestimar el problema de la dicotomía igualdad/diferencia y más bien asumir la inclusión de discursos que admitan compresiones como las del dominio imaginario y admitir en la conciencia jurídico penal que para los casos más graves de violencia sexual, entendida a partir de tal comprensión, se imponga la necesidad de que el sistema penal opere de manera legítima. Situaciones graves de discriminación y de opresión (como, por ejemplo, el feminicidio, del que se habló en precedencia) impondrían ya en el ámbito de lo socialmente inadmisible, como supuesto de intervención punitiva, que exista una necesidad de castigo plausible, agravada y diferenciada y, por supuesto, acorde con los criterios de coherencia y proporcionalidad de las penas propios de un derecho penal mínimo. A continuación se presentará un ejemplo de cómo los actores del sistema penal adaptan en su discurso el delito de trata de personas y las contradicciones que supone la pretensión simbólica de adecuar este tipo de conductas sin, como se ha dicho, una visión crítica que cuestione el sistema penal[330].

Los actores del sistema penal y los discursos judiciales en el ámbito de lo punitivo

Frente al innegable fenómeno de tráfico de seres humanos con propósitos diferentes a los considerados como comercio sexual, la comunidad internacional, con la suscripción de la Convención Internacional contra el Crimen Transnacional Organizado (2000), amplió el campo de aplicación del delito de trata de personas al incluir el tráfico con fines de explotación laboral, servidumbre, esclavitud o extracción de órganos. Es así como en el país aparece criminalizada la trata de personas para proteger al bien jurídico libertad individual y no ya exclusivamente para proteger la libertad, integridad y formación sexuales como estaba establecido con anterioridad a la reforma del Código Penal efectuada

330 Esta crítica que ahora se presenta hace parte de una investigación realizada durante el doctorado sobre métodos de investigación, dirigido por la profesora Julieta Lemaitre Ripoll, en la Universidad de los Andes (2009). Esta investigación pretendió dilucidar el significado que en la práctica local judicial supuso la modificación legislativa del delito de trata de personas que con anterioridad a la reforma del año 2002 se encontraba descrito como una especie de proxenetismo, para luego ser, no solo aumentada su punibilidad, sino su ubicación sistemática en el Código Penal dentro de los delitos que pretenden proteger la autonomía personal y la libertad individual. Esta aproximación al campo jurídico penal resulta esencial para tratar de determinar quiénes pierden y quiénes ganan con el uso del sistema penal y en especial cuando esto resulta invisible para movimientos de mujeres que "desde arriba" destinan sus esfuerzos para utilizar todos los mecanismos políticos a su disposición para contrarrestar cualquier forma de violencia contra la mujer. A partir de un estudio cualitativo y empírico focalizado se concluyó que el sistema penal continúa operando, en los pocos casos que ingresan al sistema judicial, bajo la misma lógica de la explotación sexual atada al proxenetismo y donde el control disciplinar se mantiene centrado en la mujer prostituta. El mantenimiento de esta lógica comporta la tensión entre la lucha por la descriminalización y la criminalización de la prostitución.

por la Ley 747 de 2002, que enmarcaba esa conducta como una especie de proxenetismo.

Debe señalarse que la relevancia internacional que tiene la trata de personas es producto, en considerable medida, de los importantes flujos de capital provenientes del tráfico ilícito de personas, y esto determinó que en el país se adecuara el delito dentro de ámbitos más represivos. De acuerdo con el Comité Interinstitucional de Lucha contra la Trata de Personas, este delito es el tercero, luego del narcotráfico y del tráfico de armas, en generar más ganancias económicas y, en consecuencia, convertirse en un mecanismo poderoso para el lavado de activos[331]. De allí que Colombia, mediante la Ley 747 de 2002, haya incorporado al delito de lavado de activos las operaciones económicas asociadas a la trata de personas y al tráfico de inmigrantes[332]. Paralelo a esto también resultó determinante la participación de organizaciones feministas que, alarmadas por la degradación de mujeres víctimas de trata de personas, aunaron esfuerzos por proteger a las víctimas reforzando la idea de la criminalización. El punto a debatir es el papel de los actores del sistema penal y la manera en que incorporan esas ideas de mayor criminalización en torno a una conducta que pretende la punición a causa de la explotación, que en la mayoría de los casos es la sexual, cuya lectura en la sistemática penal no se correlaciona con los bienes jurídicos que se pretende proteger. Adicional a esto hay que resaltar que el sistema penal genera prácticas, resultados y desenlaces en gran parte diferentes a los asumidos por quienes intentan solucionar problemas sociales relevantes por medio de un tipo penal[333].

331 Comité Interinstitucional de Lucha contra la Trata de Personas, informe, *Eje de persecución penal. Lineamientos generales sobre la trata de personas y tipologías de lavado de activos*, 2006. Disponible en http://www.tratadepersonas.gov.co (recuperado el 2 de mayo del 2010).

332 La cooperación en materia de lavado de activos fue vinculante para el país, así como también lo fue asignar especial atención a las denuncias por estos delitos, pues Estados Unidos, a partir del año 2001, ha publicado un informe anual sobre los esfuerzos desplegados por los gobiernos extranjeros para eliminar estas formas delictuales. A partir de esos informes, el Gobierno de Estados Unidos podrá tomar medidas sancionatorias consistentes en eventuales retenciones de ayuda no humanitaria ni relacionada con el comercio contra los países que no tomen "medidas eficaces para contrarrestar estas conductas". Según el Informe sobre la Trata de Personas del Gobierno de Estados Unidos, los países castigados tampoco podrán recibir financiamiento para la participación de empleados públicos en programas de intercambio educativo y cultural, e igualmente tendrán la oposición de Estados Unidos en casos de solicitud de ayuda de instituciones financieras internacionales, como el Fondo Monetario Internacional y el Banco Mundial. Departamento de Estado de Estados Unidos, *Introducción del Informe sobre la Trata de Personas*, 2009. Disponible en http://www.america.gov/st/hr-spanish/2009/ (recuperado el 1.º de marzo del 2010).

333 El sistema penal, considerado como "un fenómeno social complejo", en términos de Foucault, no puede explicarse solo por el derecho o la ética, sino por la lógica de la política penal que, más que castigar a los que delinquen, tiende a preservar el orden social, con sus desigualdades, sus injusticias e inequidades.

A partir del trabajo de campo realizado en una dependencia de la Fiscalía General de la Nación que maneja asuntos relacionados con el tráfico de personas, la investigación a la que se hizo referencia (véase pie de página n.º 330) intentó desentrañar los discursos desplegados por los actores judiciales en su interpretación[334]. Un aspecto relevante de la investigación, que acá resulta importante destacar, es que, si bien es cierto que el ámbito normativo de protección supone no solo casos de tráfico y explotación sexual sino también laboral, la práctica judicial incorpora en su mayoría casos que se corresponden con comercio sexual y prostitución[335]. Esto conlleva a señalar que el proceso de selectividad tiende a operar incorporando a la práctica punitiva la permanencia de la idea del control de conflictos relacionados con la sexualidad y la prostitución. Aun cuando la intención normativa que subyace al tipo de trata de personas pretende principalmente proteger el bien jurídico autonomía personal a efectos de determinar la antijuridicidad material de la conducta, la pluriofensividad de la conducta también supone casos de vulneración a la libertad e integridad sexual. Sin embargo, cuando se trata de adecuar los casos de comercio sexual en términos del concepto de explotación —*explotación entendida en términos de dominación y que por esta razón esta subsiste aun cuando medie consentimiento de la prostituta*—, los actores judiciales tienden a excluir dicho elemento subjetivo en cuanto el bien jurídico autonomía personal, construido desde una visión clásica liberal del derecho penal, no ha sido elaborado a partir de un entendimiento más amplio de los fenómenos de dominación y opresión tales como los denunciados

334 Por discursos judiciales entiendo no solo las decisiones de los jueces que deciden de fondo los casos puestos en su conocimiento, sino también todas aquellas actividades adicionales desplegadas por jueces, fiscales, policía judicial, procesados, víctimas o testigos, quienes en su dinámica concreta terminan reificando imaginarios como el de la prostitución, el comercio sexual o las mujeres víctimas en una perspectiva diametralmente opuesta a la conceptualización dogmática y jurídica que de tales términos se tiene o se pretende tener en el mundo estrictamente jurídico. Una lectura sobre el carácter simbólico del derecho penal no puede solo estar centrada en el ámbito legislativo, sino también debe estudiarse en el ámbito preciso de las decisiones judiciales, ciertamente mediadas por esos discursos.

335 En entrevista realizada a la fiscal, esta explicaba cómo la trata de personas no es un delito que pretenda únicamente proteger a las mujeres víctimas de tráfico sexual, sino que pretende proteger por igual a hombres y mujeres y niños por conductas como la explotación laboral o servil, dentro o fuera del territorio nacional, y que en su práctica diaria debía "lidiar" con los jueces, quienes siempre relacionaban la conducta con la inducción a la prostitución. Pese a su insistencia en que el delito no solo comprendía asuntos de tráfico sexual, las estadísticas de su despacho mostraban que de los catorce juicios que se llevaban tan solo uno era por explotación laboral. Al parecer, en la práctica, la mayoría de procesos son por comercio y tráfico sexual, pues los casos manejados por los otros fiscales mostraban las mismas dos tendencias: un escaso número de casos en juicio y la absoluta mayoría por comercio sexual. Esta tendencia del ingreso al sistema judicial de delitos por trata de personas al sistema punitivo mayoritariamente por explotación sexual aparece también reflejada en el informe de la Organización Internacional para las Migraciones (OIM), periodo 2008-2009, y en el *Informe Mundial sobre la Trata de Personas de la Oficina de las Naciones Unidas contra la Droga y el Delito (UNODC)*. Disponible en www.unodc.org/documents/human-trafficking/Executive_summary_spanish.pdf.tratadepersonasestadisticas.

por el feminismo radical[336]. En la investigación a la que se está haciendo referencia, la fiscal entrevistada señalaba que la sola evidencia de que el caso tenía que ver con comercio sexual, consentido o no por la mujer, no suponía ya de antemano la adecuación típica del delito de trata de personas; consideraba que los bienes jurídicos de la *libertad y autonomía personal* no resultan vulnerados si la mujer que ejerce la prostitución obtiene una ganancia "adecuada" y razonablemente proporcionada[337]. El provecho económico u cualquier otro beneficio para el "intermediario" desdibujaría la antijuridicidad de la conducta si la autonomía y la libertad individual no se vieron vulneradas. La explotación sexual sin ese ánimo ni finalidad de explotación en aquel otro sentido está prevista en todo caso en el Código Penal, en el título correspondiente a los delitos *contra la libertad, integridad y formación sexuales* (explotación sexual), como constreñimiento o inducción a la prostitución, y con una penalidad inferior al de trata de personas. El contenido de lo que significa la explotación, o incluso la prostitución, puede llenarse con variedad de suposiciones, no todas aún muy afines a lo que por ese término entienden quienes están involucrados en el sistema penal. La misma dinámica que termina por adquirir en la práctica local la idea de este delito, su íntima vinculación con el comercio sexual y, por consiguiente, el control disciplinar respecto a toda la actividad que rodea a la prostitución, pueden ser factores que terminen por colmar el requisito de la explotación con factores incluso ni siquiera imaginados, como el abuso por las propias mujeres prostitutas. El término explotación se torna indeterminado en el discurso y práctica judicial. ¿En qué medida y hasta qué límite puede considerarse a una mujer trabajadora sexual que se traslade de sitio en sitio como víctima de un delito de trata de personas? ¿Qué tienen en la cabeza los operadores jurídicos cuando piensan en la explotación? ¿Qué pretenden por su lado los movimientos feministas al criminalizar la trata de personas y cuál es su relación con el concepto de explotación, aún consentida? ¿Se pretende que cualquier caso de prostitución sea objeto del control penal? Los casos que se observaron en la etapa de juicio por ese delito y que tenían connotación sexual mostraron que

336 El delito de trata de personas exige como elemento subjetivo del tipo la existencia de un propósito de explotación, entendido este legalmente como la obtención de cualquier provecho económico o cualquier otro beneficio para sí o para otra persona causado por cualquier forma de explotación sexual o laboral, sea esta consentida o no.

337 Con otra perspectiva, algunos jueces entienden que la finalidad de explotación es consustancial a todo caso de tráfico y se ve materializada con cualquier conducta que suponga tráfico de personas dentro o fuera del país. A lo largo de la cadena de la "industria del sexo", esta perspectiva supone una ampliación del control punitivo al incluir como eventuales sujetos de control a todos quienes se vean involucrados en el traslado de mujeres prostitutas. La prostitución, por su propia naturaleza violenta, es algo que, bajo esta perspectiva, siempre merece ser observado y controlado por el sistema punitivo.

no existe una coherencia razonable en términos argumentativos que permita desligar la criminalización contra los traficantes de personas y el control disciplinario estatal, a través de la victimización, de quienes ejercen la prostitución. El enfoque y centro de atención de los casos aparece continuamente dado por esa relación entre mujer víctima y su ejercicio de la prostitución. La dinámica propia que exige juzgar el delito de trata de personas supone que la mujer que ejerce la prostitución no solo esté presente en el juicio en su condición de víctima, sino que también, durante todo el recorrido punitivo, que comienza desde que los organismos policiales conocen el caso, sea objeto de control en tanto que es estigmatizada como prostituta. De hecho, de acuerdo con la investigación, en casi el 60 % de los casos, las mujeres que ejercían la prostitución no estaban interesadas en acudir al juicio. Adicionalmente, se debe resaltar cómo una amplia mayoría de los casos que ingresaron al sistema judicial se debían a la misma denuncia que presenta la mujer en el exterior. Esas denuncias, sin embargo, obedecen en muchos casos a facilidades que los consulados, en virtud de convenios de cooperación, otorgan a las mujeres para los tiquetes de regreso, en su calidad de víctimas. Una vez las mujeres regresan no parecen interesadas en hacer valer esa condición. Lo que ellas entienden por autonomía, capacidad de decidir y libertad se desdibuja y diluye en el discurso judicial, que es quien se apropia y dirige su contenido, y con fundamento en esto decide qué o quiénes deben o no entrar formalmente a un juicio criminal.

La percepción se torna también en un elemento importante para los actores judiciales al intentar distinguir cuándo se trata de una explotación con connotación suficiente para ser considerada como trata de personas, cuándo es un caso de explotación sexual o inducción a la prostitución —proxenetismo— o cuándo definitivamente el derecho penal no debe intervenir. Por ejemplo, una fiscal señalaba que por la dificultad de conseguir pruebas en el exterior tenía muchas veces que confiar en la "buena fe de lo que le contaban las mujeres" y, a partir de cómo sucedían los hechos, intuir, según "su criterio y experiencia", si realmente fueron objeto de una explotación o si su situación pudo ser la de mujeres indocumentadas que, sin ver limitadas su *autonomía* o su *libertad de locomoción*, resultaban deportadas como inmigrantes ilegales[338]. La "sagacidad" de la

[338] La dinámica del sistema acusatorio no ha logrado aplicar con éxito los mecanismos de intercambio probatorio y cooperación judicial con los países receptores del comercio sexual. Esto no solo por la inexistencia en algunos casos de acuerdos de cooperación suscritos entre países, sino también por la dificultad presupuestaria de traer testigos del exterior a rendir testimonio en el juicio oral. Si el testigo no está presente en el juicio oral, la perspicacia de los fiscales en demostrar sus hipótesis debe aumentar para dar por probable un caso de explotación. Las percepciones terminan por jugar un papel fundamental al momento de decidir una acusación criminal.

mujer para escapar de sus sitios de trabajo o para negociar el dinero que percibiría eran, por ejemplo, circunstancias que permitían a la fiscal deducir si era una prostituta no explotada o una víctima del delito de tráfico de personas. Pese a que, por ejemplo, de acuerdo con la Oficina contra la Droga y el Delito de la Organización de las Naciones Unidas, los indicadores de explotación sexual pueden ir desde aspectos tales como el traslado constante de un burdel a otro o trabajar muchas horas por día, hasta tener muy pocas prendas de vestir, lo cierto es que el contenido de la explotación sexual, que pareciera ser un aspecto muy evidente y de sentido común, no lo es tanto cuando el sistema punitivo entra en acción. La dialéctica judicial juega con los contenidos que tiene a su alcance, con las limitaciones impuestas por las normas legales y procesales y con los imaginarios que cada una de las personas adopta cuando asume su posición de juez, fiscal o abogado defensor. La voz de la mujer objeto de control penal, aunque legalmente no se llame *procesada* o *acusada,* no es tan clara en ese juego. La forma jurídica adoptada en el derecho penal por la teoría clásica liberal del bien jurídico no da posibilidades de escuchar lenguajes diferentes.

Algunas percepciones de organizaciones no gubernamentales sobre el delito de tráfico de personas

En un grupo focal en el que participaron varios miembros de organizaciones no gubernamentales dedicadas al tema migratorio se puso sobre la mesa la relación entre el uso del derecho penal y la lucha política como estrategia para evitar la violencia contra seres humanos sujetos al tráfico de personas. Ninguna de estas organizaciones descartó la herramienta penal como estrategia de movilización política, pese a reconocer su uso meramente simbólico. Por ejemplo, un miembro de estas organizaciones reconoció "que existen varios efectos nocivos en la penalización del fenómeno". Pese a esto mencionó la importancia simbólica de la utilización de los mecanismos punitivos dentro del ámbito de lo político. Señaló que con la penalización "el Estado demuestra que se está haciendo algo"; en todo caso, este entrevistado dejó en claro que no son unos fetichistas legales y menos "fetichistas penales". Subrayó que el objetivo de la incidencia política es desarrollar una burocracia de atención migratoria más relacionada con el desarrollo de procesos administrativos y trámites gubernamentales para el manejo del fenómeno, antes que con la coacción. Lo penal para ellos importa poco. Dicen no tener ninguna relación directa en términos de participación procesal con la Fiscalía en estos temas y su conexión con las víctimas se da solo por medio de redes informales de prevención o programas de apoyo, pero nunca a través de comunicaciones formales penales o participación como representantes de las víctimas. La percepción hacia lo criminal resulta, en todo caso, ambivalente. Se reconoce por parte de estas organizaciones que existen riesgos de que el sistema penal termine culpabilizando a la víctima pero, en todo caso, en lo que tiene que ver con el uso en general del derecho penal se cree que "mientras se resuelven los problemas estructurales hay que hacer tareas coyunturales"[339]. En relación con la explotación como requisito legal para que se configure la trata de personas, esta fue una discusión casi ajena al grupo focal, pues el cuestionamiento sobre su contenido en la práctica judicial penal parecía no tener manera de vincularse con el profundo conocimiento que tenían sobre el problema migratorio en términos generales. Uno de los miembros comentaba que las únicas que se podían emancipar eran "las prostitutas del primer mundo" y que en lo que se refería al delito de trata de personas debía entenderse como un tema de "prostitución forzada incluso con consentimiento". Sin embargo, ninguna relevancia pareciera tener sobre cuál es el contenido que en la órbita y práctica penal pudieran tener temas como la finalidad de explotación, el significado de prostitución forzada y la manera en cómo esto es adoptado por los actores del sistema penal[340]. Por otro lado, ha de señalarse que de acuerdo con los resultados de la investigación es muy reducido el número de casos que ingresan al sistema judicial por este

339 Una de las participantes relataba su apoyo al referendo por la cadena perpetua para violadores de menores "porque esa gente no tiene capacidad de recuperación. Ahí toca criminalizar [...] porque hay temas tan complejos, porque si vamos a resolver lo estructural, mientras tanto hay que hacer tareas coyunturales". Por su parte, el director de Fundación Esperanza señaló que "[...] la criminalización es fundamental, yo tampoco estaba de acuerdo con la cadena perpetua, pero cuando la escuché me convenció, es un uso para abrir un debate y generar conciencia...".

340 En una investigación de la Universidad del Rosario (2009) se señala que una dificultad que unánimemente identificaron las ONG hacía referencia a la orientación que se le ha dado en Colombia al delito de trata de personas consistente en dar mayor peso a lo criminal, "dejando de lado el enfoque integral de derechos humanos" (Londoño Toro *et. al.*, 2009), y que de existir, de acuerdo con las autoras de la investigación, permitiría darle primacía a los derechos de las víctimas. Beatriz Londoño Toro *et. al.*, *Aspectos jurídicos del delito de trata de personas. Aportes desde el derecho internacional. Derecho penal y las organizaciones no gubernamentales*, publicación de la Oficina de las Naciones Unidas Contra la Droga y el Delito (UNODC), la Universidad del Rosario y el Ministerio del Interior y de Justicia, 2009. No se presenta en este estudio, sin embargo, ninguna evidencia en las conclusiones acerca de cómo podría desligarse el concepto de mujer víctima del ámbito de lo punitivo, así como de la recreación constante de imaginarios de mujer prostituta en los discursos punitivos. Es más, dicho estudio propugna más bien por "más derecho penal", pues no solo presenta recomendaciones sobre cómo interpretar el tipo penal y mejorar la eficiencia del sistema punitivo, sino que también recomienda modificar la legislación penal con el fin de tipificar como una conducta constitutiva de trata la demanda o solicitud de actos que incentiven o promuevan la explotación de las personas tratadas, así como adoptar una legislación nacional en la que se consideren como sujetos plausibles del delito a las personas jurídicas. Adicional a esto, sugieren modificar el artículo 25 del Código Penal, donde se exprese que las posiciones de garante se tengan en cuenta también para los delitos que atenten contra la autonomía personal (por supuesto, la trata entre ellos). En suma, para esa investigación, la ampliación de la intervención punitiva, a través de su uso "adecuado", es una perspectiva recomendable para controlar el tráfico de personas.

delito[341]. Esto invita a reflexionar por la tensión que muestra la importancia que la agenda internacional y movimientos y organizaciones de mujeres otorgan a la apuesta por la criminalización y la minúscula intervención que tienen sobre la manera cómo opera el sistema penal, fuera de la consabida ineficiencia del aparato punitivo. El fenómeno migratorio y la contención de los países industrializados por frenar este fenómeno pueden estar generando discursos globales en torno a la necesariedad de utilizar el sistema punitivo para aliviar el temor por ese *otro* nuevo poblador. El fenómeno de la criminalidad transnacional, que se concreta en casos de narcotráfico, lavado de activos, tráfico de armas, es una seria amenaza para aquellos países receptores del fenómeno migratorio. Las ganancias derivadas del tráfico de personas, y el consiguiente discurso de las víctimas, se convierten en un tema atractivo para poner en la agenda internacional la necesidad de desplegar esfuerzos legislativos dirigidos a que el sistema punitivo entre en acción, seleccionando de antemano quiénes serán sujetos de control y quiénes invariablemente quedarán por fuera de él. Otro aspecto interesante de resaltar acá es la prácticamente inexistente derivación de procesos por lavado de activos que provienen de la trata de personas. Ninguno de los ocho procesos penales que terminaron en condena en la Fiscalía —en la investigación que venimos comentando— derivaron en una investigación por lavado de activos. Esto podría sugerir la insistencia del derecho penal más que todo en mantener a la mujer que ejerce la prostitución como continuo objeto de control punitivo y la exigüidad del simbolismo de amenazar con cárcel y pérdida de bienes a quienes participen en la intermediación de la trata y tráfico de mujeres. En suma, podría señalarse como conclusión de esta mirada crítica al delito de trata de personas, que la nueva regulación de este delito conlleva dos lecturas latentes y muy relacionadas con el efecto simbólico que estos dispositivos penales pretendieron comportar al momento de su expedición. Ninguna de estas dos lecturas se compagina con la otra y se considera que más bien son excluyentes y responden a lógicas de actuación claramente diferentes. La primera lectura es que la mayor punición y la ampliación del tipo penal a

341 De acuerdo con estadísticas de la Fiscalía General de la Nación (2008), las personas condenadas en ese año por ese delito en el sistema penal acusatorio son mínimas e incluso aparecen por debajo de delitos como el aborto y el incesto: entre el año 2000 y el 2004 fueron reportados por la Fiscalía en total 278 casos. En estos se dictaron diez sentencias condenatorias, quince sentencias anticipadas y 76 sentencias absolutorias. Entre marzo del 2005 y febrero del 2006, la Fiscalía reportó ochenta casos, de los cuales se dictó una sentencia condenatoria por aceptación total de los cargos, una solicitud de orden de captura del juez, dos archivadas por inexistencia del hecho, veinte se encuentran en programa metodológico, una en apertura de la etapa de indagación y una archivada por conducta atípica. De los 278 casos del sistema penal inquisitivo reportados por la Fiscalía General de la Nación, 164 de las víctimas eran mujeres, 14 eran hombres y en 96 de los casos no se identificaba el sexo. Fuentes: http://equidad.presidencia.gov.co/publicaciones/documentos/oag_boletin_7.pdf, y Dirección Nacional de Fiscalías: www.fiscaliagen.gov.co.

casos relacionados con el trabajo forzado, la esclavitud o el matrimonio servil fue reflejo del clamor de los movimientos sociales preocupados por los temas de explotación sexual y laboral de los inmigrantes de ambos sexos en países industrializados. La segunda lectura es que en su implementación tuvo un peso significativo y trascendental la presión de la comunidad internacional por frenar el lavado de activos y los flujos de dinero que se derivan de la comisión de estas conductas. En cuanto al primer aspecto, y siguiendo la clasificación de las diversas formas simbólicas del uso del derecho penal que describe Hassemer (1995), en este caso el uso de la herramienta penal podría corresponder a un tipo de *declaración de valores*. Su legitimidad pretende derivarse de la exigencia moral proclamada activamente por organizaciones no gubernamentales para que no se esclavice ni laboral ni sexualmente a las mujeres. La segunda lectura latente podría ser aquella denominada *leyes de compromiso,* suscritas por un país ante la presión de la comunidad internacional. Esta conjunción de lecturas muestra una relación de discontinuidad entre ellas mismas, así como de ellas frente a la práctica local, en donde el eje central de persecución penal y control disciplinario lo continúan siendo las mujeres que ejercen la prostitución y esto con la ambigüedad en torno a lo que contiene el término explotación en el campo penal. El mantenimiento de esta lógica comporta en el fondo una tensión entre la lucha por la descriminalización y la criminalización de la prostitución. No existe claridad sobre cuándo una mujer que ejerce la prostitución va a resultar victimizada en el ámbito del discurso de la trata de personas o cuándo va a ser tomada como "una simple prostituta" víctima de un proxeneta. La brecha entre funciones simbólicas y la práctica judicial concreta resulta un terreno fértil para poner en evidencia la aleatoriedad del sistema punitivo. El traslado, acogida o captación de personas dentro del país o hacia el exterior es una conducta primordialmente relacionada en el campo penal con la prostitución. No se niega, por supuesto, que no exista explotación laboral. El punto que se ha querido poner de presente es cómo la práctica cotidiana punitiva se termina alejando de esos imaginarios colectivos y sigue trayectorias distantes de aquellas percibidas por quienes conciben al derecho penal como herramienta de lucha política, aun limitándola a sus efectos puramente simbólicos.

Esos esfuerzos de lucha política mediante el uso de lo criminal sin mediación crítica sobre el sistema penal son reflejo del feminismo del castigo. La conciencia del uso simbólico del derecho penal, pero la inconsciencia de los discursos que se tejen dentro del engranaje punitivo una vez puesto en acción, podría dar por supuestos triunfos parciales pero derrotas inadvertidas para mujeres prostitutas que no quieren, por la razón que fuere, que el aparato punitivo se inmiscuya siempre en su contexto personal.

Tomarse en serio una crítica al uso del sistema penal también supone mantener una mirada de sospecha constante al sistema punitivo. La apuesta de repensar una visión ampliada de la teoría clásica liberal del bien jurídico que traspase la construcción social de la realidad fundada por el derecho penal tradicional, y la propuesta de contenidos significantes que abarquen las vulneraciones que han puesto en evidencia los feminismos en torno al daño que la violencia sexual causa a algunas mujeres, no puede suponer que todas aquellas vulneraciones ameriten ser controladas por el poder punitivo. Por eso la apuesta de este estudio es por un derecho penal mínimo y no por una de ampliación acrítica de construcciones ampliadas y promocionales de tutelas jurídicas. En esa medida, la crítica de fondo que acá se presenta a la ampliación punitiva del delito de trata de personas y en la manera en que se pretende legitimar sin reconsideración al bien jurídico que lo sustenta.

El concepto de identidad femenina e integridad corporal, no enraizado desde una concepción esencialista ni estructuralista, supone el reto para el feminismo crítico de inmiscuirlo en la elaboración teórica en una sistemática penal fundada, a partir de la misma Constitución, en construcciones políticas del reconocimiento. Esto supone la legitimidad de intervenciones, por supuesto a partir de una visión de mínima injerencia, para aquellas vulneraciones no cobijadas por lecturas liberales clásicas del bien jurídico, consideradas *a priori* en el sistema penal y tenidas como inmanentes o inmodificables (Hirsch, 2012). En esa medida, la legitimidad de intervenciones para casos como los del feminicidio no podrán partir de los mismos supuestos para intervenciones punitivas que pretendan cobijar protecciones a la indemnidad de la prostituta y su relación con el sistema punitivo. Esto es, en casos como los de trata de personas, la mirada crítica (y por supuesto de una criminología crítica como la que acá se defiende) supondrá afirmar que si lo que subyace detrás de la punición ampliada de la trata de personas es una manifestación puramente simbólica de la mujer prostituta víctima, y que el poder selectivo de definición se traduce en últimas en el empeoramiento de la situación de las mujeres, pues en ese caso claramente la legitimidad carecerá de sustento y no podrá sostenerse ya una visión vulnerada de la integridad femenina que amerite la necesidad de pena. Ahora, si lo que se pretende con la punición es adecuar el castigo para casos graves de explotación, en esa medida, al carecer este concepto de un correlato dentro de la sistemática penal, corresponde insistir que la visión de la vulneración del bien jurídico con que se pretende sostener hoy en día ese delito resulta insuficiente para una visión feminista del daño y por eso la apuesta por construir un concepto de lesividad propio de políticas del reconocimiento de identidades no unidimensionales o esencialmente masculinizadas.

CONCLUSIONES

Este trabajo ha pretendido contribuir a superar las discusiones de los distintos feminismos cuando se enfrentan con el derecho penal, consistentes en los reclamos continuos por su ineficacia y la búsqueda de alternativas diferentes a la penal. La superación ha consistido en plantear la necesidad de que el feminismo, en este caso el feminismo crítico, intervenga en la manera en que contemporáneamente se debe dotar de contenido a uno de los pilares básicos de legitimación del derecho penal moderno, la teoría del bien jurídico, cuya capacidad para describir los daños denunciados por los feminismos ha sido limitada por una construcción particular de la identidad femenina.

Las aperturas interpretativas de los actores del sistema penal, y los debates que se suscitan por involucrar en la órbita penal aspectos en torno a la violencia sexual como ejercicio de poder de dominación masculino —y con especial énfasis en la que tuvo lugar durante el conflicto armado interno—, se ha intentado a partir del desarrollo de los principios constitucionales e incorporaciones del Derecho Penal Internacional de los Derechos Humanos y del Derecho Penal Internacional. Sin embargo, esos intentos no han abarcado la pregunta y cuestionamiento por la esencia misma del concepto de bien jurídico como criterio no solo de interpretación sino de legitimación y limitación del poder punitivo. Contestar a dicha pregunta ha supuesto dos retos en este estudio. El primer reto ha consistido en preguntarse, sin partir de un determinismo absoluto en torno a las relaciones estructurales de dominación sexual masculina y de violencia, en cómo incluir legítimamente esa visión feminista del daño, sin, por el otro extremo, socavar la construcción contemporánea que impone que el derecho penal solo se puede justificar como último de los mecanismos de que dispone el Estado para controlar la violencia. El segundo reto ha consistido en cómo ampliar una concepción de bienes jurídicos que trasciendan el limitado contenido liberal de la libertad, integridad y formación sexual.

El primer reto se ha intentado despejar partiendo de que son las ideas del derecho penal de la Constitución las que delimitan las ampliaciones punitivas de un derecho penal promocional, tantas veces alentado desde los feminismos del castigo y la regulación. Siguiendo a autores como Schünemann (2007), se ha reconocido que los valores lesionados por el delito no son creados por normas legales penales sino por normas constitucionales y que es la teoría de los bienes jurídicos la que hasta ahora mejor defiende la necesidad de limitar la intromisión punitiva. En este sentido, y de nuevo siguiendo a Schünemann, la fórmula de la *ultima ratio* no deberá concretizarse mediante perspectivas globalizantes y simplificadoras (como la del bien jurídico desde esa visión liberal), sino que debe tomar en cuenta los caminos que conducen a la lesión a partir de determinado contexto histórico-social y de los recursos necesarios para la protección. El segundo reto, de más difícil respuesta —dado entre otras cosas por la misma dificultad de la teoría del bien jurídico para concretar su contenido—, se ha intentado puntualizar a partir de visiones propias propuestas por algunas teorías feministas en torno al entendimiento del daño a la integridad corporal femenina. Así, se ha señalado que uno de los cuestionamientos a la teoría de los bienes jurídicos es que la referencia material que se ha hecho de ellos, o su puesta en peligro, ha incidido exageradamente en la idea de lo que se quiere proteger (esto es, la violencia sexual física o psicológica), dejando de lado esfuerzos discursivos en torno a cuál es realmente la afectación de la violencia contra la mujer que le interesa legítimamente proteger al derecho penal y cuándo esto no resulta plausible. En ese sentido, el entendimiento del daño a la integridad corporal femenina supondrá alejarse de la tradicional referencia material propia de los delitos contra la libertad, integridad y formación sexual, como única perspectiva globalizante y ejemplificadora, y más bien girar su entendimiento hacia los giros discursivos teorizados desde algunas propuestas feministas en torno a las vulneraciones a una integridad corpórea femenina comprendida a partir de la visión contextual, capaz de captar aquellas situaciones de opresión que, en los casos de mayor gravedad, legitiman la intervención penal.

En la misma medida, aquellas situaciones que excluyan vulneración a la integridad corporal femenina, como el caso del aborto, supondrán la ineludible conclusión de su supresión del Código Penal, en todos los casos, por ausencia de referencia material a un daño corpóreo a la identidad femenina digno de merecimiento de reproche penal. Acá la referencia al concepto de bien jurídico referido a la protección de la vida del que está por nacer carecerá de la visión contextual a la que se hace alusión y por eso supondrá considerar ilegítima la punición del aborto (dentro de un sistema de plazos).

Las propuestas, entonces, que en este texto se intentaron presentar como respuesta al segundo de los retos —*debiendo reconocerse que aún constituyen ideas en construcción y, por lo mismo, se constituyen en uno de los desafíos que imponen la hoja de ruta a seguir a partir del presente trabajo*—, se describieron de acuerdo con los conceptos de la *protección a la integridad corporal*, siguiendo la propuesta de Drucilla Cornell, y la *protección del otro concreto*, siguiendo la propuesta de Seyla Benhabib. Consideramos que estas visiones respaldan esa visión contextual movible y no determinista ni limitada y propia de las construcciones políticas del reconocimiento amparadas en el mismo texto constitucional.

La puesta en peligro de la *integridad corporal femenina*, no en su sentido físico (ni tampoco de coacción psicológica), la describe Cornell (1995) como una condición indispensable para alcanzar las *condiciones mínimas de la individuación*, es decir, de la adecuada concepción que una persona debe tener de sí misma. Se construye así a partir de una comprensión de justicia que podría abarcar a las mujeres a través de su visión del *dominio imaginario*, que no es una visión esencialista, que está siempre en construcción y que se constituye en el espacio físico y moral en el que las mujeres evalúan y representan quienes son. Todo esto a partir del reconocimiento de que ninguna institución o sistema, y por supuesto menos el sistema penal, puede jamás proporcionar completamente la igualdad y dignidad a las mujeres. Es entonces la vulneración al conjunto previo de las mínimas condiciones de individualización las que supondrán que, en los casos más graves, se legitime una intervención punitiva. Esto habrá de partir de una visión ampliada de protección de un bien jurídico que suponga mucho más que el entendimiento del daño físico-psicológico contra la libertad de elección derivada de la construcción tradicional del consentimiento a tener sexo, pero sin mayores observaciones contextuales y específicas de vulnerabilidad de seres sexuados y por esto necesarios de protección a su dignidad.

La integridad corporal así vista no atenta contra una visión constitucional del derecho penal moderno, el cual se ha de legitimar también a partir de visiones pluridimensionales (que no promocionales) de daños causados contra la integridad femenina y no avizorados a partir de visiones restringidas sobre la violencia sexual propia de la teoría clásica liberal del bien jurídico.

Por el otro lado, y también como manera de responder al segundo de los retos citados, se presentó la idea de la protección del *otro concreto* a partir de la propuesta de Seyla Benhabib. Esta posición tiene como punto de partida una crítica a las teorías morales universalistas del contrato social, que han conducido a una privatización de la experiencia de las mujeres y con eso a una exclusión a que esta experiencia se considere desde un punto de vista moral.

Bajo esta perspectiva, a partir del universalismo interactivo que reconoce una pluralidad de seres humanos, supondría igualmente eludir la visión de la individualidad y la identidad concreta del otro generalizado. Es sobre este último supuesto sobre el que se ha basado la teoría penal y la concepción de los bienes jurídicos como su estrategia de legitimación (la relación con el otro se rige por las normas de la igualdad formal y la reciprocidad: cada cual tiene derecho a esperar y suponer de nosotros lo que nosotros podemos esperar o suponer de él o de ella). Por su parte, asumir el "otro concreto" supondría tener en cuenta a todos y cada uno de los seres racionales con su historia, identidad y constituciones afectivo-emocionales concretas. Asumir este punto evita las construcciones a partir de lo común, pues la relación con el otro está guiada por normas de equidad y reciprocidad complementarias.

El *otro concreto* se utiliza acá a partir de su finalidad crítica, que sirve para mostrar los límites ideológicos del discurso universalista, en el que también participan la teoría penal y las construcciones a partir de las cuales se solidifican los bienes jurídicos que se pretende proteger. Bajo este contexto, entonces, para explicar la opresión de las mujeres (no en un sentido estructural) se deben, por lo tanto, develar los símbolos y mitos que atrapan a los sexos en los roles de género, tales como los ideales de autonomía que persiguen concepciones propias de la culpabilidad erigida también por el derecho penal. En esa medida, comprender que los ideales de autonomía o de libertad como bienes dignos de protección, y que subyacen las construcciones acerca de la legitimidad y los límites de intervención del derecho penal, son construcciones mutables que también pueden permitir espacio para reconocer otros excluidos. Por esta vía resultará plausible el reconocimiento autónomo de un bien merecedor de tutela penal relacionado con el entendimiento de la violencia sexual como poder y como sexo, claro está cuando esto se presente dentro los postulados de un derecho penal mínimo.

Estos retos por dotar de respuesta a la pregunta por la legitimidad se han considerado viables de responder a partir del terreno fértil de la criminología crítica y en específico a partir de sus principales categorías de análisis. Esto permitirá respuestas fructíferas en torno a cuál clase de derecho penal, qué medida de derecho penal, contra quiénes y cuáles serían sus efectos distributivos.

La perspectiva crítica feminista que se sostuvo en este estudio es consciente de las contradicciones mismas del sistema penal y, sin consideralas susceptibles de solución, ha de permanecer en todo caso intentando ejercicios constantes de legitimación/deslegitimación del sistema penal.

Un feminismo crítico como el que acá se sostuvo también ha partido de la idea de que el sistema penal no necesariamente tiene una absoluta inclinación patriarcal y por eso la respuesta no puede limitarse a sistematizar categorías penales bajo el esencialismo entre las diferencias entre todos los hombres y todas las mujeres. El reto en torno a la legitimidad y necesidad de castigo y de pena para conductas producidas por una violencia masculina, particular e incomparable a otros tipos de violencia, debe construirse a partir de una visión alterna a la falsa unicidad del concepto teórico del delito que descansa en la premisa de protecciones uniformes de los bienes jurídicos vida, libertad, o integridad física o sexual. Estas ideas no han supuesto acoger un criterio de la diferencia en el derecho penal, tal y como lo han construido las feministas de la diferencia, pues eso conlleva a radicalizar las dicotomías víctima/victimario, sino más bien una concepción ampliada de los ámbitos de las esferas de protección penal que no caigan en falsas dicotomías o ideas estructuralistas sobre la violencia sexual. El esfuerzo ha sido, entonces, el de presentar la importancia de una propuesta comprensiva que abarque la idea del sistema penal como objeto de cuestionamiento dentro del campo de la criminología crítica y esto atravesado por las visiones del feminismo crítico, que ante todo cuestiona que exista una relación directa y necesaria entre violencia sexual y castigo, en contraposición con los feminismos del castigo y de la regulación.

Las limitaciones del texto han sido múltiples. La principal, no haber podido dar una respuesta totalmente acabada a la pregunta por el contenido del bien jurídico desde una visión feminista crítica. El alcance se constituye en un primer paso para dejar planteado el debate, con los parámetros expuestos, partiendo de la necesariedad de la intervención de los feminismos en las preguntas por la legitimidad del castigo. Otra de las tantas limitaciones se refiere al contenido del castigo, al contenido de la sanción penal y a su aparente imposibilidad de desvincularla de la reclusión como única concreción de pena viable, según pareciera seguir sosteniendo el sistema penal contemporáneo. Este difícil asunto, que por supuesto escapó al ámbito de estudio de este texto, corresponderá analizarlo en un estudio futuro, en todo caso conectado con la propuesta comprensiva adoptada en estas líneas.

BIBLIOGRAFÍA

Abadía, Marcela. "La identidad de la mujer en el derecho penal moderno: el caso del aborto", en *Revista de Derecho Público* n.º 20, Universidad de los Andes, Facultad de Derecho, Bogotá, diciembre del 2007.

_____ "Usos y abusos del sistema penal. Su uso como una forma de emancipación femenina: un estudio de caso del delito de trata de personas en Colombia", en *Revista de Estudios Sociales Uniandes,* Vol. 42, Universidad de los Andes, abril del 2012.

Acale Sánchez, María. *La discriminación hacia la mujer por razón de género en el Código Penal*, Editorial Reus, Madrid, 2006.

Acorn, Annalise. *Compulsory Compassion: A Critique of Restorative Justice*, UBC Press, Vancouver, 2004.

Adler, Freda. *Sisters in Crime: The Rise of the New Female Criminal*, McGraw-Hill Companies, 1976.

Aebi, Marcelo F. "Crítica de la criminología crítica: Una lectura escéptica de Baratta", en F. Pérez-Álvarez (ed.), *Serta in Memoriam Alexandri Baratta*, Ediciones Universidad de Salamanca, Salamanca, 2004, pp. 17-56.

Agudelo Betancur, Nodier. "Evolución del método dogmático", en *Lecciones de Derecho Penal. Parte general*, Universidad Externado de Colombia, Bogotá, 2002, pp. 177-190.

_____ *Curso de derecho penal, esquemas del delito*, Librería la Constitución Ltda., Bogotá, 1995.

Almeda Samaranch, Elisabet (ed.). *Mujeres y castigo: un enfoque socio-jurídico y de género*, Dykinson, Madrid, 2008.

_____ *Mujeres encarceladas*, capítulo 1 "Las cárceles femeninas en España", Editorial Ariel, Barcelona, 2003.

Alviar García, Helena y Jaramillo Sierra, Isabel Cristina. *Feminismo y crítica jurídica. El análisis distributivo como alternativa crítica al legalismo liberal*, Siglo del Hombre Editores y Universidad de los Andes, Bogotá, 2012.

Aniyar de Castro, Lola. *Criminología de los derechos humanos - Criminología axiológica como política criminal*, Editores del Puerto, Venezuela, 2010.

Anthony García, Carmen. *Mujer y cárcel: el rol genérico en la ejecución de la pena en América Latina y en Chile*, Jurídica de Chile, Chile, 2008.

_____ "Mujeres invisibles: las cárceles femeninas en América Latina", en revista *Nueva Sociedad* n.º 208, marzo-abril del 2007.

Aponte Cardona, Alejandro. "La guerra y el Derecho: Dinámica cotidiana del poder de definición", en *Revista de Derecho Público*, Vol. 21, Universidad de los Andes, Facultad de Derecho, Bogotá, 2008.

_____ "Legalismo *vs.* constitucionalismo: institucionalización de la función penal y superación de una antinomia", en *Observatorio de justicia constitucional*, Universidad de los Andes, Bogotá, diciembre del 2001, pp. 31-70.

_____ "Derecho penal de enemigo *vs.* Derecho penal del ciudadano: Günther Jakobs y los avatares de un derecho penal de la enemistad", en *Derecho penal de enemigo: el discurso penal de la exclusión*, Manuel Cancio Meliá y Carlos Gómez-Jara Díez (coords.), Vol. 1, Buenos Aires, 2006, pp. 163-204.

_____ "Gustav Radbruch: ¿constituye hoy el positivismo una condición del pluralismo liberal?", en *Precedente*, Miguel Rujana (ed.), Teoría Jurídica, Reflexiones críticas, Siglo del Hombre Editores y Universidad Libre, Cátedra Gerardo Molina, Bogotá, 2003.

_____ *¿Derecho penal de enemigo o derecho penal de ciudadano?*, Temis, Bogotá, 2005.

_____ *Guerra y derecho penal de enemigo. Reflexión crítica sobre el eficientismo penal de enemigo*, Editorial Ibáñez, Bogotá, 2009.

_____ *Persecución penal de crímenes internacionales: diálogo abierto entre la tradición nacional y el desarrollo internacional*, Editorial Ibáñez, Bogotá, 2010.

Arraigo, Bruce y Bernard, Thomas. "Postmodern Criminology in relation to radical and Conflict Criminology", en *Critical Criminology*, Vol. 8, n.º 2, 1997.

Arraigo, Bruce y Williams, Christopher. *Philosophy, Crime and Criminology*, University of Ilinois Press, Illinois, 2006.

Asthon Peter, Walter. "La evolución del pensamiento penal en Alemania", en *Revista Chilena de Derecho*, Vol. 22, n.º 2, 1995, pp. 297-307.

Asúa Batarrita, Adela. "El significado de la violencia sexual contra las mujeres y la reformulación de la tutela penal en este ámbito. Inercias jurisprudenciales", en *Género, violencia y derecho*, Patricia Laurenzo Copello, María Luisa Maqueda Abreu y Ana María Rubio Castro (coords.), Universidad de la Rioja, España, 2008, pp. 131-170.

Bacigalupo, Enrique. *Delitos de dominio y delitos de infracción de deber. Derecho Penal. Parte general*, 2.ª edición, Hammurabi, Buenos Aires, 1999.

_____ "Filosofía e ideología de las teorías de la pena", en *Derecho y Humanidades*, n.º 16, vol. 1, Madrid, 2010, pp. 17-30.

_____ "Concepto de bien jurídico y límites del derecho penal", en *El sistema penal normativista en el mundo contemporáneo* (libro homenaje al profesor Günther Jakobs en su 70 aniversario), Eduardo Montealegre Lynnet y José Antonio Caro John (eds.), Editorial de la Universidad Externado de Colombia, Bogotá, 2008, pp. 17-32.

Balfour, Gillian. "Falling between the Cracks of Retributive and Restorative Justice. The Victimization and Punishment of Aboriginal Women", en *Feminist Criminology*, Vol. 3, n.º 2, 2008.

_____"Feminist Therapy with Women in Prison. Working under the Hegemony of Correctionalism", en *An Ideal Prison? Critical Essays on Women's Imprisonment in Canada,* Moffat-Hanna, Kelly (ed.), Fernwood Publishing, Toronto, 2000.

Balfour, Gillian y Comack, Elizabeth (eds.). *Criminalizing Women. Gender and (in) justices in Neo-liberal Times,* Fernwood Publishing, Black Point, NS, 2006.

Baratta, Alessandro. *Criminología crítica y crítica del derecho penal. Introducción a la sociología jurídico-penal,* Siglo XXI Editores, México, 1986.

_____ "El paradigma de género: de la cuestión criminal a la cuestión humana", en *Las trampas del poder punitivo,* Haydee Birgin (comp.), Buenos Aires, 2000.

_____ "El estado-mestizo y la ciudadanía plural: Consideraciones sobre una teoría mundana de la alianza", en *Identidades comunitarias y democracia,* Héctor Silveira Gorski (ed.), Trotta Editorial, Madrid, 2000, pp. 185-210.

_____ "Integración-Prevención: Una 'nueva' fundamentación de la pena dentro de la Teoría Sistémica", en *Revista Doctrina Penal*, año 8, n.º 29, Buenos Aires, 1985, pp. 9-26.

Beck, Ulrich. *La sociedad del riesgo: hacia una nueva modernidad*, Paidós, Barcelona, 2006.

Becker, Howard. *Los extraños. Sociología de la desviación*, Tiempo Contemporáneo, Buenos Aires, 1971.

Beckett, Katherine y Herbert, Steve. *Banished: The New Social Control in Urban America*, Oxford University Press, Nueva York, 2010.

Benhabit, Seyla y Cornell, Drucilla (comps.). "El otro generalizado y el otro concreto", en *Teoría Feminista y Teoría Crítica,* Ediciones Alfons el Magnànim, Valencia, 1990.

Berdugo Gómez, Ignacio. *La evolución del derecho penal contemporáneo y la Unión Penal Internacional*, Universidad de Salamanca, 1982.

Bergalli, Roberto. "Relaciones entre control social y globalización: Fordismo y disciplina. Post-fordismo y control punitivo", en *Sociologías,* n.º 13, Porto Alegre, junio 15 del 2005.

Bergalli, Roberto y Bodelón, Encarna. "La cuestión de las mujeres y el derecho penal simbólico", en *Anuario de Filosofía del Derecho*, 1992, pp. 43-73.

Bernate Ochoa, Francisco. "La legitimidad del derecho penal", en *Revista Jurídica de Castilla-La Mancha*, España, 2007.

Bettiol, Giuseppe. *Instituciones de derecho penal y procesal. Curso de lecciones para estudiantes de ciencias políticas*, Faustino Gutiérrez-Alviz y Conradi (trad.), Bosch, Barcelona, 1977, pp. 171 a 214.

Birgin, Aidee (comp.). *Las trampas del poder punitivo. El género del derecho penal*, Editorial Biblos, Argentina, 2000.

Black, Julia. *Critical Reflections on Regulation*, London School of Economics and Political Science, Londres, 2002.

Bodelón, Encarna. *La igualdad y el movimiento de mujeres: propuestas y metodología para el estudio del género*, Universitat Autònoma de Barcelona, Barcelona, 1998.

Bodelón, Encarna y Heim, Daniela (coords.). *Derecho, género e igualdad. Cambios en las estructuras jurídicas androcéntricas,* Vol. 1, Grupo Antígona y Grupo Dones i Drets, Universidad de Barcelona, Barcelona, 2009.

Bonet Esteva, Margarita. "Derecho penal y mujer: ¿Debe ser redefinida la neutralidad de la ley penal ante el género?", en Encarna Bodelón y Daniela Heim (coords.), *Derecho, género e igualdad. Cambios en las estructuras jurídicas androcéntricas*, Vol. 1, Grupo Antígona y Grupo Dones i Drets, Universidad de Barcelona, Barcelona, 2009.

Bovino, Alberto. "Delitos sexuales y feminismo legal: (algunas) mujeres al borde de un ataque de nervios", en *Revista Jurídica de la Universidad de Palermo,* Buenos Aires, 1995.

Britton, Dana. *Feminism in Criminology: Engendering the Outlaw. The Annals of the American Academy of Political Science*, Kansas State University, 2000.

Brown, Wendy y Williams, Patricia. *La crítica de los derechos,* Universidad de los Andes-Instituto Pensar, Bogotá, 2003.

Bruckert, Chris y Parent, Colette. "The In-Call Sex Industry: Reflections of Classed and Gendered Labour on the Margins", en *Criminalizing Women. Gender and (In)justice in Neoliberal Times,* Gillian Balfour y Elizabeth Comack (eds.), 2006, pp. 95-112.

Bustos Ramírez, Juan. "Perspectivas de un derecho penal del niño", en revista *Nueva Doctrina Penal,* Editores del Puerto, Buenos Aires, 1997, p. 63.

_____ "Consideraciones en torno del injusto y política criminal e injusto", en *Bases críticas de un nuevo derecho penal,* Temis, Bogotá, 1982.

_____ "Criminología crítica y derecho penal latinoamericano", en *Revista Criminología Crítica*, Universidad de Medellín, Medellín, 1984, pp. 165-198.

Butler, Judith. *Gender Trouble: Feminism and the Subversion of Identity,* Nueva York, Routledge, Nueva York, 1999.

_____ "Subjects of Sex/Gender/Desire", en *Gender Trouble: Feminism and the Subversion of Identity,* Routledge, Nueva York, 1999, pp. 145-153.

Cain, Maureen. "Towards Transgression: New Directions in Feminist Criminology", en *International Journal of Sociology of Law*, 1990, pp. 1-18.

Cánavez, Violeta. "Como la cigarra. Notas sobre violencia sexual, jurisprudencia y Derechos Humanos" en *Revista Jurídica*, Año 12, n.º 1, Universidad de Palermo, Argentina, 2011.

Cancio Meliá, Manuel. *La teoría de la adecuación social en Welzel*, ADPCP, Fasc. II, Madrid, 1993, pp. 169-202. Disponible en http://www.cienciaspenales.net.

Cancio Meliá, Manuel, Peñaranda Ramos, Enrique y Suárez, Carlos. "Consideraciones sobre la teoría de la imputación en Günther Jakobs", en *Estudios de Derecho Penal*, Civitas, España, 1997.

Cannon-Joe, Ilvi y la Coalición contra el Tráfico de Mujeres. Compendio sobre demanda masculina y prostitución. Disponible en http://morenoalarcon.files.wordpress.com/2009/12/compendio-sobre-la-demanda-masculina-y-la-prostitucion.pdf (recuperado el 8 de mayo del 2010).

Carlen, Pat. "Women, Crime, Feminism, and Realism", en *Social Justice Journal*, Vol. 17, n.º 4 (42), *Ideology and Penal Reform in the 1990s* (invierno 1990), pp. 106-123.

Carnevali, Raúl. "La ciencia penal italiana y su influencia en Chile", en *Política criminal*, n.º 6, 2008, A4-6, pp. 1-19. Disponible en htpp://www.politica-criminal.cl/n_06/a_4_6.pdf

Carrara, Francesco. *Programa de derecho criminal. Parte general*, Vol. II, San José de Costa Rica, 1890.

Carrier, Nicolas. *Critical Criminology Meets Radical Constructivism Critical Criminology*, Vol. 19, n.º 4, 2011, pp. 331-350.

Castillo Vargas, Elizabeth. *Feminicidio. Mujeres que mueren por violencia intrafamiliar en Colombia. Estudio de casos en cinco ciudades del país*, Programa Salud Sexual y Género, Profamilia, Colombia, 2007.

Céspedes Báez, Lina. "Las limitaciones de las palabras de los jueces. El intento fallido del Auto 092/808 de caracterizar la violencia sexual en contra de las mujeres como crimen de lesa humanidad en el conflicto armado colombiano", en *Revista de Derecho Público* n.º 24, Universidad de los Andes, Bogotá, pp. 3-14, 2010.

Chesney-Lind, Meda y Davidson, Janet. *Discounting Women: Context Matters in Risk and Need Assessment*, en *Critical Criminology*, Vol. 17, n.º 4, 2009, pp. 221-245.

Chin, Gabriel J. y Holmes, Richard W. Jr. "Effective Assistance of Counsel and the Consequences of Guilty Pleas", en 87 *Cornell L. Rev.* 697, 2001-2002.

Coello, Patricia. *Violencia de género y derecho penal de excepción: entre el discurso de la resistencia y el victimismo punitivo.* Trabajo realizado en el contexto del Proyecto de Investigación SEJ 2005- 06416/JURI.

Copelon, Rhonda. "Gender Crimes as War Crimes: Integrating Crimes against Women into International Criminal Law", en *McGill Law Journal,* noviembre del 2000.

Cornell, Drucilla. "Revisiting 'Beyond Accommodation' after Twenty Years", en *Feminists@law,* Vol. 1, n.º 1, 2011.

_____ *En el corazón de la libertad: feminismo, sexo e igualdad,* Princenton University Press, 1998.

_____ *The Imaginary Domain: Abortion, Pornography and Sexual Harassment,* Routledge, 1995.

Corporación Cisma Mujer (2013). *Análisis de caso sobre acoso sexual y feminicidio.* Disponible en http://www.sismamujer.org/Descarga/acceso.justicia/analisis.de.caso.sobre.acoso.sexual.y.feminicidio.2013.pdf. (recuperado el 10 de enero del 2014).

Cowie, John, Cowie, Valerie y Slater, Eliot. *Delinquency in Girls,* Cambridge Studies in Criminology, Vol. 23, Leon Radzinowicz (ed.), Londres, 1968.

Crawford, Bridget J. "Toward a Third-Wave Feminist Legal Theory: Young Women, Pornography and the Praxis of Pleasure", 14 *Mich. J. Gender & L.* 99, 2007-2008.

Crespo, Eduardo Demetrio. *Culpabilidad y fines de la pena: con especial referencia al pensamiento de Claus Roxin,* Grijley, Lima, 2008.

Cruz Bolívar, Leonardo. "La Constitución Política y la teoría del delito. Origen e implicaciones de una forma de interpretación de la dogmática", en *Revista Derecho Penal y Criminología,* Universidad Externado de Colombia, Vol. XXII, n.º 71, Bogotá, enero-abril del 2001.

_____ "La transformación del método dogmático", en *Lecciones de Derecho Penal. Parte general,* Universidad Externado de Colombia, Bogotá, 2002, pp. 195-218.

Daly, Kathleen. "Different Ways of Conceptualizing Sex/Gender in Feminist Theory and their Implications for Criminology", en *Theoretical Criminology*, vol. 1 n.º 1, 1997 pp. 25-51.

_____ "Feminist Perspectives in Criminology: A Review with Gen Y in Mind", en *The Handbook of Criminal Theory*, Sage Publications, Londres, 2008.

_____ "Feminist Engagement with Restorative Justice", en *Theoretical Criminology*, vol. 10(1), 2006.

_____ *Revisiting the Relationship between Retributive and Restorative Justice: From Philosophy to Practice*, Heather Strang y John Braithwaite (eds.), Aldershot-Dartmouth, 2000.

Daly, Kathleen y Chesney-Lind, Meda. "Feminism and Criminology", en *Justice Quarterly*, Vol. 5, n.º 4, Academy of Criminal Justice Science, diciembre de 1988.

Daly, Kathleen y Tickton, Diane. *Women's Lives through Time: Educated America Women of the Twentieth Century*, Jossey-Bass Publishers, San Francisco, 1993.

Del Olmo, Rosa. *América Latina y su criminología*, Siglo XXI Editores, México, 1987.

_____ "¿Por qué el actual silencio carcelario?", en *Violencia, sociedad y justicia en América Latina*, CLACSO, Buenos Aires, 2002.

_____ (coord.). *Criminalidad y criminalización de la mujer en la región andina*, Programa de Naciones Unidas para el Desarrollo (PHUD), Nueva Sociedad, Caracas, 1998.

_____ *La criminología en la cuarta época: del saber al poder*. Disponible en http://biblio.juridicas.unam.mx/libros/1/117/29.pdf

De Rivacoba y Rivacoba, Manuel. "Prólogo: Franz von Liszt y el 'Programa de Marburgo'", en Franz Von Lizst, *La idea del derecho penal*, Universidad Nacional Autónoma de México y Universidad de Valparaíso, Chile, México, 1994.

Di Corleto, Julieta. "Límites a la prueba del consentimiento en el delito de violación", en revista *Nueva doctrina penal*, n.º 2, 2006, pp. 411-440.

_____ "La construcción legal de la violencia contra las mujeres", en *Justicia, género y violencia*, Julieta Di Corleto (comp.), Libraria Ediciones, Buenos Aires, 2010.

Díez Ripollés, José Luis. "El derecho penal simbólico y los efectos de la pena", en *Boletín Mexicano de Derecho Comparado,* Vol. 35, n.º 103, pp. 409-447, 2002.

_____ "La nueva política criminal española", en *Eguzkilore. Cuaderno del Instituto Vasco de Criminología* (17), San Sebastián, 2003, p. 79.

Dobash y Dobash. *Violence against Wives - A Case Against the Patriarchy*, Free Press, Nueva York, 1979.

_____ (ed.) *Rethinking Violence Against Women*, Sage Series on Violence Against Women, Londres, 1994.

____ "Out of the Blue, Men who Murder an Intimate Partner", en *Feminist Criminology*, Vol. 14, n.º 3, Sage Publications, 2009, pp. 194-225.

Ducey, Kimberly. *Using the 1994 Rwanda Genocide to Integrate Critical Criminology and Liberation Sociology*, Springed, Canadá, 2008.

Durán Moreno, Luz María. "Apuntes sobre criminología feminista", en *Criminología y sociedad,* Editorial Plaza y Valdés, México, 2010.

Elias, Norbert. *The Civilizing Process*, Oxford University Press, Londres, 1978.

Engle, Karen. "Judging Sex in War", en *Michigan Law Review,* Vol. 106, p. 941.

Engle Merry, Sally. *Derechos humanos y violencia de género. El derecho internacional en el mundo de la justicia local,* Siglo del Hombre Editores y Universidad de los Andes, Bogotá, 2010.

_____ "Spatial Governmentality and the New Urban Social Order: Controlling Gender Violence Through Law", en *Criminological Perspectives, Essential Readings*, Eugene McLaughlin, John Muncie y Gordon Hughes (eds.), 2.ª edición, Sage Publications, Londres, 2003.

Feijoó Sánchez, Bernardo. "Prolegómenos para una teoría comunicativa del delito. La celebración de 15 años de diálogo científico con Günther Jakobs", en *El sistema penal normativista en el mundo contemporáneo*, Eduardo Montealegre Lynett y José Antonio Caro John (eds.), Universidad Externado de Colombia, Bogotá, 2008.

Feinberg, Joel. "The Expressive Function of Punishment", en *Doing and Deserving*, Princeton University Press, Princeton, 1970, pp. 95-118..

Ferrajoli, Luigi. *Derecho y razón, teoría del garantismo penal*, Trotta Editorial, Madrid, 2001.

_____ (2013). "Criminología, crímenes globales y derecho penal: el debate epistemológico en la criminología contemporánea", en *Revista Crítica Penal y Poder* nº 4, Observatorio del Sistema Penal y los Derechos Humanos, Universidad de Barcelona, Barcelona, 2013.

Ferri, Enrico. *Principio de Derecho Criminal*, Editorial Reus, Madrid, 1933.

Fletcher, George P. "The Nature and Function of Criminal Theory", en 88 *Cal. L. Rev.* 687, 2000.

Foucault, Michel. *La verdad y las formas jurídicas*, Gedisa, Barcelona, 1996.

_____ *Vigilar y castigar*, Siglo XXI Editores, Madrid, 1993.

_____ (1993). "Sexual Choice, Sexual Act", en *Ethics*: *Subjectivity and Truth. The Essential Works of Foucault. 1954-1984*, Vol. 1, Paul Rabinow (ed.), The New Press, Nueva York, 1997.

Franke, Katherine. "Los usos del sexo", en *Revista de Estudios Sociales*, n.º 28, Universidad de los Andes, Bogotá, 2007, pp. 30 y ss.

Fraser, Nancy. *Iustitia Interrupta*: *Reflexiones críticas desde la posición "postsocialista"*, Siglo del Hombres Editores, Bogotá, 1997.

Fries, Lorena y Matus, Verónica. "Supuestos ideológicos, mecánicos e hitos históricos fundantes del derecho patriarcal", en *Género y derecho*, Alda Facio y Lorena Fries (eds.), Colección Contraseña, Estudios de Género, Serie Casandra, Santiago de Chile, 1999.

Frye, Marilyn. "Oppression", en *Feminist Theory, A Philosophical Anthology*, Blackwell Publishing, Reino Unido, pp. 84-90.

Gabaldón, Luis Gerardo. "Criminologías latinoamericana y norteamericana: una visión desde el sur", en *Revista de derecho penal y criminología*, n.º 3, 2010.

Gaitán Mahecha, Bernardo. *Curso de derecho penal general*, 1.ª edición, Ediciones Lerner, Bogotá, 1963, p. 42.

Gargarella, Roberto. *De la injusticia penal a la justicia social*, Siglo del Hombre Editores y Universidad de los Andes, Bogotá, 2008.

Garland, David. *Crimen y castigo en la modernidad tardía*, Siglo del Hombre Editores y Universidad de los Andes, Bogotá, 2007.

_____ *La cultura del control. Crimen y orden social en la sociedad contemporánea*, Gedisa, Barcelona, 2001.

_____ *Castigo y sociedad moderna: un estudio de teoría social*, Siglo XXI Editores, México, 1999.

Gelsthorpe, Loraine. "Back to Basics in Crime Control: Weaving in Women. A Gendered Reading of David Garland's Analysis of The Culture of Control", en *Critical Review of International Social and Political Philosophy*, Vol. 7, n.° 2, 2004, pp. 76-103.

Gimbernat Ordeig, Enrique. *¿Tiene futuro la dogmática jurídico penal?*, Temis, Bogotá, 1983.

Gómez Jara-Díez, Carlos. "Una teoría constructivista de la pena: la retribución comunicativa", en *El sistema penal normativista en el mundo contemporáneo* (libro homenaje al profesor Günther Jakobs en su 70 aniversario), Eduardo Montealegre Lynett (ed.), Editorial de la Universidad Externado de Colombia, Bogotá, 2008, pp. 105-122.

Grosso García, Manuel Salvador. "¿Originalidad o dependencia en el pensamiento jurídico-penal colombiano?, a propósito de la obra de Alfonso Reyes Echandía", en *Dogmática y criminología, dos visiones complementarias del fenómeno delictivo* (homenaje de los grandes tratadistas a Alfonso Reyes Echandía), Alfonso Reyes Alvarado *et. al.*, Legis, Bogotá, 2005, pp. 260-292.

Habermas, Jürgen. *Knowledge and Human Interests*, Jeremy J. Shapiro (trad.), Beacon, Boston, 1978.

Halley, Janet. "Rape in Berlin: Reconsidering the Criminalization of Rape in the International Law of Armed Conflict", en *Melbourne Journal of International Law* 9, 2008, pp. 78-124.

_____ *How and Why to Take a Break from Feminism*, Princeton University Press, Princeton y Oxford, 2006.

Halley, Janet y Thomas, Chantal. "From the International to the local Feminism Legal responses to Rape/Prostitution/Sex Work, and Sex Trafficking: Four Studies in Contemporary Governance Feminism", en 29 *Harv. J.L. & Gender* 335, 2006.

Hampton, Jean. "Punishment, Feminism, and Political Identity: A Case Study in the Expressive Meaning of the Law", en *Canadian Journal of Law and Jurisprudence* 11(1), 1998, pp. 23-45.

_____ "An Expressive Theory of Retribution", en *Retributivism and its Critics*, Wesley Cragg (ed.), Franz Steiner, Stuttgart, 1992.

Hanna-Moffat, Kelly. *Punishment in Disguise - Penal Governance and Federal Imprisonment of Women in Canada*, Universidad de Toronto Press, Toronto, 2001.

Hanna-Moffat, Kelly y Shaw, Margaret (eds.). *An Ideal Prison? Critical Essays on Women Imprisonment in Canada*, Fernwood Publishing Company, Toronto, 2000.

Harcourt, Bernard E. "The Collapse of the Harm Principle", en 90 *J. Crim. L. & Criminology* 109, 1999.

_____ *Illusion of Order: The False Promise of Broken Windows Policing*, Harvard University Press, Cambridge y Londres, 2001.

Harding, Sandra. "Rethinking Standpoint Epistemology: What is 'Strong Objectivity?', en *Feminist Espistemologies*, Routledge, Nueva York, 1993.

Hassemer, Winfried. "Derecho penal simbólico y protección de bienes jurídicos", en *Pena y Estado*, Juan Bustos Ramírez (ed.), Jurídica Conosur, Santiago de Chile, 1995, pp. 23-36.

_____ "Derecho penal simbólico y protección de bienes jurídicos", en *Pena y Estado*, varios autores, Editorial Jurídica Conosur, Santiago de Chile, 1995, pp. 23-36.

Hassemer, Winfried y Muñoz Conde, Francisco. *Introducción a la Criminología*, Tirant lo Blanch, Valencia, 2001.

Heim, Daniela y Bodelón, Encarna (coords.). *Derecho, género e igualdad. Cambios en las estructuras jurídicas androcéntricas*, Vol. 1, Grupo Antígona y Grupo Dones i Drets, Universidad de Barcelona, Barcelona, 2009.

Hercovich, Inés. *El enigma sexual de la violación*, Editorial Biblos, Biblioteca de las Mujeres, Buenos Aires, 1997.

_____ "Una crítica a los paradigmas dominantes en relación con la violencia sexual contra las mujeres", conferencia dictada en el marco del Seminario Violencia contra las Mujeres, Derecho Penal y Políticas Públicas", realizado el 26 y el 27 de septiembre del 2002, en Costa Rica.

Hirsch, Andrew von. *Retribución y prevención como elementos de justificación de la pena*, Universidad de Cambridge, 2003. Disponible en http://www.cienciaspenales.net/files/2016/07/7retribucion-y-prevencion-como-elementos-de-justificacion-de-la-pena.pdf

_____ *Doing Justice: The Choice of Punishments*, Northeastern University Press, Boston, 1976.

Hirsch, Hans Joachim. "Acerca del estado actual de la discusión sobre la teoría del bien jurídico", en *Anales de Jurisprudencia*, sexta época, segunda etapa, n.º 260, noviembre-diciembre del 2002.

Howe, Adrian. *Sex-violence and Crime. Foucault and the "Man" Question*, Roudlege, Estados Unidos, Canadá, 2008.

_____ *Towards an Analysis of Penalty*, Routledge, Londres y Nueva York, 1994.

Hsu, Hua-Fu. "Engendering Imprisonment: The State and Incarcerated Female Subjects in Taiwan", en *Critical Criminology*, Springer, 2010.

Hudson, Barbara. "Diversity, Crime, and Criminal Justice", en Mike Maguirre, Rod Morgan y Robert Reiner (eds.), *The Oxford Handbook of Criminology*, Oxford University Press, Londres, 2007.

Hulsman, Louk y Bernat de Celis, Jacqueline. *Sistema penal y seguridad ciudadana. Hacia una alternativa*, Editorial Ariel, Madrid, 1984.

Iturralde, Manuel. "La sociología del castigo de David Garland: el control del crimen en las sociedades modernas tardías", estudio preliminar, *Crimen y castigo en la modernidad tardía*, David Garland, Nuevo Pensamiento Jurídico, Madrid, 2007.

Jakobs, Günther (2007). "La pena estatal: significado y finalidad", en *Derecho penal y sociedad*, tomo I, Eduardo Montealegre Lynett (coord). Universidad Externado de Colombia, Bogotá, 2007.

_____ *La imputación objetiva en derecho penal*, Manuel Cancio Meliá (trad.), Cuadernos Civitas, Madrid, 2006.

_____ "¿Qué protege el derecho penal: bienes jurídicos o la vigencia de la norma?", en *El funcionalismo en el derecho penal. Libro homenaje al profesor Günther Jakobs*, Editorial de la Universidad Externado de Colombia, Bogotá, 2003.

Jaramillo Sierra, Isabel Cristina. "La crítica feminista al derecho", en estudio preliminar a *Género y teoría del derecho*, Robin West (ed.), Nuevo Pensamiento Jurídico, Bogotá, 2000.

_____ "El reto de pensar la distribución: a propósito del libro de Janet Halley: *Split Decisions: How and Why to take a Break From Feminism*", en *Revista de Estudios Sociales*, Universidad de los Andes, Bogotá, 2009.

Jaramillo Sierra, Isabel Cristina y Alfonso, Tatiana. *Mujeres, cortes y medios: la reforma judicial del aborto*, Siglo del Hombre Editores, Bogotá, 2008.

Jescheck, Hans Heinrich. *Tratado de derecho penal*, Editorial Comares, Granada, 1993.

Jiménez de Asúa, Luis. *Lombroso*, Editorial La Universidad, Buenos Aires, 1944.

_____ *La ley y el delito. Principios de derecho penal*, Editorial Suramericana, Buenos Aires, 1959.

_____ "Prólogo: La vuelta de Von Liszt", en Franz Von Lizst, *La idea del derecho penal*, Universidad Nacional Autónoma de México y Universidad de Valparaíso, Chile, México, 1994.

Kapur, Ratna. *Erotic Justice, Postcolonialism, Subjects and Rights*, Cavendish Publishing, Texas, 2005.

Kaufmann, Arthur. *Filosofía del derecho*, 2.ª edición, Luis Villar Borda y Ana María Montoya (trads.), Universidad Externado de Colombia, Bogotá, 1997, p. 213.

Kelly, Liz y Radford, Jill. *Rethinking Violence against Women*, Dobash and Dobash, Sage Series on Violence against Women, Filadelfia, 1998.

Kennedy, Duncan. *A Critique of Adjudication*, Harvard University Press, Cambridge, 1997.

_____ "The Critique of Rights in Critical Legal Studies", en *Left Legalism/Left Critique*, Duke University Press, Durham, 2002.

Larrauri, Elena. "Control formal y el derecho penal de las mujeres", en *Mujeres, derecho penal y criminología*, Siglo XXI Editores, España, 1994, pp. 94-108.

_____ *Criminología crítica: abolicionismo y garantismo*, Red Ius et Praxis, Chile, 1998.

_____ *Mujeres y sistema penal. Violencia doméstica*, Editorial B de F, Montevideo, Buenos Aires, 2008.

_____ "La economía política del castigo", en *Revista Electrónica de Ciencia Penal y Criminología*, 2009, pp. 1-22, www.criminet.org.es

_____ *Mujeres, derecho penal y criminología*, Siglo XXI Editores, España, 1994.

Laurenzo Copello, Patricia. "La violencia de género en el derecho penal: un ejemplo de paternalismo punitivo", en *Género, violencia y derecho*, Patricia Laurenzo, María Luisa Maqueda y Ana Rubio (coords.), Tirant lo Blanch, Valencia, 2008, pp. 330-361.

_____ "Violencia de género y derecho penal de excepción: entre el discurso de la resistencia y el victimismo punitivo", en *Cuadernos de derecho judicial*, Madrid, 2005.

_____ "Aborto y derecho a la sexualidad: un nuevo marco para un viejo debate", en *Derecho, género e igualdad: cambios en las estructuras jurídicas androcéntricas*, Daniela Heim y Encarna Bodelón (coords.), Vol. 1, Madrid, 2010, pp. 229-248.

Laurenzo, Patricia, Maqueda, María Luisa y Rubio, Ana (coords.). *Género, violencia y derecho*, Tirant lo Blanch, Valencia, 2008.

Lee, Susan. *In the Prison of the Mind: Punishment, Social Order, and Self-Regulation*, Stanford Law Books, 2011.

Lemaitre, Julieta. *Fetichismo legal. Derecho, violencia y movimientos sociales en Colombia*, 2007, www.law.yale.edu/documents/pdf/sela/JulietaLemaitre_Spanish_.pdf.

_____ *El derecho como conjuro. Fetichismo legal, violencia y movimientos sociales*, Universidad de los Andes y Siglo del Hombre Editores, Bogotá, 2009.

_____ "Violencia", en *La mirada de los jueces. Género en la jurisprudencia latinoamericana*, Cristina Motta y Maracarena Sáez (eds.), Siglo del Hombre Editores y Red Alas, Bogotá, 2008.

Leonard, Eileen. *Women, Crime and Society*, Longman, Nueva York, Londres, 1982.

Lewis, Clara S. "Though on Crime Tolerance: The Cultural Criminalization of Bigotry in the Post-Civil Rights", en *Rev. Critical Criminology*, Springer, 2011.

Liszt, Franz (1882). *La idea del fin en el derecho penal: programa de la Universidad de Mardeburgo*, José Miguel Zugaldía Espinar y Carlos Pérez del Valle (trads.), Editorial Comares, España. 1995.

Los, Maria. "Feminism and Rape Law Reform", en L. Gelsthorpe y A. Morris (eds.), *Feminist Perspectives in Criminology*, Milton Keynes, Open University Press, Reino Unido, 1990, pp. 160-172.

Londoño Toro, Beatriz, Varón Mejía, Antonio, Rugeles Mateus, Andrea, Luna de Aliaga, Beatriz Eugenia y Venegas Moyano, Mauricio. *Aspectos jurídicos del delito de trata de personas. Aportes desde el derecho internacional, derecho penal y las organizaciones no gubernamentales*, Oficina de las Naciones Unidas Contra la Droga y el Delito (UNODC) - Universidad del Rosario - Ministerio del Interior y de Justicia, Bogotá, 2009.

Luhmann, Niklas. *Introducción a la teoría de los sistemas*, Lecciones publicadas por Javier Torres Nafarrete, Anthropos, México, 1996.

_____ *Sistema jurídico y dogmática jurídica*, Ignacio de Otto Pardo (trad.), Centro de Estudios Constitucionales, Madrid, 1983.

MacKinnon, Catharine A. "Feminism, Marxism, Method, and the State: An Agenda for Theory", en *Signs: Journal of Women in Culture and Society*, Vol. 7, n.º 3, The University of Chicago Press, 1982, pp. 515-544.

_____ *Toward a Feminist Theory of the State*, Harvard University Press, Estados Unidos, 1991, p. 175.

Maggiori, Giuseppe. *Derecho penal. Parte especial*, Temis, Bogotá, 1955.

Maguire, Mike, Morgan, Rod y Reiner, Robert (eds.). *The Oxford Handbook of Criminology*, Oxford University Press, Reino Unido, 2007.

Maher, Lisa. *Sexed Work, Gender, Race and Resistance in a Brooklyn Drug Market*, Clarendon Studies in Criminology, Clarendon Press, Reino Unido, 1997.

Mantilla, Julissa y Uprimny Yepes, Rodrigo (2009). "Violencia de género y justicia constitucional en Colombia", en *Justicia desigual. Géneros y derechos de las víctimas en Colombia*, Fondo de Desarrollo de las Naciones Unidas para la Mujer (Unifem), Bogotá, 2009.

Mañalich, Juan Pablo. "Pena y ciudadanía", en *Revista de Estudios de la Justicia* (REJ), n.º 6 , Facultad de Derecho, Universidad de Chile, Santiago de Chile, 2005.

Maqueda Abreu, Maria Luisa. *¿Es la estrategia penal una solución a la violencia contra las mujeres? Una respuesta desde un discurso feminista crítico*, Biblioteca Jurídica Virtual, Universidad Autónoma de México, 2004.

Marroquín Grillo, Germán. "La criminología era un arma cargada de futuro", en *Dogmática y criminología, dos visiones complementarias del fenómeno delictivo* (homenaje de los grandes tratadistas a Alfonso Reyes Echandía), Legis, Bogotá, 2005, pp. 354-368.

Marroquín Grillo, Germán y Camacho Flórez, Jaime. "Apuntes para la historia de la criminología en Colombia", en *Revista del Instituto de Ciencias Penales y Criminología de la Universidad Externado de Colombia,* n.º 27-28, Vol. 8, 1985-1986, pp. 283-293.

Martin, Dianne. "Retribution Revisited: A Reconsideration of Feminist Criminal Law Reforms Strategies", en *Osgoode Hall Law Journal,* Vol. 36, n.º 1, 1997.

Martínez, Mauricio. *El estado actual de la criminología y de la política criminal*, en Elbert Carlos, *La criminología del siglo XXI*, Buenos Aires, 1999.

_____ "Populismo punitivo, mayorías y víctimas", en *Revista de Derechos Fundamentales*, n.º 2, Universidad de Viña del Mar, Nomos, Chile, 2008, pp. 183-199.

Mathiesen, Thomas. *Juicio a la prisión. Una evaluación crítica*, Amanda Zamuner (trad.), Ediar, Buenos Aires, 2003.

Meda, Chesney-Lind. "Sentencing Women to Prison: Equality Without Justice", en *The Female Offender: Girls, Women, and Crime,* Sage Publications, Thousand Oaks, 1997.

Messerschmidt, James W. *Masculinities and Crime: Critique and Reconceptualization of Theory*, Rowan & Littlefield Publishers, Estados Unidos, 1993.

Milanovic, Dragan y Schwartz, Martin (eds.). *Race, Gender, and Class in Criminology: The Intersections,* Vol. 19, Taylor y Francis, 1996.

Milanovic, Dragan y Stuart, Henry. *Constitutive Criminology: Beyond Posmodernism,* Sage Publications, Londres, 1996.

Millán de Benavides, Carmen. "Industrias perversas. La trata de personas", en *Revista Observatorio de asuntos de género*, Vol. 7, 2006, pp. 18-21.

Millet, Kate. *The Basement. Meditations on a Human Sacrifice*, Simon and Shuster, Nueva York, 1979.

_____ "Theory of Sexual Politics", en *Feminist Theory: A Philosophical Anthology*, Ann Cudd y Robin Andreasen (eds.), Wiley-Blackwell, Nueva York 2005.

Mir Puig, Santiago. *Función de la pena y teoría del delito*, 2.ª edición, Editorial Ariel, 1982, Madrid, p. 40.

_____ *Introducción a las bases del Derecho penal*, 2.ª edición, Editorial B de F, Montevideo-Buenos Aires, 2002, p. 166.

_____ *Límites del normativismo en el derecho penal* (homenaje al profesor Dr. Gonzalo Rodríguez Mourullo), Thomson-Civitas, Granada, 2005.

Montealegre Lynett, Eduardo. *Derecho penal y sociedad - Estudios sobre las obras de Günther Jakobs y Claus Roxin, y sobre las estructuras modernas de la imputación*, tomo I, Universidad Externado de Colombia, Bogotá, 2007.

Moran, Leslie. "Affairs of the Heart: Hate Crime and The Politics of Crime Control", en *Law and Critique*, Vol. 12, Kluwer Academic Publishers, 2001, pp. 331-334.

Moreno Hernández, Moisés. "Consideraciones dogmáticas y político criminales sobre la culpabilidad", en *El poder penal del Estado* (homenaje a Hilde Kaufmann), Roberto Bergalli y Juan Bustos Ramírez (directores y compiladores), Depalma, Buenos Aires, 1985.

Motta, Cristina. "El aborto como asunto constitucional: crítica feminista", en *Derecho constitucional: perspectivas críticas: ensayos, líneas jurisprudenciales, estadísticas de la justicia constitucional*, José Manuel Cepeda (comp.), Siglo del Hombre Editores, Barcelona, 1999.

Muñoz Conde, Francisco. *Introducción al derecho penal*, Editorial B de F, Barcelona, 2001.

Naffine, Ngaire. *Feminist and Criminology*, Temple University Press, Filadelfia, 1996.

Newburn, Tim y Stanko, Elizabeth (eds). *Just Boys Doing Business? Men, Masculinities and Crime*, Peter Moore Bookseller, Nueva York, 1994.

Nicholson, Linda (comp.). *Feminismo/Posmodernismo,* Márgara Averbach (trad.), Routledge, Chapman & Hall, Nueva York, 1992.

Nicolás Lazo, Gemma. *La reglamentación de la prostitución en el Estado español. Genealogía jurídico-feminista de los discursos sobre prostitución y sexualidad,* Universidad de Barcelona, Barcelona, 2004.

Olsen, Frances. *El sexo en el derecho, en identidad femenina y discurso jurídico,* Editorial Biblos, Facultad de Derecho, Universidad de Buenos Aires, Buenos Aires, 2000.

Parker, Christine, Scott, Colin, Lacey, Nicola y Braithwaite, John (eds.). *Regulating Law* (introducción), Oxford University Press, Reino Unido, 2006, p. 6.

Pateman, Carole. "Women and Consent", en *Political Theory,* Vol. 8, n.º 2, mayo de 1980, pp. 149-168, http://links.jstor.org

_____ *The Sexual Contract.* Polity Press, Cambridge y Stanford University Press, Estados Unidos, 1988.

Pavarini, Massimo. "¿Por qué una criminología crítica como crítica de la ley penal? Las particularidades del caso italiano", en *Revista Criminología Crítica,* Universidad de Medellín, agosto de 1984, pp. 199-129.

Pegogaro, Juan S. (2004). "La sociología del sistema penal", en *Revista de Cultura* (suplemento del diario *Clarín*), 28 de febrero del 2004.

Pitch, Tamar. *Un derecho para dos: la construcción jurídica de género, sexo y sexualidad,* Trotta Editorial, Buenos Aires, 2003.

_____ "Political Use of Laws: The Italian Women's Movement and the Rape Campaign", en *ALSA Forum,* Vol. VII, n.º 2-3, 1983, pp. 139-159.

Polack, Shoshanna. "I'm Just Not Good in Relationships: Victimization Discourses and the Gendered Regulation of Criminalized Women", en *Feminist Criminology,* Sage Publications, Canadá, 2007, p. 158.

Radbruch, Gustav. *Filosofía del derecho,* José Medina Echevarría (trad.), 4.ª edición, estudio preliminar de José Luis Monereo Pérez, Editorial Comares, Granada, 1999.

Reiner, Robert. "Policing a Posmodern Society", en *The Modern Law Review,* Vol. 55, noviembre de 1996, p. 761.

Rose, Nikolas. "Governing by numbers: Figuring out Democracy", en *Accounting, Organizations and Society,* Vol. 16, n.º 7, 1991, pp. 673-692.

Roxin, Claus. "¿La protección de bienes jurídicos como misión del derecho penal?", en *Derecho Penal y Sociedad,* Eduardo Montealegre Lynett (coord.), Universidad Externado de Colombia, Bogotá, 2007.

_____ *Derecho penal. Parte general,* tomo I, Diego Manuel Luzón Peña, Miguel Díaz y García Conlledo y Vicente Remesal (trads. de la 2.ª edición alemana), Civitas, Madrid, 1997.

_____ *Política criminal y sistema del derecho penal,* Francisco Muñoz Conde (trad.), 2ª edición, Hammurabi, Buenos Aires, 2002.

Sánchez Herrera, Eziquio. *Dogmática penal fundada en los principios constitucionales con orientación a las consecuencias,* Editorial Ibañez, Bogotá, 2000.

Sancinetti, Marcelo A. *Teoría del delito y disvalor de acción,* Hammurabi, Buenos Aires, 1991.

_____ *Casos de derecho penal. Parte general,* Hammurabi, 3.ª edición, Buenos Aires, 2006.

Sandoval Huertas, Emiro. *Sistema penal y criminología crítica,* Temis, Bogotá, 1989.

_____ "El sistema penal colombiano desde la perspectiva de la criminología crítica", en *Revista Criminología Crítica,* Universidad de Medellín, Medellín, agosto de 1984, pp. 133 a 161.

Santos, Boaventura de Sousa. *De la mano de Alicia. Lo social y lo político en la postmodernidad,* Siglo del Hombre Editores y Ediciones Uniandes, Bogotá, 1998.

Sarat, Austin, Douglas, Lawrence y Merrill, Martha (eds.). *Law as Punishment, Law as Regulation,* Stanford University Press, Stanford, 2011.

Schaffstein, Federico. *La ciencia europea del derecho penal en la época del humanismo,* Civitas, Madrid, 1957.

Schünemann, Bernd. "Sobre la crítica a la Teoría de la Prevención General Positiva", en *Política criminal y nuevo derecho penal* (libro homenaje a Claus Roxin), Jesús-María Silva Sánchez (ed.), Editorial Bosch, Barcelona, 1997.

_____ *¡El derecho penal es la ultima ratio para la protección de los bienes jurídicos! Sobre los límites inviolables del derecho penal en un Estado liberal de derecho*, Ángela de la Torre (trad.), Universidad Externado de Colombia, Bogotá, 2007.

Sherman, Lawrence. *Policing Domestic Violence: Experiments and Dilemmas*, Free Press, Nueva York, 1992.

Silva García, Germán. *Criminología. Teoría sociológica del delito*, Instituto Latinoamericano de Altos Estudios (ILAE), Colombia.

Silva Sánchez, Jesús-María. *Del derecho abstracto al derecho "real". Recensión a Günther Jakobs: La pena estatal: significado y finalidad* (traducción y estudio preliminar de M. Cancio Meliá y B. Feijóo Sánchez), Thomson-Civitas, Madrid, 2006.

Simon, Jonathan. *Governing through Crime: How the War on Crime Transformed American Democracy and Created a Culture of Fear*, Oxford University Press, Londres, 2007.

Smart, Carol. *Women, Crime and Criminology. A Feminist Critique*, Routledge & Kegan Paul, Londres, 1977.

Smauss, Gerlinda. "Abolicionismo: el punto de vista feminista", en *No Hay Derecho*, Vol. 7, Buenos Aires, 1992.

Snider, Laureen. "Toward Safer Societies. Punishment, Masculinities and Violence Against Women", en *British Journal of Criminology*, Vol. 38, n.º 1, 1998, pp. 1-39.

_____ "Legal Reform and Social Control: The Dangers of Abolishing Rape", en *International Journal of Sociology of Law*, Vol. 13, 1985, pp. 337-356.

_____ "Feminism, Punishment and the Potential of Empowerment", en *Canadian Journal of Law and Society*, Vol. 9, n.º 1, 1994, pp. 75-104.

Stanko, Elizabeth. "Re-conceptualizing the Policing of Hatred: Confessions and Worrying Dilemmas of a Consultant", en *Law and Critique*, Vol. 12, n.º 3, 2001, pp. 309-329.

_____ *Violence*, Ashgate-Dartmouth, 2002.

Steiker, Carol S. "Punishment and Procedure: Punishment Theory and the Criminal-Civil Procedural Divide", en 26 *Ann. Rev. Crim. Proc.* 775, 1997, Heinonline.org.

Stuart, Henry y Dragan, Milovanovic. *Constitutive Criminology: Beyond Postmodernism*, Sage Publications, Londres, 1996.

Taylor Ian, Walton, Paul y Young, Jock. *La nueva criminología. Contribución a una teoría social de la conducta desviada*, Amorrortu Editores, 2001.

Téllez Aguilera, Abel. *Pena de muerte y política criminal*, Anuario de Derecho Penal, 2007.

Travis, Jeremy. "Invisible Punishment: An Instrument of Social Exclusion", en *Invisible Punisment: The Collateral Consequences or Mass Imprisonment*, Free Press, Nueva York, 2002, pp. 16-17.

Uprimny Yepes, Rodrigo, Guzmán, Diana Esther y Parra Norato, Jorge. *La adicción punitiva. La desproporción de leyes de drogas en América Latina*, Centro de Estudios de Derecho, Justicia y Sociedad (Dejusticia). Disponible en http://www.dejusticia.org

Valverde, Mariana. *Sex, Power, and Pleasure*, Women's Press, Toronto, 1985.

Van Swaaningen, Rene. "Feminismo, criminología y derecho penal: una relación controvertida", en *Papers d'Estudis i formació*, n.° 5, Barcelona, 1996.

_____ *Critical Criminology - Visions from Europe*, Sage Publications, 1997.

_____ "Justicia social en la criminología crítica del nuevo milenio", en *Revista de Derecho Penal y Criminología*, n.° 10, 2002, pp. 265-291.

_____ "Critical Criminology on the European Continent: Its History, Rise, Fall and Resurrection", en *European Journal of Crime, Criminal Law and Criminal Justice*, Vol. 6, n.° 1, 1998, pp. 41-54.

Velásquez, Fernando. "El funcionalismo jakobsiano: una perspectiva latinoamericana", en *Revista de derecho penal y criminología*, n.° 15, 2005, pp. 197-219.

Wacquant, Loic. *Punishing the Poor. The Neoliberal Government of Social Insecurity*, Duke University Press, Londres, 2009.

Welzel, Hans. *Derecho penal alemán. Parte general*, 11.ª edición, Editorial Jurídica de Chile, Santiago de Chile, 1970.

Wilson, James Q. *Thinking about Crime*, Basic Books, Nueva York, 1983.

Wilson, James Q. y Kelling, George L. "Broken Windows: The Police and Neighborhood Safety", en *Delito y Sociedad, Revista de Ciencias Sociales*, n.° 15-16, 2001, pp. 67-79.

Witt, Charlotte. *The Metaphisics of Gender*, Oxford University Press, 2011.

Wright, Elizabeth. *Lacan y el posfeminismo*, Colección Encuentros contemporáneos, Gedisa, Barcelona, 2000.

Yeatman, Anna. "Una teoría feminista de la diferenciación social", en *Feminismo/Posmodernismo*, Linda Nicholson (comp.), Feminaria Editora, Buenos Aires, 1992.

Young, Alison. *Imagining Crime*, University of Melbourne, Sage Publications, Australia, 1996.

Young, Iris. "Five Faces of Oppression", en *Oppression, Privilege, & Resistance*, Lisa Heldke y Peg O'Connor (eds.), McGraw Hill, Boston, 2004.

Young, Jock. "Searching for a New Criminology of Every Day Life: A Review of the Culture of Control", en *British Journal of Criminology*, 43(1), pp. 228-243.

_____ *Critical Criminology in the Twenty-first Century. Critique, Irony and the always Unfinished*, 2002. Disponible en www.malcomread.co.uk.

_____ "The Need for a Radical Realism", en *Criminological Perspectives, Essential Readings*, 2.ª edición, Eugene McLaughlin, John Muncie y Gordon Hughes (eds.), Sage Publications, Londres, 2003, pp. 316-327.

Zaffaroni, Eugenio Raúl. *En busca de las penas perdidas. Deslegitimación y dogmática jurídico penal*, AFA, Lima, 1990.

_____ "El discurso feminista y el poder punitivo", en *Las trampas del poder punitivo. El género del derecho penal*, Birgin Haydee (comp.), Editorial Biblos, Buenos Aires, 2000.

_____ *Manual de derecho penal. Parte general*, Ediar, Buenos Aires, 1977.

Zatz, Noah (1997). "Sex Work/Sex Act: Law, Labor and Desire in Constructions of Prostitution", en *Signs: Journal of Women in Culture and Society* 22(2), pp. 277-308.

Zedner, Lucia. "Dangers of Dystopias in Penal Theory", en *Oxford Journal of Legal Studies*, Vol. 22, n.° 2, 2002, pp. 341-366.

_____ "Too much Security?", en *International Journal of the Sociology of Law*, Vol. 31, n.° 3, Corpus Christi College, University of Oxford, 2003, p. 184.

Made in the USA
Coppell, TX
30 December 2019

13915681R00157